德鲁克
增长战略

[美] **罗伯特·W.斯威姆**（Robert W. Swaim） 著

▲

德鲁克的学生、同事和相交近30年的挚友

蔡春华 译

The
Strategic
Drucker

Growth Strategies and Marketing Insights
from the Works of Peter Drucker

WILEY

机械工业出版社
CHINA MACHINE PRESS

本书填补了"现代管理学之父"彼得·德鲁克关于战略著作的空白，由他的学生、同事、相交近30年的挚友在整理了他的关于战略的著作和向自己亲授的观点后总结而成。

本书论述了德鲁克的战略思想过程及关于企业增长战略的观点，并概述落实恰当的增长战略所必须采取的关键步骤——通过销售、营销和创新实现内部增长，通过兼并、收购和战略联盟实现外部增长。本书共12章，内容包括增长管理、企业的宗旨及其战略、关于营销的观点、企业的五宗罪、创新与创业精神、摆脱过去、外部增长战略、家族企业的管理、未来社会、规划和管理组织变革、战略规划、战略决策。本书特别介绍了其他几位战略大师关于战略的观点以提供全面的视角，并提供了战略管理的实用工具，还有实践原则，便于读者演练。

本书适合首席战略官、战略总监、战略经理、战略主管、总裁办公室主任、战略咨询师、董事长、CEO/总裁及副总裁、MBA和EMBA学生、德鲁克研究者阅读。

图书在版编目（CIP）数据

德鲁克增长战略／（美）罗伯特·W. 斯威姆（Robert W. Swaim）著；蔡春华译. —北京：机械工业出版社，2024.2

书名原文：The Strategic Drucker: Growth Strategies and Marketing Insights from the Works of Peter Drucker

ISBN 978-7-111-75008-6

Ⅰ.①德…　Ⅱ.①罗…②蔡…　Ⅲ.①企业管理　Ⅳ.①F272

中国国家版本馆 CIP 数据核字（2024）第 041084 号

机械工业出版社（北京市百万庄大街 22 号　邮政编码 100037）
策划编辑：刘　洁　　　　　　责任编辑：刘　洁
责任校对：甘慧彤　王　延　　责任印制：郜　敏
中煤（北京）印务有限公司印刷
2024 年 5 月第 1 版第 1 次印刷
170mm×230mm ·18.75 印张·1 插页·268 千字
标准书号：ISBN 978-7-111-75008-6
定价：88.00 元

电话服务　　　　　　　　　网络服务
客服电话：010-88361066　机　工　官　网：www.cmpbook.com
　　　　　010-88379833　机　工　官　博：weibo.com/cmp1952
　　　　　010-68326294　金　书　网：www.golden-book.com
封底无防伪标均为盗版　机工教育服务网：www.cmpedu.com

共同努力将德鲁克的教义带到中国

美国加利福尼亚州克莱蒙特，2001 年

罗伯特·W. 斯威姆和彼得·德鲁克

鸣　谢

在此，我谨向以下人士表示感谢。他们在帮助我在中国把彼得·德鲁克的教义本土化的过程中发挥了重要作用，并最终促成该书的写作：

莱斯·查尔顿（Les Charlton），《北京商务》（*Business Beijing*）杂志副主编，是他鼓励我写了 20 多篇《德鲁克档案》（*The Drucker Files*）专栏文章，这些文章为本书的重头戏部分奠定了基础。

彭雪莹（Xueying "Penny" Peng），我在中国的研究员，可以说她比我更了解德鲁克，并得到德鲁克的赞赏。

J. 迈克尔·马克斯（J. Michael Marks），相交 30 多年的朋友，为这本书的编辑过程提供了创造性见解。

托马斯·W. 齐默勒（Thomas W. Zimmerer），圣利奥大学（Saint Leo University）商学院前院长，与我合作创建了 9 门完全认证的德鲁克 MBA 课程，这些课程成为圣利奥大学—彼得·德鲁克中国 MBA 项目不可或缺的组成部分。

约瑟夫·马西亚里洛（Joseph Maciariello），德鲁克学院（Drucker School）的教授，他作为内容专家，协助我挖掘彼得·德鲁克的著作用于"中国德鲁克 MBA 和高管培养项目"（China Drucker MBA and Executive Development Programs），他确保我没有杜撰德鲁克的话。

彼得·德鲁克（Peter F. Drucker），我的老师、同事和相交近 30 年的朋友，他总是愿意拿出时间与我分享他的见解。

译 者 序

彼得·德鲁克（Peter F.Drucker，1909—2005），1909 年出生于奥地利，从小接受了良好的家庭教育，17 岁中学毕业后在德国汉堡和法兰克福、英国伦敦、奥地利维也纳等地生活、工作和学习；1937 年德鲁克离开欧洲来到美国，由于偶然得到研究通用汽车的机会，他由一名政治学教授成功转型为管理学教授。德鲁克是现代管理学的奠基人之一，被誉为"现代管理学之父"，对企业管理有独到的见解和深入的研究。德鲁克在多个领域有过职业经历，包括证券分析师、报刊编辑、教授、政府和企业咨询顾问等。作为一位顾问，德鲁克与多家知名企业和组织合作过，其中包括通用电气、宝洁公司、通用汽车、美国国际电话电报公司等。独特的复合经历赋予了德鲁克管理思想体察入微、高瞻远瞩而又躬身入局的特点，他终成"入世式治学"的一代管理学宗师。2005 年 11 月 11 日德鲁克去世，但他在管理学领域的影响深远，继续影响着当代的管理理论和实践。

在德鲁克的管理思想中，增长战略可谓是整个思想宝藏中的一颗明珠。德鲁克的增长战略不仅是一种商业策略，更是一种组织的哲学思考和实践路径。德鲁克的《成果管理》《管理的实践》《管理：任务、责任和实践》等著作是战略理论的源头之一，后来很多战略理论、概念和成果，都或多或少从德鲁克的思想中汲取过营养。在战略领域，人们熟知奠基性人物"三安"（指安索夫、安德鲁斯、安东尼）以及他们的代表作，实际上德鲁克的战略著作出版得比他们更早。《成果管理》写的是企业战略，只不过在 20 世纪 60 年代，"企业战略"这个词还相对敏感，因此当德鲁克想把这本书命名为"企业战略"时，遭到了很多人的反对，最后取了现在我们看到的书名——《成果管理》。

本书的作者是德鲁克相交近30年的挚友，他在书中总结了德鲁克战略思想的精髓。为了帮助读者更深入理解德鲁克战略思想以及更好地阅读本书，译者提炼了德鲁克战略思想的5个重要特点及其对应的章节，供读者参考。

1. 强烈的客户导向

德鲁克认为企业的所有活动，包括生产、营销、创新等都应以满足客户需求为核心。他在《管理的实践》中提出："企业的唯一目标是创造客户。"他又说："企业只有两个基本功能，那就是创新和营销。"这意味着，德鲁克认为客户是通过创新和营销创造出来的。译者长期研究和实践战略规划方法论——BLM（业务领导力模型），在BLM中"业务设计"作为其中一个重要组成部分，也是以"客户选择"为起点的。业务设计方法论（包括客户选择、价值主张、活动范围、盈利模式和战略控制点五要素）起源于《发现利润区》（1998）、《价值网：打破供应链、挖掘隐利润》（2000），但是思想渊源其实来自德鲁克。早在1954年，德鲁克在《管理的实践》中就提出企业经营的三个基本问题：①我们的经营业务是什么？②谁是我们的客户；③客户主张的价值是什么？经过十年的思考，德鲁克在《成果管理》中将这三个基本问题升级为四个：①我们的客户是谁？②我们的客户重视什么？③我们如何从这个业务中赚钱？④我们提供价值的经营逻辑是什么？可以说，围绕这四个问题，德鲁克几乎以一己之力奠定了战略管理理论的基础（后续的战略理论无外乎是对上述问题的回答和丰富）。遗憾的是，现有的战略管理教材甚至连"客户分析"都是缺失的。本书的第3章深入讨论了德鲁克对客户、营销和销售的观点。

20世纪60年代的管理主题是市场营销（知名的《营销短视症》写于1959年），但是德鲁克并不把"创造客户"视为营销层面的事情，而是把它上升为战略层面，这是值得我们深思的。

2. 创新驱动

创新是德鲁克增长战略思想中重要的要素，他认为企业应该持续地寻找变革的机会，并提出"取得成果靠的是利用机会，而不是通过解决问题"（详见第 3 章相关内容）。这一洞见来自德鲁克少年时期的学习经历和总结⊖。译者认为，战略管理是战略理论、组织理论、创新理论、传播理论、控制理论等的结合体，构建战略管理体系需要通盘考虑战略、组织、创新、传播与控制等问题，尤其是创新。尽管创新在战略规划中的重要性越来越高，然而令人沮丧的是创新教育长期缺席于管理学教育。德鲁克继承了奥地利经济学家熊彼特的创新思想——"创新是生产要素的重新组合"，因此德鲁克的创新是广义的创新，包括技术创新、客户价值创新、管理及组织创新等。在《创新与创业精神⊜》中，德鲁克探讨了创新对企业战略和成功的重要性以及如何在组织中培养创业精神；同时分析了创新的七大来源，分别是意外的成功和失败、不一致性、流程需求、行业和市场结构的变化、人口结构的变化、观念和认知上的变化、新知识（详见第 5 章相关内容）。此外，德鲁克的创新思维还体现在"弃权法则"（摆脱过去），德鲁克提出企业应不断质疑和重新思考其核心假设，包括市场定位、客户、产品和技术，这有助于企业适应不断变化的环境，确保其战略仍然相关和有效。这一观点对战略管理过程中的战略评估环节有着很大启发（详见第 6 章相关内容，此章言简意赅，不可错过）。

值得指出的是，德鲁克强调资源要投在机会上，这给不少人造成了不小的误解，认为企业注重战略机会，从而可以忽略组织能力建设。实际上，德鲁克机会观的正确理解应该是：把资源投在创造机会的能力上。德鲁克从未否定建设组织能力的重要性。

⊖ 详见《旁观者》（1978）。
⊜ 创业精神的英文是 Entrepreneurship，现在多被译为企业家精神。——编者注

3. 目标牵引

德鲁克可能是管理学者中最重视"目标"的人之一，他一直鼓励企业通过明确目标和分解任务来提高员工的工作效率和组织的整体效率。现在广泛使用的 OGSM 方法就是由德鲁克在 20 世纪中期提出的由目标管理理念演变而来的。20 世纪 50 年代，丰田为了达到 JIT 生产目的，根据德鲁克在《管理的实践》中提出的目标管理理念，设计及执行了一系列计划表，这是 OGSM 的雏形；后来 OGSM 由宝洁公司进一步完善，而德鲁克曾为宝洁公司提供过咨询服务并帮助其改进管理实践。OGSM 的出色之处在于，它构建了一个自上而下（top-down）分解的自洽体系。目标是 OGSM 的精髓，OGSM 中的"O"是指设定具体、可衡量、可实现、相关性强和有时限的目标（SMART 目标），并将这些目标分解到个人。作为目标管理法则，德鲁克在《管理的实践》中提出"目标管理"概念，后来由乔治·多兰在一篇题为《有一种 S.M.A.R.T 方法来书写管理目标》（*There's a S.M.A.R.T.way to write management's goals and objectives*）的论文中提出今天为我们所熟知的设定管理目标的 SMART 法则：Specific（具体的）、Measurable（可衡量的）、Attainable（可实现的）、Relevant（相关性强的）；Time-bound（有时限的）。德鲁克还有很多关于"目标"的精彩论述，如"目标不是结局，而是方向。它们不是命令，而是承诺"（详见第 2 章相关内容），这些见解对于在战略分解、绩效管理等方面的一些错误做法（如"用指标代替目标"）无疑是一记当头棒喝。

此外，德鲁克目标管理（MBO）的原文是"Management by Objectives"，当时的翻译是为了使读者更加直白地理解。德鲁克并非不重视"过程管理"而只重视"结果导向"，在这点上很多人都误解了德鲁克，甚至包括质量管理大师戴明。

4. 社会责任

"社会责任"起源于奥利弗·谢尔登的《管理哲学》（1923），在霍华德·R. 鲍恩的《商人的社会责任》（1953）中被正式提出。虽然不是最早提出的人，但德鲁克对社会责任做了重要论述。他提出企业的增长不能脱离对社会责任的承担。企业应该在追求经济效益的同时，也关注对社会和环境的影响；他还提出要"通过企业的业务为解决社会问题做出贡献"。这一主张后来被"竞争战略之父"迈克尔·波特和马克·克莱默提出的"共享价值理论"所完善⊖。不得不说德鲁克具有超越时代的预见性。作为战略性社会责任的延续，如今 ESG ⊖ 成为衡量上市公司是否具有足够社会责任感的重要标准。ESG 不仅高度契合经济建设、政治建设、文化建设、社会建设、生态文明建设"五位一体"的总体布局和"创新、协调、绿色、开放、共享"的新发展理念，也为可持续发展和绿色发展提供了系统性、可量化的操作框架。本书虽然没有集中讨论德鲁克战略思想中关于"社会责任"的部分，但是社会责任战略、ESG 战略如今已经成为企业战略中不可或缺的组成部分，对此译者推荐阅读《德鲁克管理思想精要》《管理：任务、责任和实践》等书。

5. 战略决策

这是德鲁克战略思想容易被人忽略的一点。战略大致上可以分为战略内容和战略过程两个维度，德鲁克并非只关注战略内容（即战略产出），他还十分注重战略是如何形成的，即战略决策，这从德鲁克对战略规划做的定义中可见端倪，即"战略规划是一个持续的过程：即系统性地做出当下创业（风险）决策的同时尽可能地了解这些决策的未来结果；系统性地组织实施这些决策所需的行动；并通过有组织的、系统性的反馈来衡量这些决策与预期的结果"（详见第 11 章相关内容）。对于战略决策，德鲁克给出了战略决策的过程以及决策需要注意的事项，包括指出战略决策需要领导力和团队合作的支持，即一方面企业高层领导需要远见卓识和具备决策能力，带领团队制定出科学合理的战略决策；另一方面团队成员也需要具备专业

⊖ 详见迈克尔·波特和马克·克莱默在《哈佛商业评论》上发表的 3 篇相关文章，包括《战略与社会：竞争优势与企业社会责任的联系》（2006 年 12 月）、《共创商业新社会契约》（2007 年 2 月）和《创造共享价值》（2011 年 1 月）。

⊖ ESG 概念最早由联合国环境规划署在 2004 年首次提出，是环境（environmental）、社会责任（social）和公司治理（governance）三个英文单词的首字母缩写，是一种在投资决策中将企业环境、社会和治理表现纳入考虑的投资理念。

知识和技能，从而可以参与决策过程。第 12 章讨论了一个"德鲁克空白"——团体决策（或者称为群体决策），这是一种广泛应用的战略决策方式。研究表明，尽管群体决策所需的时间比个体决策更长，同时群体决策也存在自身的不足和局限，但群体决策的质量从整体而言比个体决策更高。

以上是译者提炼的德鲁克战略思想中的 5 个重要特点，此外本书还介绍了德鲁克关于并购与联盟管理的论述（详见第 7 章相关内容）以及关于家族企业管理的论述（详见第 8 章相关内容），这些已经成为当今战略管理的重要议题，甚至连美国生产力与质量中心（APQC）都定义了有关继承人的流程。德鲁克还认为知识工作者在现代组织中发挥了关键作用。在《后资本主义社会》中，德鲁克讨论了知识经济对企业战略的影响，以及如何在新的经济环境下制定有效的战略；在《管理未来》中，德鲁克探讨了 21 世纪的企业和组织面临的新挑战，包括战略规划和管理变革。这些观点虽然没有在本书中体现，但是我们应该同样重视。以上内容构成了德鲁克战略思想的核心。不过，尽管在战略、管理领域影响巨大，彼得·德鲁克却认为他是一个社会科学家，他时常提问"有哪些已经发生的事情将塑造未来？"，同时特别留意人口结构的变化，提出"战略需要反复思考人口结构"（详见第 9 章相关内容）。实际上，德鲁克的工作和思想不仅仅局限于传统的企业管理领域，还涵盖了更广泛的社会、经济和政治结构的研究。大局之上仍有大局，这或许也在提示我们要在更高层次上观察我们的战略管理。

德鲁克是一位多产作家，撰写了多本关于管理、经济学、社会和政治的书籍。德鲁克对于企业战略的论述分散于《管理的实践》《成果管理》等著作中，因此如何从战略角度进行阅读是一件不小的挑战。译者根据自身经验，给出如下阅读顺序供参考：①阅读《成果管理》《管理的实践》，对德鲁克的战略管理进行整体把握；②阅读《管理：任务、责任和实践》《创新与创业精神》，这两本书讨论了战略的具体实践，有助于进一步理解德鲁克的战略思想，尤其是对创新的重视；③阅读《九十年代的管理》和《巨变时代的管理》，以了解德鲁克在原有理论的基础上做的修正。实际上，德鲁克一直在迭代其战略思想；④阅读《下一个社会的管理》《21世纪的管理挑战》，了解在"知识经济"时代，德鲁克对管理和环境变化的思考；⑤阅读《管理的实践》和《后资本主义社会》，针对性阅读这两本书以了解关于组织的理论。战略决定组织，组织跟随战略，组织是执行战略的载体，因此有必要深入了解组织的运作方式。在此基础上，阅读德鲁克的其他著作，如《公司的概念》（1946）、《卓有成效的管理者》（1966）、《断层时代》（1968）、《技术与管理》（1970）、《认识管理》（1977）、《管理前沿》（1986）、《管理未来》（1992）、《德鲁克论管理》（1998）、《德鲁克管理思想精要》（2001）、《卓有成效管理者的实践》（2006）、《德鲁克演讲实录》（2010）等（上述书单几乎对应本书提及的德鲁克关于战略的全部书籍）。当然，战略理论本身也在不断发展，本书不仅介绍了德鲁克战略思想中的精华，还填补了"德鲁克空白"，但随着时间的推移及人工智能时代的到来，我们还需要继续填补"德鲁克空白"。

限于译者水平，本书难免存在疏漏之处，欢迎读者指正。联系电话：18665327935。

蔡春华

2023年深秋于武汉大学珞珈山

前　言

彼得·德鲁克（1909—2005）——"现代管理学之父"

彼得·德鲁克被誉为"现代管理学之父"，自他 2005 年辞世以来，人们撰写了无数文章阐述他对管理学和社会的重大贡献。我有幸和彼得相交将近 30 年，先是作为其学生，后作为其同事和朋友。我历时五年，与彼得一起开发了德鲁克 MBA 和高管培养项目，现在这些课程已经在中国开设。我最终开发出了 9 门在美国完全认证的 MBA 课程，并在中国许多城市开班授课，这些课程的基础是德鲁克撰写的近 40 本管理学和其他相关主题的书籍以及数千篇此类文章。因此，读者阅读本书时会发现其中多次提及中国，但书中的概念是普遍适用的。

在与他共事的过程中，以及在我们的多次对话中，他就一些未发表的话题分享了额外的见解。其中许多涉及他对战略，特别是对销售和营销的看法。因此，我觉得只有我才有资格分享另外一些与他的著作，或他不曾书面论及的主题相关的见解，后者我称之为"德鲁克空白"。此外，如今要实践其中的很多概念，必须超越德鲁克才行。

德鲁克战略管理及其他

我开发的德鲁克 MBA 课程之一是"战略和企业宗旨"，其基础是他对战略、营销和其他相关主题的观点，这些观点被包含并夹杂在他的众多书籍和无数文章中。彼得·德鲁克在许多著作中都讨论了战略的重要性，然而，他从来没有就此话题撰写专著，尽管他声称："我在 1964 年就撰写了第一本当今所谓的'战略'专著——《成果管理》（*Managing for Results*）。"[1] 时至今日，人们也没有把他奉为战略专家，而是把迈克尔·波特（Michael Porter）和亨利·明茨伯格（Henry H. Mintzberg）尊为该领域的主要著述者，波特在他 1980 年出版的《竞争战略》（*Competitive Strategy*）一书中阐述了"五力模型"[2]，而来自蒙特利尔麦吉尔大学（McGill University in Montreal）的后者在这个话题上也撰写了大量的文章。[3]

理查德·科赫（Richard Koch）在其 1995 年出版的《金融时报战略指南》（*The Financial Times Guide to Strategy*）一书中评论道："考虑到德鲁克的漫长生涯和著作等身，以及他的备受尊崇，指出他实际上很少论及战略这一点也不无益处。他的主要贡献是'经营理论'（The Theory of the Business）的概念。这一理论与企业环境的契合度——即企业的经营理论在多大程度上能把握住市场及经济的脉搏——对于企业的成功来说，重要性不亚于企业的核心竞争力或其市场地位。德鲁克并没有明确地表达过这一点，但如果他愿意屈尊写一本关于战略的书，那么他会明确这一点"[4]。

我不同意科赫的观点，即德鲁克对战略的主要贡献是他的"经营理论"，而且如本书所述，"经营理论"中其实没有论及"理论"。实际上，德鲁克对企业的宗旨（Purpose）的观点、对企业使命（Mission）和愿景（Vision）之重要性的论述，对客户和潜在客户以及"走出去"[今天称为"客户心声"（Voice of the Customer）] 的重视，以及他对他所认为的组织两大职能即**营销**和**创新**的看法，都是比"理论"更重要的贡献。然而，一方面，科赫认为德鲁克从来没有写过一本战略专著，这一点是正确的。另一方面，在德鲁克所著的 39 本书和数千篇文章中，许多内容可作为战略专著的关键成分。本书在此试图整合德鲁克对战略和其他企业发展相关主题（如销售、营销、创新、并购和战略联盟）的各种观察和著述，这一步也是我开发德鲁克战略课程的必要环节。即便如此，读者也会发现在很多情况下，德鲁克的观点并不完整，有一些遗漏或空白需要填补。另外，为了理解他的一些概念在当下的应用，或者为了理解这些概念是否仍然有效，我们有时必须超越德鲁克。

什么是德鲁克空白

彼得·德鲁克非常善于描述应该做到什么，经常提出管理层应该自问的问题（德鲁克战略思维），这将在"第 2 章　企业的宗旨及其战略"中进行阐述，但他往往忽略了如何去做。因此，我也会就德鲁克对战略和相关主题的很多概念提出己见。虽然我不是第一个发现这些空白的人，但也许我是第一批试图填补这些空白的人，至少在战略领域，在本书中。举个例子，时代镜报旗下 Graphic Controls 公司的前首席执行官威廉·克拉克森（William Clarkson）呼吁人们留意学术理论与其实际应用之间的差距，他于 1985 年写道："然而，学术界所认知的管理理论和概念，不等同于业界能够实际、有效、高效地运用这套知识，两者间存在着巨大的空白地段。"在提到德鲁克时，他补充说："在空白的这一边，我们有德鲁克这个先知。在空白的另一边有美国的管理者，他们知道德鲁克的'管理圣经'[即德鲁克 1973 年的经典著作《管理：任务、责任和实践》（*Management:Tasks, Responsibilities, Practices*）]，但不太知道如何让这些知识融入她 / 他的行为和实践。相比其他任何一位在世或已故的作者，德鲁克的著作最受管理者欢迎。然而，在他的理论和美国经理人的实践之间，仍然存在令人不安的差距。"[5]

因此，本书还提出了一些实践原则，指导人们如何填补其中的一些空白，以及如何将德鲁克的一些战略概念应用于自己的组织。这主要有赖于我借鉴和吸收了相关人士在战略和其他方面对德鲁克思想的贡献；这样做也是充分理解德鲁克概念实际应用的必要步骤。附录还收录了一些实用工具。

关注增长

本书将重点介绍德鲁克关于企业增长战略的观点，既包括通过销售、营销和创新实现企业的内部增长，又包括通过兼并、收购和战略联盟实现外部增长。本书也将详细论述德鲁克的战略思维过程，概述通过哪些基本步骤可以实现恰当的增长。"第 2 章企业的宗旨及其战略"通过提出一个专门的环境假设，论述德鲁克关于战略和营销的大部分观点，即假设你的公司聘请他为顾问，就公司如何在全球经济中更有效运营出谋献策；你及你的管理团队将与他面谈，你们讨论的话题和他提出的问题，将共同作为后续章节的基础。本书阐述了德鲁克的战略思维方法，并说明了德鲁克认为高级管理层（简称高管层）应当自问的问题。

他回顾了高管层和规划者在战略规划过程中必须发挥什么样的关键作用，以及高管层决策的重要性。变化的人口结构和全球化趋势为创新和增长提供了机会，德鲁克对这些变化和趋势的观察将补充他对市场营销和营销调研的观点。

小结：德鲁克是谁

将近 30 年前，我问彼得："你会如何界定自己，是否会将自己界定为管理学教授？"

他回答说："不，鲍勃，我是一个社会科学家（social scientist）"[6]。

大约 20 年后，在《德鲁克日志》（*The Daily Drucker*）（2004）中，他显然已将自己重新定位为社会生态学家。"我认为自己是一个'社会生态学家'（social ecologist），关注人类的人为环境，就像自然生态学家研究生物环境一样。'社会生态学'（social ecology）这个词是我自创的。"[7] 在《德鲁克日志》中，他还引用了他在 1969 年写的《断层时代》（*The Age of Discontinuity*）一书，在该书中他第一次提出"社会生态学"的概念 [8]。《韦氏新世界词典》（*Webster's New World Dictionary*）从社会学的角度为"生态学"下了定义："研究人类群体对地理环境的适应及两者相互关系的社会学。"[9] 德鲁克并不认为自己能预知未来，他认为自己是一位敏锐的社会观察家，因此最初才把自己归类为社会科学家。他并没有预测未来，而是呼吁人们关注当下发生的并影响未来的事情。例如，他比大多数人更早地发现了出生率下降、人口老龄化和人口萎缩等问题，尤其是在发达国家和地区，这些趋势有助于我们发现潜在的创新和增长机会。

我论述德鲁克空白并不是批判他的工作成果，只是为实践他的许多理念和学说提供额外的工具。此外，如果他的概念不够完整，我将引用其他人的成果予以填补。德鲁克在 1986 年出版的《管理前沿》（*The Frontiers of Management*）一书中写道："我在教学、写作和咨询中从未轻视技术。技术是工具，没有工具，就没有'实践'，只有说教了。"[10] 我认为，虽然这么说可能没错，但在有些情况下，为了填补某些空白，我们需要的不仅仅是工具——我们有必要超越德鲁克，从战略、营销和创新等不同学科的权威人士那里吸收成果。

毋庸置疑，很高兴能认识彼得并与之共事。与彼得合作的中国项目是我职业生涯的一大亮点。

罗伯特·W. 斯威姆

写于中国北京

注释

——○ ///

[1]　Peter F. Drucker, "*Drucker on Drucker,*" *New Management* 2, no. 3（Winter 1985）: 7.

[2]　Michael Porter, *Competitive Strategy: Techniques for Analyzing Industries and Competitors*（New

York: The Free Press, 1980）.

[3]　Henry Mintzberg, "*Crafting Strategy*," *Harvard Business Review* 65, no. 4（July - August 1987）; Henry Minztberg, Bruce Ahlstrand, Joseph Josepel, *Strategy Safari: A Guided Tour Through the Wilds of Strategic Management*（New York: Free Press, 1998）.

[4]　Richard Koch, *The Financial Times Guide to Strategy: How to Create and Deliver a useful Strategy*, 2nd ed.（London: Pearson Education Limited, 2000）, 147-148.

[5]　William Clarkson, "*Drucker: Closing the Theory/Practice Gap,* " *New Management* 2, no. 3（Winter 1985）: 21-23.

[6]　Rosabeth Moss Kanter, "*Drucker: The Unsolved Puzzle*," *New Management* 2, no. 3（Winter 1988）; Thomas J. Peters, "*The Other Half of the Message,* " *New Management* 2, no. 3（Winter 1985）.

[7]　德鲁克于 1977 年秋季在克莱蒙特研究生院（Claremont Graduate School）回答我的问题。德鲁克在克莱蒙特研究生大学（Claremont Graduate University）任职期间一直担任克拉克社会科学教授（Clarke Professor of Social Science），而不是 "社会生态学家"。

[8]　Peter F. Drucker, *The Daily Drucker*: 366 *Days of Insight and Motivation for Getting the Right Things Done*（New York: Harper Collins Publishers, Inc., 2004）.

[9]　Peter F. Drucker, *The Age of Discontinuity: Guidelines to our Changing Society*（London: William Heinemann, Ltd., 1969）.

[10]　Peter F. Drucker, *The Frontiers of Management*（New York: Truman Talley Books, 1986）, 220 - 227.

目　录

第 3 章

**对面谈的分析和德鲁克
关于营销的观点**

第 4 章

企业致命的五宗罪

第 5 章

创新与创业精神

第 6 章

摆脱过去

第 7 章

**外部增长战略：并购
和战略联盟之德鲁克
原则**

第 8 章

家族企业的管理

附录
战略管理应用工具

参考文献

第 *1* 章 德鲁克谈增长管理
——出于企业发展和战略的需要

> 增长将继续是一个令人向往的，实际上也是必要的企业目标。[1]
>
> 彼得·德鲁克⊖

我对彼得·德鲁克关于战略和战略管理的观点之探索始于对增长的讨论。毕竟，如果制定战略不是为企业的未来发展提供方向，那么制定战略的目的是什么呢？正如德鲁克在《管理：任务、责任和实践》（1973）一书中所说，"增长将继续是一个令人向往的，实际上也是必要的企业目标"。他接着补充道："经济不断增长的时候，存在很大的发展空间，但行业经过高峰期后会缓慢衰退，只不过整体经济的繁荣支撑了它。新兴行业可以发展得很好，其增长更多是出于偶然而不是它的管理。但当经济不再增长的时候，经济必然会发生突如其来的急剧的变化。然后，不增长的企业或行业就会衰退，那么管理层就更需要为规划和管理增长制定战略。"[2] 毋庸讳言，银行业和房贷行业都需要制定战略。

德鲁克在讨论营销的必要性时，还谈到了是什么带来了企业增长。德鲁克

⊖ 除另有说明外，所有章节的起始引文均来自彼得·德鲁克。

1

提出管理层就客户和潜在客户的问题需要考虑哪些方面，下面的引文只说明了其中之一。（潜在客户是他提出的一个术语，用来描述那些不从你的公司进行购买的人）。

> 管理层必须要问，客户哪些需求无法被现今提供的产品或服务充分满足。能否提出并正确回答这样的问题，决定了公司是成长型公司，还是只能随着经济或产业的潮起潮落而发展。凡是满足于随潮水上升者，必将也随潮水下降。[3]

彼得·德鲁克 ⊖

退潮时刻

随着 21 世纪第一个十年接近尾声，美国经济最多只能描述为无增长或者弱增长，这取决于我们依据的是哪一家公司的数据，或者正如德鲁克曾经评论统计数据时所说："告诉我你想证明什么，我便可以把你要的数据做出来。"[4] 这种经济增长乏力的情况可以归结到许多因素上，包括次贷危机，它的起因是那些冒险进入次贷市场者（作为贷款人、投资者和客户）的贪婪和愚蠢。另外还有房市的崩溃、房贷止赎数量达到了大萧条以来最高值、美元对大多数货币贬值、美国因伊拉克和阿富汗战争导致债务持续攀升，以及资本市场剧烈动荡，以至于某些日子股市竟出现三位数波动，等等。

尽管经济疲软，但"华尔街"（华尔街分析师）仍然对那些没有达到增长预期的公司持批评态度。以路透社（2008 年 4 月 25 日）的报道为例，其标题为"3M 公司收入增长令人失望，股价下跌"。

文章援引称 3M 公司第一季度增长 8.9%，货币折算贡献了其中的 6.1%。

⊖ 除非另有说明，所有引文均来自彼得·德鲁克。

Morningstar 公司的分析师亚当·弗莱克（Adam Fleck）称："本季度的增长主要来自货币折算。这对公司来说是正增长，但不算真正的内生增长。"[5] 这篇报道还补充说，3M 公司第一季度的净收入为 9.88 亿美元，即每股 1.38 美元，超过分析师平均预测的每股 1.35 美元。即使取得这些结果，路透社仍然总结说，"尽管 3M 公司周四公布的季度利润好于预期，但由于投资者担忧疲软的美元在该公司的增长中贡献太大的比重，其股价仍然下跌。"当天下午，3M 公司的股价确实下跌 86 美分至 79.95 美元，较 52 周高点的 97 美元下跌了 17%。

在这篇文章中，我们看到了典型的"分析师"的短期预测。虽然该公司（3M）2008 年第一季度每股净利润超过预期的 1.35 美元，实际达到每股 1.38 美元，但相较于货币折算带来的 6.1% 的增长率或总体的 8.9% 的增长率，分析师对该公司仅 2.8% 的"内生增长"感到失望。想象一下，在此之后的下一个周一早上，3M 公司董事长在总部会议室对在场的所有高管说："我们的季度销售比预期高出 2.8%，每股收益比预期高出 2%。第二季度我们该做什么？"这里先别讨论它的战略是否适合当前的环境，也先不用依据德鲁克的关键问题进行自问，因为我们将在下一章再回顾这些。对分析师来说，这里谁是竞争对手？

业务增长的不同维度

下面简单介绍一下业务增长的驱动因素，包括内生增长（Organic Growth）和外部增长（External Growth）两个方面。

- **内生增长**。销售收入的增加应归结于销售和营销的部分，包括提价，以及公司在开发新产品或服务方面的创新举措。这将在第 2 章至第 5 章中讨论。

- **外部增长**。由于兼并和收购而带来的销售收入的增加。横向收购包括在地理上的扩张或收购新产品以补充公司现有的产品线。后向的纵向收购包括获取供应源，而前向的纵向收购则是获取新营销渠道，以降低销售和营销费用，以及更接近客户。也可通过正式和非正式的战略联盟创造增长机会。通过资产剥离，某业务部门的出售会带来暂时的收入增加，但也会导致该业务部门的产品销量下降。并购和联盟将作为一种增长战略在第 7 章论述。

- **其他外部因素。** 货币折算将带来收入增加或减少，这取决于公司销售其产品收取的当地货币与最终兑换成的美元之间的汇率。

表 1-1 截取了 3M 公司 2007 年向美国证券交易委员会提交的 10-K 报告（年度报表），另外还有该公司的业务增长维度（*Dimensions of Business Growth*）报告。这就很好地说明了应如何迅速确定公司在各维度的增长情况。

表 1-1　3M 公司的经营业绩

净销售额	美国市场	国际市场	全球
净销售额（百万美元）	8 987	15 475	24 462
占全球销售额的百分比（%）	36.7	63.3	
净销售额变化的组成			
份额：内生	1.6	7.4	5.1
份额：并购	3.1	2.1	2.4
价格（百万美元）	1.0	(1.1)	(0.2)
当地货币销售额（包括收购）	5.7	8.4	7.3
资产剥离	(4.2)	(3.6)	(3.8)
货币折算	—	5.2	3.2
总体销售额变化（%）	1.5	10.0	6.7

资料来源：2007 年美国证券交易委员会 10-K 报告。

从表 1-2 中可以看出，该公司的增长很大一部分是由货币折算带来的，这是由于美元相对于欧盟的欧元、英国的英镑和日本的日元走弱。

报告中的“业务增长维度”，加上“分析师”的批评，迫使公司董事长兼首席执行官（CEO）乔治·巴克利（George Buckley）在 2008 年 5 月 13 日的股东大会上做出如下回应：

表 1-2　3M 公司业务增长维度

增长维度	组成	结果	公司总体占比（%）
内生增长	销售与营销	销售额	5.1
		价格上涨	（0.2）
	创新	新产品与服务	
外部增长	兼并与收购	横向收购（地域扩张、产品延伸）	2.4
		纵向收购（后向获取供应源，前向获取渠道，更贴近客户）	
	战略联盟	正式联盟（合资企业、许可和专利协议）	
		非正式联盟（营销和分销协议）	
	资产剥离	该部门销量下降	（3.8）
其他外部增长	货币折算	当地货币兑换美元的收益 / 损失	3.2
总增长			6.7

资料来源：罗伯特·W. 斯威姆编写（2006 年）。

"美国是我们目前最大的单一市场。因此，很显然，3M 公司要想实现其长远增长愿景，必须推动美国业务更快地增长。我们所有人都越来越清楚，要想在短期内推动美国市场增长将继续面临挑战。"[6] 巴克利评论说，为了实现这一增长，"3M 公司将更加努力地执行与竞争产品差异化的策略，继续创新，并改善服务，以在美国市场谋求更多增长。"文章接着评论说，2007 年 3M 公司的国际市场贡献了其销售额的 63%，到 2010 年可能达到 70%。

另外，这里面的 30% 即 70 亿美元来自新兴市场，那里的销售额年增长率接近 20%。文章还说，"周二 3M 公司股价下跌 49 美分，至 77.18 美元。"

补充一点，我们以 3M 公司为例讨论增长，有如下原因：

- 其总收入的 63.3% 来自美国以外的地区；
- 该公司按照"业务增长维度"报告其增长情况；

- 它是一家财富 500 强公司，也是道琼斯工业平均指数的成分公司。

该公司董事长在上一篇文章中就差异化和创新的必要性做出评论，这与德鲁克关于营销和创新（即组织的两个最重要的职能）的观点有直接联系，本书将对此做出详细介绍。

尽管这位董事长看好该公司未来的增长机会，但显然他没有打动"分析师"们，公司的股价也随之下跌。这里的问题是——3M 公司是需要新的投资者关系经理还是需要制定更好的战略？此外，德鲁克等人论述了 CEO 在战略和战略规划中扮演的重要角色，本书也将详细介绍。

德鲁克论增长

增长是成功的结果。

一个公司能够增长是因为它做得好。

它的产品能满足日益增长的需求。[7]

在德鲁克早期的著作中，他对增长的论述更多着眼于组织规模以及如何从小型初创型企业转变为大型组织。其中，他认为需要改变高层管理人员的态度和行为，同时需要重组管理层，以及很多情况下需要用职业经理人取代企业的所有者——创始人。本书中，我们简单探讨了组织的生命周期理论，来补充说明企业战略的这一重要因素，因为该理论呈现的战略手段比德鲁克的更全面，其论述素材更严肃。

增长不是自动产生的。它不是成功的必然结果。[8]

大约 20 年后，德鲁克改变了对增长的驱动因素的看法，特别是他不再认为成功是增长的驱动因素。如何梳理这些不同的观点呢？

增长目标的必要性

德鲁克在《管理：任务、责任和实践》（1973）一书中评论道："管理层一味地说'我们要增长'是不够的。管理层需要制定一个理性的增长政策。"[9] 他强调，管理层需要制定一个理性的增长政策，既要有*最低*（*minimum*）目标，又要有*最高*（*optimum*）目标。他还强调："在企业的语境下，增长是一个经济术语而不是物理术语。数量本身并不重要。"他还说："一个企业的增长在于其经济业绩和经济成果。成为一家'十亿级企业'并不是一个理性的增长目标。增长目标必须是经济目标，而不是数量目标。"[10] 遗憾的是，在《管理：任务、责任和实践》中，关于如何建立*最佳目标*（*optimum objective*）这一贯穿本书的主题，德鲁克并没有为我们提供任何见解。不过，他在《动荡时代的管理》（*Managing in Turbulent Times*）（1980）中进一步拓展了这一主题，他提出了一条原则："任何在短时间内促成总体的企业资源生产力（没有定义）全面提升的增长都是健康的增长"[11]。

德鲁克论管理的必要性

企业能增长通常是因为拥有能干的、胜任的管理层。[12]

德鲁克的上述名言虽然来自 60 多年前的《管理的实践》（*The Practice of Management*）（1954），但在今天的环境中仍然适用，它更着重企业的成功，或者说是企业的业绩和结果，而不是它的规模。马修·柯达希（Matthew Kirdahy）在福布斯网站的一篇文章中写道："粗略浏览近代企业的历史，就能看到 CEO 们总是在一瞬间就面临失业风险。如今，事实证明，由于紧张的商业环境和全球市场竞争的白热化，他们待在办公室的时间越来越少。尽管报酬丰厚，但这项工作并不是每个人都愿意干的。目前来看，管理层的平均任期约为 6 年；然而，不管是因为主观还是客观原因，有些人甚至干不完这一平均任期。"柯达希所描述的这种短暂任期的问题，很大程度上可以归结为：对 CEO 的要求往往是短期内的每股季度收益，这和长期的企业战略相冲突。

波特谈领导力的必要性

迈克尔·波特（Michael Porter）是战略主题的重要著述者，当我认为需要在某个关键点上"超越德鲁克"时，我便会把波特和其他人的一些观点收录在本书中。在领导力方面，波特谈到，我们需要由领导者而非管理层来制定企业战略。

在许多公司，领导力已经沦为协调提升日常运营和达成交易。[13]

迈克尔·波特

波特拓展了上述名言，他强调高层领导者需要确定企业战略并进行传达，还需要识别出企业需要应对哪些行业变化和客户需求，以及企业应该服务哪些目标客户等，同时对企业不做哪些事情做出取舍。德鲁克和波特等其他学者论述了 CEO 等人在战略规划中的角色，本书将进行介绍。

波特的相反观点："增长陷阱"

波特在《哈佛商业评论》（*Harvard Business Review*）上发表了《什么是战略？》（*What Is Strategy*?）（1996）一文，文中他对增长的重要性发表了不同的看法，他写道："在其他所有影响因素中，想要增长的欲望对战略的影响也许是最适得其反的。"[14] 波特这么说是什么意思，什么样的增长才是可取的呢？

他近来关于战略的观点描述了战略定位、统筹权衡，并协调各项活动的重要性。他还区分了"经营效益"和"战略定位"，他说："经营效益意味着比竞争对手更好地完成类似的活动 [提高效率和使用诸如 '最佳实践'（Best Practices）、'全面质量管理'（Total Quality Management）、'零缺陷'（Zero Defects）

和'六西格玛'（Six Sigma）等工具]。相反，战略定位意味着执行与竞争对手不同的活动或以不同的方式完成类似的活动。"波特评论说，经营效益不能作为长期竞争的基础，因为竞争对手可以迅速模仿管理技能、新技术、对公司价值链的投入改进等。

波特评论说："竞争战略意味着差异化，以及有意选择一系列不同的活动来提供独特的价值组合。"他认为这就是战略定位的本质。波特认为，"战略定位的本质是选择与竞争对手不同的活动。"然后，他界定了企业可以基于哪些方面进行差异化：①*基于品类的定位*（variety-based positioning），即基于所选的产品或服务品类以及所选的系列独特活动，而不是基于客户细分；②*基于需求的定位*（needs - based positioning），即一种更传统的方法，针对具有差异化需求的客户群体；③*基于渠道的定位*，即基于不同获客渠道细分客户，这些渠道可以是地域、客户规模或任何同一渠道中需要通过不同的系列活动获客的情形。[15]

波特还强调，战略定位需要进行权衡，它不能满足所有人的所有需求。如前所述，高级管理层/领导层需要明确他们选择了若干竞争方式中的一种。他说："取舍对战略至关重要。取舍使选择变成必需，并且有意对公司所提供的东西进行限制。"波特还讨论了"协调"的重要性，或者称为活动之间如何相互关联，并认为它是竞争战略的核心组成部分。德鲁克在讨论"经营理论"时也谈到了"协调"的重要性，不过他与波特看待这一点的角度不同，这将在接下来的两章中介绍。波特将"协调"进行分类，一阶协调是指公司各项活动（职能）与整体战略之间的*简单一致性*（simple consistency），二阶协调是指公司各职能相一致时各项活动产生了*强化效果*（activities are reinforcing），而三阶协调则被归结为各项活动的*最优化*（optimizing of effort），如统筹各活动并相互分享信息以消除冗余、最小化浪费。波特接着强调，许多活动之间的协调性对竞争优势及其可持续性具有根本性的意义。在此，他还强调，"战略地位应着眼于十年或更长时间，而不只是一个规划周期。对这一点他归结为公司各项活动之间的相互协调，这也产生了提高经营效益的压力，从而有助于连续性和可持续性。"德鲁克在《我们的企业将会是什么》一文的论述中提出异议，原因是组织外部环境变化将影响它，使组织战略必须进行调整。这一点将在接下来的两章中阐述。

回到增长这一问题上，波特将"增长陷阱"描述为：其产生是出于管理层对各项取舍看似限制了增长（服务某一客户群体同时排斥其他客户群体）的顾忌，这使他们在实际或在假设中对收益增长施加了限制。因此，管理层忍不住想放弃企业的战略定位。波特觉得，"追求增长的过程中出现的折中和不一致，将削弱企业在其原有产品品类或目标客户群中的竞争优势。"他补充说，一方面，试图同时以多种方式进行竞争会造成混乱，动摇组织的重心。根本上，这将导致表面上的收入增加（增长）然而实际上利润的下滑，结果往往是进行更多的收购。另一方面，积极的增长可以通过着力深化（而非扩大或折中）战略地位来实现。波特认为，深化意味着使公司的活动更有特色，加强协调性，并将其战略更好地传达给那些能欣赏其战略的客户。他继续补充说："一个公司往往可以在其有差异化特色的领域渗透到各需求和各品类中，从而达成更快的增长，而且取得更高利润，这比在缺乏差异化特色的潜在高增长领域中苦苦挣扎效果更好。"[16]

波特不仅提供了理论，还提供了一些实现增长的潜在解决方案，如诉诸全球化，而这样的解决方案既符合战略，又能够通过有所着重的战略开辟大规模市场（如中国和印度）。他把这与那些诉诸发展本国市场求增长的公司进行对比。然而，他确实建议，那些寻求发展国内该行业市场的公司（如我们前文举例的3M公司），可以另创品牌，建立从事定向活动的独立分支，从而克服战略中的某些风险。

> 总体上，管理的核心是战略：确定公司的定位，进行取舍，并培养各项活动中的协调性。[17]
>
> 迈克尔·波特

波特后来试图把这种新型的战略与他最初的"基本"竞争战略进行对比，从而进行调和，这一点将在第 3 章后面的内容中介绍。

小结

本章着重论述通过内生和外部两种方式达成增长的必要性，前者来源于销售、市场和创新，后者可通过并购和战略联盟实现。此外，本章还根据迈克尔·波特的观点提出看待增长的另一种视角。本书在起始部分就介绍波特关于战略的观点，以说明其他著述者是如何以德鲁克概念为基石，并常常能"超越德鲁克"的。

注释

[1] Peter F. Drucker，*Management: Tasks, Responsibilities, Practices*（New York: Harper & Row 1973），773.

[2] 同上，773。

[3] 同上，91。

[4] 1978 年秋季，德鲁克在克莱蒙特研究生院（Claremont Graduate School）的博士班上发表的评论。

[5] "*3M revenues growth disappoints, shares fall,*" Reuters，April 25，2008.

[6] "*CEO Says 3M Will Aim to Spur Its US Growth*," Associated Press News，May 13，2008.

[7] Peter F. Drucker，*Management: Tasks, Responsibilities, Practices*（New York: Harper & Row，1973），765.

[8] 同上，774。

[9] 同上，775。

[10] Peter F. Drucker，*The Practice of Management*（New York: Harper & Row，1954），251.

[11] Peter F. Drucker，*Managing in Turbulent Times*（New York: Harper Publishing，1980），48.

[12] Peter F. Drucker, *The Practice of Management* (New York: Harper & Row, 1954), 251.

[13] Michael E. Porter, *"What Is Strategy?"* *Harvard Business Review* (November-December 1996), 77.

[14] 同上, 75-77。

[15] 同上, 65-68。

[16] 同上, 75-77。

[17] 同上, 77。

第2章　企业的宗旨及其战略

企业的宗旨 [原意为"目的"（purpose），下同] 是创造客户。[1]

第1部分：德鲁克到访你的公司

介绍

　　本章真正定义了德鲁克对企业战略和营销的态度。虽然德鲁克说，组织中只有*营销*和*创新*这两个职能对经营结果有所贡献，但不像他在《创新与创业精神》[⊖]（*Innovation and Entrepreneurship*）（1985）中用一整本书论述创新，营销从没享有这样的待遇。德鲁克的《成果管理》（*Managing for Results*）（1964）确实论述了当代营销议题中包含的许多主题，同时也论述了关于战略的主题，但它仍然不算是对战略和营销学科的全面性讨论。因此，你会发现，本章可能是最接近德鲁克对战略和营销主题著述的集大成的资料。

　　阅读本章，读者能牢牢掌握德鲁克的方法，知道要问哪些正确的问题，或者说是德鲁克的战略思维。当然，知道回答这些问题后该做什么和怎么做，也有助于

　　⊖　此为2002年引进图书版权后出版的图书名，2007年新翻译后的书已改为《创新与企业家精神》。目前多用企业家精神一词。——编者注

填补德鲁克空白。本章内容原为《北京商务》(*Business Beijing*)的文章，后又作为我们中国 MBA 项目学生的阅读作业，所以读者会看到文中有几处提到中国。[2] 无论你是在中国还是在世界其他地方，德鲁克要求你回答的关键问题是普遍适用的。因此，当你阅读这一章时，思考一下就你所在组织而言，你会如何回应德鲁克提出的问题，然后不仅要思考"我要做什么"，还要思考"我怎么做"。

与彼得·德鲁克的会面 [3]

你即将聘请世界上最权威的管理学专家、2002 年总统自由勋章(2002 Presidential Medal of Freedom，美国平民的最高奖项)获得者彼得·德鲁克到你的公司，与你及你的管理团队共度一天。你想听他讲讲关于公司发展方向和最佳战略的见解和建议。你关心的是公司如何在一个动态的、快速变化的全球经济中进行竞争，同时你不确定中国加入世界贸易组织(WTO)对公司意味着什么。

你联系了他提供过咨询的一些公司，如通用电气公司和其他财富 500 强企业，他们建议你邀请德鲁克到访中国你所在的公司，并称结果不会让你失望。他们告诉你，德鲁克不会给你提供任何答案，但会向你和你的管理团队提供应该自问的**正确问题**(right questions)——然后你就会有答案。他不会为你授课，但他会为你提供关于一些重要问题的见解，供公司管理层思考，例如，对于未来我们知道和不知道什么，以及这对你的商业战略可能意味着什么。你准备好迎接他的到访了吗？

德鲁克到访的晨会现场

你和你的管理团队正在会议室里，这时德鲁克进来了，自我介绍后，他问你："你们企业的宗旨是什么？"你会如何回答他？

如果你说，企业的宗旨是盈利，他会笑着说："你根本不懂企业。"他又说："这个答案不仅错误，甚至还是不相关的。"然后，他又向你解释说：**"企业的宗旨是创**

造客户"[4]。本章将解释德鲁克如此定义企业的宗旨有什么含义，也包含了他在这一议题上的论述，包括管理层需要提出哪些关键问题，才能制定创造 / 留住客户的战略。我们不会忽略你最可能说出的答案"为了盈利"，德鲁克在后面的访谈中将从一个适宜的角度看待利润。

德鲁克在晨会上问你的三个关键问题

德鲁克继续会议。"女士们、先生们，在今天的会议结束时，你们要能确定以下 3 个关键问题的答案：

1）我们的企业是什么？

2）我们的企业将是什么？

3）我们的企业应该是什么？"

1. 我们的企业是什么

这个问题涉及对企业使命的定义。而在定义企业使命的过程中，第一个也是最关键的问题是："客户是谁？"[5] 德鲁克补充说："通常有两种或两种以上的客户。举个例子，对于一个从事品牌消费品的企业来说，商店是一位客户，企业的消费品在商店里获取货架空间；而消费者是另一位客户，当她在商店里时，她会买你的产品吗？每位客户都定义了不同的企业，有着不同的期望和价值取向，购买的东西也不同"[6]。

德鲁克继续说："我们需要从客户和市场的角度看问题。如果你很认真地试图说明'我们的企业是什么'，那你必须从客户的实际情况、处境、行为、期望和价值取向出发。让客户满意是每个企业的使命和宗旨。"其他同样需要回答的关键问题包括："客户在哪里"和"客户买什么"，最后这两个问题涉及市场细分。德鲁克后来将最后一个问题改写为"对客户而言有什么价值"[7]。

德鲁克认为，所有组织都是基于某种经营理论运作的，他指的是一套关于以下各方面的假设：

- 其业务是什么？
- 其宗旨是什么？
- 它是如何定义结果的？
- 其客户是谁？
- 客户看重并愿意为之买单的是什么？

德鲁克在会上接着说："让我们回顾一下我所说的经营理论和构成它的三大基础假设。"[8] 它们是：

1）环境——市场、客户、分销渠道、竞争等。

2）企业的核心竞争力，由组织各种各样的能力组成。

3）关于本组织未来愿景和当前使命的假设。

我们来一一回顾。

（1）关于市场的假设和关键问题

首先，不要再说"我们知道"，而要说"我们来问问自己"。

1）我们对市场的假设是什么？

2）市场还是我们想象的那样吗？

3）谁是我们的客户？

4）谁是我们的分销渠道？他们为了什么买单？

5）潜在客户（non-customers）：为什么不向我们购买？他们愿意为了什么买单？对他们来说，价值是什么？

德鲁克创造了"潜在客户"一词，用来描述那些不向你购买的人。举个例子，你的企业在你所在行业中可能有 20% 的市场份额，换个角度即 80% 的人不向你购买——他们就是"潜在客户"。德鲁克强调，你需要找出他们不向你购买的原因。

德鲁克问道："你最后一次和潜在客户沟通，以便找到他们不向你购买的原因是什么时候？你学到了什么？"你会如何回答他？

（2）关于核心能力的假设和关键问题

其次，德鲁克指出了对于组织核心能力需要问的其他关键问题。这些问题包括：

1）我们擅长什么？

2）我们依靠什么能力和知识来赢得和保持我们在市场上的领先地位？

3）哪些事情我们知道自己比竞争对手做得更好、更省力？

4）我们在哪些方面是真正卓越的，又要在哪些方面必须做到卓越？

德鲁克问："你会如何回答这 4 个问题？"

（3）关于使命的假设

最后，德鲁克强调，组织的使命需要随着环境的变化而进行回顾更新。这里要问的关键问题包括：

1）我们的使命是什么？

2）它应该是什么呢？

3）我们试图达到什么结果？

4）我们如何衡量它们，或者至少如何衡量它们的价值？

德鲁克还说："组织不应该等到企业或行业陷入困境时才问'我们的企业是什么'。这个问题应该在企业成立之初就提出来，特别是对于一个有发展雄心的企业而言。问'我们的企业是什么？'的最重要的时机是在企业已经成功的时候"[9]。

那么，在界定本组织的使命时，应包括以下关键要素：

- 客户需求：满足的是**什么**需求？

- 客户群体：满足的是**谁**？

- 使用的技术、实现的功能和独特的能力（核心能力）：**如何**满足客户需求？[10]

德鲁克在会议上问你："你的公司是否存在一个涵盖上述关键要素的使命宣言？"

确定组织的使命并定期重新评估它，其重要性怎么强调都不过分。例如，SCM公司曾经是世界上最大的电子打字机制造商之一，并拥有相当大的市场份额。该公司认为自己的使命是生产电子打字机，而客户却在改用文字处理机，最终转向个人计算机。试问贵公司最后一次购买电子打字机是什么时候？ SCM公司没有提出上述有关使命的重要问题，最终宣布破产。

（4）德鲁克指出企业最重要的两项职能

德鲁克认为："企业有两项基本职能，即*营销和创新*。"[11] 下面是德鲁克对营销职能（Marketing Function）的评价，供大家参考。

"真正的营销是从客户开始的，需要从其人口特征、现状、需求、价值取向出发。营销不是问我们想卖什么，而是问客户想买什么。营销不是说，这是我们的产品的用途，而是说，这些是顾客所寻求的满足、价值和需求"[12]。

关于创新功能，德鲁克评论说："企业仅仅提供一般经济的产品和服务是不够的，它必须提供更好、更经济的产品和服务。最有成效的创新是形成一种不同的产品或服务，创造新的潜力或满足，而不是改进。"德鲁克还说："管理者必须把社会的需求转化为企业盈利的机会。"

我们将在本书的其他章中阐述德鲁克对创新重要性的看法。简而言之，德鲁克指出"不创新的组织将无法生存。"

2. 我们的企业将是什么

现在德鲁克在会上转向第二个关键自问问题："我们的企业将是什么？"他指出，这个问题"旨在适应预期的变化，以修正、发展现有的企业"。德鲁克接着说：决定你的企业将是什么的，有下面4个主要因素：

- 市场潜力和市场趋势；
- 市场结构的变化；
- 创新；
- 消费者。[13]

他阐述了这4个因素，还提出了其他一些见解和有待你回答的问题。

（1）市场潜力和市场趋势

- 假设市场结构或技术没有发生根本性变化，预计5年或10年后我们会有多大的市场？
- 决定这种发展的因素将有哪些？

（2）市场结构的变化

由于经济发展、时尚或品位的变化或竞争对手的行动，预计市场结构会发生哪些变化？

（3）创新

什么样的创新才能改变客户的需求、创造新的需求或者消灭旧的需求？什么样的创新才能创造满足客户需求的新方式、改变他们的价值取向，或者更好地满足他们的价值需求？

德鲁克问你："你所在的行业有哪些创新？"

（4）消费者

哪些消费者需求是没有被现今提供的产品或服务充分满足的？

3. 我们的企业应该是什么

德鲁克接下来的问题"我们的企业应该是什么"涉及制定未来愿景，如此则需要回答以下问题：

- 环境中哪些可见的变化对企业的特征、使命和宗旨有影响?

- 存在哪些机会或可以创造哪些机会,从而可以改造现有的企业,实现企业的宗旨和使命?

- 如何将这些预期融合到企业的经营理论、目标、战略和工作任务中?

德鲁克认为,"市场潜力及其趋势是我们的起点。真正预测未来的唯一方式是聚焦人口结构的变化。管理层需要预测市场结构、时尚或品位的变化,以及竞争动态。另外,哪些消费者需求是没有被现今提供的产品或服务充分满足的?"

德鲁克还说:"能否提出这样的问题(消费者的需求),决定了企业是成长型公司,还是只能随着经济或产业的潮起潮落而发展。凡是满足于随潮水上升者,必将也随潮水下降"[14]。

战略愿景的重要性

正如德鲁克所强调的使命宣言(Mission Statement)的重要性一样,企业也需要愿景宣言(Vision Statement)。德鲁克认为战略愿景(Strategic Vision)的特征包括:

- 它描绘了组织未来的战略路线:确立了企业 3 — 5 年的业务构成。
- 它确定了企业要从事哪些业务活动。
- 它确定了企业未来的市场地位。
- 它确定了企业未来的客户焦点。
- 它定义了企业想要成为什么样的组织。

德鲁克指出:"使命和愿景宣言为管理决策(我们要去哪里,什么才是重要的)提供指引,它还能激发员工的积极性和投入(灌输对高管层的信心——他们知道组织的发展方向以及如何到达那里)。它为组织迎接未来和建立长期目标做好准备。

其愿景不是为了盈利——真正的使命和愿景是'我们将做些什么来实现盈利？'"

德鲁克问你："你的企业有愿景宣言吗？"

"有计划地放弃"的概念和关键自问问题

德鲁克强调称，除了要有一个未来愿景，"管理层还需要系统性地分析现在的业务和产品。需要分析哪些业务和产品不再适合企业的旧宗旨和旧使命，已不再能为顾客带来满足，也不再能做出高水平的贡献。现有的所有产品、服务、流程、市场、最终用途和分销渠道都需要进行评估。"[15] 这就是德鲁克提出的"有计划地放弃"（Planned Abandonment）的概念，即使现有过时的产品还能盈利，也需要实施这一点。相对于弃旧迎新，需要提出的关键问题如下：

- 它们是否还能生存？
- 它们是否有可能继续保持生存能力？
- 它们还能给客户带来价值吗？
- 它们明天还能给客户带来价值吗？
- 它们是否还适合人口、市场、技术和经济现状？
- 如果不是，我们如何才能以最佳方式放弃它们——或者至少停止倾注更多的资源和努力？

德鲁克问："你是否对你目前的产品或业务进行了评估，以确定是否应该放弃它们？"你会如何回答他？

我们将在"第 6 章 摆脱过去"中详细介绍德鲁克"有计划地放弃"的概念。

德鲁克论战略和作为战略的依据的必然趋势

德鲁克认为："战略旨在使组织在不可预测的环境中取得预期的结果，并使组织成为有目的的机会主义者。战略也是对经营理论的检验。如果战略不能产生预期的结果，通常这首先就意味着经营理论需要重新思考。另外，意料之外的成功也往往意味着经营理论需要反思。"

德鲁克指出，制定战略的基础有（或者假定有）以下 5 种必然趋势：

1）发达国家出生率的严重下跌和人口老龄化；

2）可支配收入分配上的变化；

3）定义绩效；

4）全球竞争力；

5）经济全球化与政治分裂之间日益加剧的矛盾[16]。

由于你与德鲁克见面的时间有限，他只能讨论其中的一些趋势。如果你有兴趣进一步了解他的观点，可以参考他的《21 世纪的管理挑战》(*Management Challenges for the 21st Century*) 一书。

① **发达国家出生率的严重下跌和人口老龄化**　最重要的、必然新趋势是发达国家出生率的严重下跌——这么说是因为历史上从没出现过。欧洲中部地区和日本的出生率已经远远低于人口再生产所需的速率。到 21 世纪末，意大利的人口可能从 6000 万降到 2000 万；日本可能从现在的 1.25 亿降到 5000 万或 5500 万。德鲁克接着说："比绝对数字更重要的是人口内部的年龄分布。到 2080 年，在这 2000多万意大利人中，只有极少数人处于 15 岁以下，而很大比例——至少有 1/3 的人口将超过 60 岁。世界其他地区也将出现同样的趋势，包括中国。2002 年，中国 65岁以上的老人有 1.3 亿，这个年龄阶段的人口将在 2040 年或更早的时候达到 4 亿，几乎占总人口的 1/3。这对中国企业有什么影响？"[17]

德鲁克提出了以下问题，供你思考：

• 老年人数量稳步增长是否会继续提供市场机会，以及会持续多久？

• 他们（发达国家）的收入仍会很高还是会下降？

- 他们会不会继续像以前那样大手大脚地消费？
- 他们会不会继续渴望保持"年轻"，并相应地进行消费？

德鲁克请你考虑这些问题。他问："这可能给中国企业带来什么机会？机会出现在哪些行业？"你会如何回应他？

②**可支配收入分配上的变化** 德鲁克描述的另一个必然趋势是关于收入分配。他指出："可支配收入的变化是最可靠的战略基础。可支配收入的分配如果转向某个产品类别或服务类别，其趋势一旦确立往往会长期存在，而且不受商业周期的影响。"他建议："要关注趋势的变化和趋势内的变化（从某一类别内的某种产品或服务转向同一类别内的另一种产品或服务）。"他还说，"在 21 世纪的头几十年内，既要关注趋势的变化，又要关注趋势内的变化"[18]。

德鲁克接着问："你是否观察到中国可支配收入上的变化，这对你的企业意味着什么？你观察到或预计未来会出现哪些趋势？"

③ **全球竞争力** 作为企业战略基础的另一个必然趋势是全球竞争力。德鲁克在会议上评论说："世界经济日益全球化，所有机构都必须把全球竞争力作为战略目标，企业不能再把它的活动范围界定在其国民经济和国界之内。它们将不得不从全球的产业和服务角度界定其活动范围。无论任何机构，除非它能达到该领域的全球领导者所制定的标准，否则都不指望能生存，更不用说成功了。"

德鲁克问："从全球竞争力的角度来看，你们公司的活动范围是什么？"

一方面，德鲁克这样预言，"在未来几十年里，我们将面临全球性的保护主义浪潮，因为人们面对动荡的第一反应就是试图筑起高墙，保护自己免受外面寒风的侵袭。"德鲁克描述的这种关税保护主义浪潮有一个经典例子，那就是美国对进口钢铁征收关税。另一方面，他评论说："这堵墙再也无法保护组织，尤其是那些不符合世界标准的企业，而只会使它们更加脆弱"[19]。

德鲁克问你："中国加入世界贸易组织（WTO）后，现有的哪些保护主义政策可能会发生变化，这将对你的公司产生什么影响？"

需要回答的关键问题概述

如果你在晨会期间做了笔记，那么对如下的关键问题，你和你的管理团队现在就应该开始构思答案：

1）我们的企业是什么？（使命）

2）我们的企业将是什么？（我们确信环境正在变化）

3）我们的企业应该是什么？（愿景）

我们将在下午与德鲁克再次会面。德鲁克将在下午的会议上谈论以下话题：目标的重要性、需要什么样的目标以及正确地看待利润。

第 2 部分：下午与德鲁克的会面

在第 2 部分中，为了回答这 3 个关键问题，首先你需要回顾战略流程（过程）。其次，德鲁克将重点阐述目标的重要性，最后探讨如何正确看待利润。

战略管理流程及填补德鲁克空白

在回答这 3 个关键问题和制定战略之前，有必要对企业外部环境和内部环境进行评估，后者即组织的能力、核心竞争力、优势和劣势。图 2-1 是德鲁克的战略思维方法，概述了流程的关键要素和需要提出的问题。⊖

⊖ 请注意：这个工具并非由德鲁克提供，但为了填补德鲁克空白，有必要使用它。

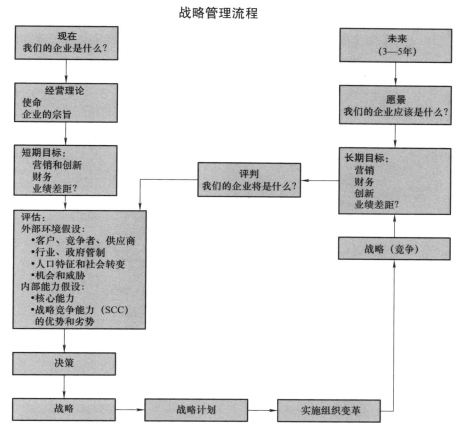

图 2-1　德鲁克的战略思维方法

资料来源：由罗伯特·W. 斯威姆编写（2003）。

1. 企业的使命和宗旨

- 企业的使命是什么？

- 其使命是否适合目前的环境，或者是否需要重新定义？

回答这些问题需要你对外部环境、行业和内部环境进行评估。

短期目标

我们是否达到了我们的短期目标（营销、创新、财务等）？如果没有，是不是我们的使命或战略出了问题？

2. 我们的企业将是什么

环境中已经或正在发生了哪些将影响我们现有客户、产品和服务以及行业现状的变化？

（1）行业分析

- 我们应该从事这个行业还是其他行业？
- 行业是发展的、稳定的还是衰退的？
- 其他企业进入或离开这个行业有多容易或多难？
- 如果知道是现在这种情况，我们当初还会选择这个行业吗？

（2）未来愿景

我们的企业应该是什么？

（3）长期目标

为了实现愿景，需要制定哪些财务、营销、创新和其他方面的长期目标？

（德鲁克将在稍后的会议探讨需要什么类型的目标）

（4）外部环境评估

在以下领域正在或将要发生什么变化：客户和潜在客户（需求变化）、竞争者（竞争分析）、技术、供应商、政府管制、人口特征和社会转变等？

（5）创新机会和潜在风险评估

- 在外部环境评估的基础上，组织应该优先考虑和追逐哪些创新机会？
- 组织应该关注并努力规避哪些"风险或威胁"？

（6）内部评估（核心竞争力和能力）

- 我们是否具备竞争所需的资源（能力）？
- 还需要哪些资源，何时需要？

- 我们需要解决关键竞争领域的哪些弱势？
- 我们有哪些优势（核心竞争力）是应该利用的？

（7）确立长期目标（3—5 年）

为了实现愿景，现在需要制定哪些长期目标？

（8）战略方案和决策

- 为了完成目标和实现愿景，我们的最佳竞争战略是什么？
- 可以考虑的竞争策略有哪些？

（9）战略计划

- 我们将如何记录实现这一目标的方式（战略计划）？
- 我们需要什么资源，如何组织？
- 谁来做这件事？

（10）实施计划和领导变革

- 组织可能需要进行哪些变革？
- 谁来规划、领导和实施组织的变革？
- 我们是否在实现相应的目标？
- 我们是否及时收集到决策所需的信息？

德鲁克再次问道："你在执行这一流程吗，多长时间执行一次，你的组织中是谁在执行？"你会如何回应他？

德鲁克论制定目标

关于制定目标的必要性和目标的类型，德鲁克做了如下重要评论。多年前，德鲁克在《管理的实践》（1954）一书中**率先**提倡制定目标。[20] 德鲁克认为："企业关于宗旨和使命的基本定义，必须转化为目标。否则，它们只停留在深刻的见解和美好的意图上，永远不会实现。目标必须来自 3 个关键领域，**我们的企业是什么，它将是什么，以及它应该是什么**。"德鲁克还说："目标不是结局，而是方向。它们不是命令，而是承诺。它们并不决定未来，而是调动企业资源和活力以创造未来的方式"[21]。

以下是德鲁克关于目标的一些准则。

- 目标代表了企业的基本战略。
- 目标必须是可操作的（须转化为具体指标和任务）。
- 目标必须使资源和努力（人力资源、资本、物理设施等）的集中成为可能。

- 需要制定多个目标，而不是单一、正确的目标（需平衡各种需求和目标）。
- 企业生存所依赖的各领域都需要制定目标。

多重目标的必要性

德鲁克主张，组织需要确立以下各领域的目标：营销、创新、人力资源、财务资源、物质资源、生产力、社会责任和利润要求。下面我们将重点讨论德鲁克强调的组织的两大关键职能——*营销和创新*。

（1）营销目标

这方面的目标允许管理层做出**两个关键决策**：该专注市场的哪一部分，以及企业应该渴望成为哪些市场和产品线上的领导者。以下是营销目标的关键领域：[22]

- 现有市场上的现有产品和服务——现有产品在现有市场上的理想地位，以当地货币和百分数表示，并参照直接及间接竞争对手进行衡量。
- 新市场中的现有产品和服务——现有产品在新市场中的理想地位，以当地货币和百分数表示，并参照直接及间接竞争对手进行衡量。
- 应该放弃哪些现有产品——由于技术、市场趋势、产品结构的改进等原因，或管理层有关企业愿景的决策。

- 现有市场上需要哪些新产品——产品的数量、属性、按美元计算的销售额以及应得的市场份额。

- 用美元和百分数说明应该为什么样的新市场开发新产品。

- 实现营销目标和与之相适应的定价政策所需的分销组织。

- 服务目标——用以衡量公司、产品、销售和服务组织在多大程度上满足了顾客的价值需求。

德鲁克现在问你："你在这些关键领域建立了营销目标吗？"

（2）创新目标

根据德鲁克的观点，创新有三种类型：产品创新（产品或服务的创新）、社会创新（市场和消费者行为以及价值取向上的创新）和管理创新（生产产品和服务并将其推向市场所需的各种技能和活动方面的创新）。德鲁克提出需要在以下领域制定创新目标：[23]

- 实现营销目标所需的新产品或新服务。

- 技术变革可能淘汰现有的产品，什么样的新产品或服务可填补空白？

- 什么样的产品改进既能达到营销目标，又能适应预期的技术变革？

- 为满足营销目标需要什么样的新工艺，以及需要改进什么旧工艺，例如，为实现定价目标而改进生产；

- 为了赶上知识和技能的进步，在会计、设计、行政管理或劳资关系等所有重要活动领域的创新和改进。

德鲁克现在问你："你的企业设立了创新目标吗，都是哪些方面？"

正确看待利润

你是否记得德鲁克在晨会上问的第一个问题是："你们企业的宗旨是什么？"

你回答："企业的宗旨是盈利。"德鲁克表示这是错误的，**"企业的宗旨是创造客户。"** 他现在从利润的角度做出如下评论：

- 盈利不是企业的宗旨，而是对商业企业及其经营活动的限制因素。

- 利润不是商业行为和决策的原因或理由，而是对其有效性的检验标准。

- 盈利需要通过实现企业目标来实现。

- 利润是生存的先决条件——它是未来的成本，是维持经营的成本。

- 企业的首要任务是生存。企业经济学的指导原则不是利润的最大化，而是**避免损失**。

- 企业如果可以获取足够的利润以实现其在关键领域的目标，便有了生存的基础。

- 如果企业的利润无法使其实现关键目标，意味着它在勉强维持或者岌岌可危。

- 利润规划是必要的——但它是为所需的最低利润率而规划，而不是为毫无意义的利润最大化而规划。[24]

利润与成本中心

与德鲁克对利润的看法相关的，是他的另一句口头禅："企业内部没有利润中心，只有成本中心"[25]。

几十年后，他在《巨变时代的管理》（*Managing in a Time of Great Change*）（1995）一书中对这一主题进行了补充，他幽默地说："唯一的利润中心是支票没有被银行退回的客户"[26]。

德鲁克宣布结束会议

在结束会议时，德鲁克再次问道："现在你理解企业的宗旨吗？"他还问，"你现在知道如何回答这3个关键问题了吗？"

1）我们的企业是什么？

2）我们的企业将是什么？

3）我们的企业应该是什么？

小结

学习完本章，你应当能够依据德鲁克在谈话中提出的**关键问题**进行自问，并为你的公司完成如图 2-1 所示的战略管理流程。回顾这些问题，并从公司角度出发构思答案，记录下来。附录中还有一些战略管理应用工具，可以帮助你应用谈话中出现的一些德鲁克战略概念。

本章涵盖了一系列德鲁克著作中对战略和营销的论述要点，这些作品横跨近 50 年的时间，包括《管理的实践》（1954）、《成果管理》（1964）、《管理：任务、责任和实践》（1973）、发表于《哈佛商业评论》上的"经营理论"（*The Theory of the Business*）（1994 年 9—10 月）、《巨变时代的管理》（1995）、《21 世纪的管理挑战》（1999）、《德鲁克管理思想精要》（*The Essential Drucker*）（2001）等。他辞世前出版的许多书，要么是对他早期作品的精选，如《德鲁克管理思想精要》（2001）和《德鲁克日志》（2004），要么凝结了他作为社会科学家的观点，如在《下一个社会的管理》（*Managing in the Next Society*）（2002）中，他发表了对互联网和电子商务的看法。

虽然在 20 世纪 50 年代和 20 世纪 60 年代初，他早期关于这些主题的思想可能说是最前沿的（考虑到他写了第一本关于战略的书），但在 20 世纪 80 年代，随着战略和营销主题的其他知名著述者超越了他，他似乎就被冷落了。因此，为了实施德鲁克在本章中描述的许多概念，有必要引用其他著述者关于战略思维、营销和营销研究的概念和工具加以补充。

注释
———○ ///

[1] Peter F.Drucker，*The Practice of Management*（New York:Harper&Row，1954），34-38.

[2] Robert W. Swaim，Ph.D.，"The Drucker Files: Strategy and the Purpose of a Business—Part I & II."*Business Beijing*（October and November 2002）.

[3] 本章基于我最初为《北京商务》（*Business Beijing*）杂志撰写的一篇文章，该文章是《德鲁克档案》（*The Drucker Files*）专栏的一部分。

[4] Peter F. Drucker，*The Practice of Management*（New York: Harper & Row, 1954），37; *Managing for Results*（London: William Heinemann Ltd.，1964），110.

[5] Peter F. Drucker，*Management: Tasks, Responsibilities, Practices*（New York: Harper & Row，1973），74-102.

[6] Peter F. Drucker，*The Essential Drucker*（New York: HarperCollins，2001），25.

[7] Peter F. Drucker，*Management: Tasks, Responsibilities, Practices,*（New York: Harper & Row，1973），83-86.

[8] Peter F. Drucker，"The Theory of the Business."*Harvard Business Review*（September–October 1994）.

[9] Peter F. Drucker，*Management: Tasks, Responsibilities, Practices*（New York: Harper & Row，1973），86-88.

[10] 描述使命宣言的关键要素采用自小阿瑟·A. 汤普森（Arthur A. Thompson，Jr）和A.J. 斯特里克兰三世（A. J. Strickland III），*Strategic Management: Concepts and Cases,* 13th ed.（New York: McGraw-Hill Companies，lnc. 2003），34.

[11] Peter F. Drucker，*The Practice of Management*（New York: Harper & Row, 1954），37.

[12] Peter F. Drucker，*The Essential Drucker*（New York: HarperCollins，2001），21.

[13] Peter F. Drucker，*Management: Tasks, Responsibilities, Practices*（New York: Harper & Row，1973），88-91.

[14] 同上，89-91。

[15] 同上，93-94。

[16] Peter F. Drucker，*Management Challenges for the 21st Century*（New York: HarperCollins，1999），41-69.

[17] Peter F. Drucker，*Management Challenges for the 21st Century*（New York: HarperCollins，1999），41-69; *China Faces up to Aging Population*（Xinhua News Agency），January 2005.

[18] Peter F. Drucker，*Management Challenges for the 21st Century*（New York: HarperCollins，1999），51.

[19] 同上，41-69。

[20] Peter F. Drucker，*The Practice of Management*（New York:Harper&Row，1954），62.

[21] Peter F. Drucker，*Management: Tasks, Responsibilities, Practices*（New York: Harper & Row，1973），102.

[22] Peter F. Drucker，*The Practice of Management*（New York: Harper & Row，1954），67-68.

[23] 同上，69。

[24] Peter F. Drucker，*The Essential Drucker*（New York: HarperCollins，2001），38.

[25] Peter F. Drucker， *Managing for Results*（London:William Heinemann Ltd.， 1964），17.

[26] Peter F. Drucker，*Management Changes for the 21st Century*（New York: HarperCollins，1999），123.

第 **3** 章　对面谈的分析和德鲁克
关于营销的观点

第 1 部分：分析面谈

面谈后的观察和专家们的意见

在本章中，我们采取类似美国总统竞选的方式。通常情况下，一位候选人发表演讲或接受采访时，就某一特定问题发表评论或攻击对手的弱点之后，便会有一群专家解说自认为听到了什么，以及他们同意或不同意候选人的哪些言论。本章和接下来其他章节试图效仿这种模式。也即，我们将在迈克尔·波特、罗杰·J.贝斯特（Roger J.Best）、菲利普·科特勒（Philip Kotler）、加里·哈默尔（Gary Hamel）、小阿瑟·A.汤普森（Arthur A.Thompson）、A·J.斯特里克兰三世（A.J.Strickland Ⅲ，简称斯特里克兰）等战略管理专家和营销专家的协助下，回顾或剖析德鲁克在第 2 章面谈中的观点。

既然德鲁克强调要进行自问，那么，他在上一章中所表达的观点能否自圆其说并为其战略思想添砖加瓦？还是其战略思想过于单薄，必须引用其他著述者？我们对战略的探讨是否已经"超越了德鲁克"？

1. 企业的宗旨

德鲁克宣称"企业的宗旨是创造客户",他对企业的简单定义存在巨大的德鲁克空白,我不得不加上"并**保留**客户"来补充这个宗旨。这也许是个细节,但我考虑到大量的营销研究显示获得一个新客户的成本是保留客户的 **5 倍**。[1] 因此,为了填补这一空白,我不得不花大量时间来研究保留客户的策略,这些比单纯去了解"客户心声"更全面。为了填补这一空白,我引用了罗杰·J. 贝斯特的观点,他在《营销管理:提升顾客价值和利润增长的战略》(*Market-Based Management: Strategies for Growing Customer Value and Profitability*)(2004)一书中对客户保留做了大量论述。[2] 贝斯特提出:"满足顾客和留住顾客是市场战略和盈利能力的重要环节。任何特定市场战略的最终目标都应该是吸引、满足和保留目标客户。"[3] 我觉得这一解释比德鲁克的"企业的宗旨"更好,于是我加了这句话来填补德鲁克空白。

为了补充和加强德鲁克的观点,我引用贝斯特对客户保留策略的论述,包括对客户的分类。贝斯特认为,"不是所有的客户都一样。有的客户可能是忠诚的并能带来利润,有的客户虽然能带来利润但不忠诚,有的客户虽然忠诚但不能带来利润,还有的客户既不忠诚又不能带来利润。"[4] 他把这些客户分类如下:

- **核心客户**(能带来利润的忠诚客户),这些客户是企业利润的主要来源。
- **风险客户**(能带来利润但不忠诚),这些客户能带来利润,但可能因满意度或客户价值下降而离开。
- **无利润客户**(不能带来利润但忠诚),企业能使这些客户满意并保留他们,但无法赚取利润。
- **旋转者**(不能带来利润且不忠诚),他们追逐低价,来得快,去得也快。

然后,依据这几种不同类型,贝斯特提出了各种方法和客户保留策略,我将它们添加到"德鲁克计划"(Drucker Programs)中,以填补一些德鲁克空白。尽管德鲁克多年来不断引用自己对**企业的宗旨**的定义,但他仍然没有论述客户保留的重要性。不过，当他说企业不能以盈利为宗旨时，还是引起了很多专家的注意，推翻了人们对宗旨这个问题的典型回答，正如会谈开始时的那一幕。一些战略专家强化了这一观点，正如小阿瑟·A.汤普森和斯特里克兰所述："有时公司从盈利的角度论述企业使命，他们误入歧途了——更准确地说，利润是一个目标，是公司经营活动的结果。对利润的渴望无法对公司盈利的商业背景提供任何说明。"[5] 彼得·雷亚（Peter Rea）和哈罗德·科兹纳（Harold Kerzner）等专家则更有针对性，他们说："营销战略最基本的目标是留住现有的客户，吸引新的客户。"[6]

2. 客户的交易价值与终身价值的对比

在如何看待企业的问题上，贝斯特也持与德鲁克相反的观点。在《成果管理》一书中，德鲁克用大量篇幅讲述企业的成本结构和如何衡量交易。他的结论是："可能管理者从来不把企业视为'交易系统'。但是，这个概念一旦掌握，通常就可以应用到已知的业务中。"[7] 贝斯特则不然，他说："客户是一种营销资产（marketing asset），只是企业尚未把它量化到会计系统中。然而，如果企业能够吸引、满足和留住顾客，并使其成为**终身**用户，它将处于优势的地位，可以实现高水平盈利。"他接着补充道："缺乏市场导向的企业把客户视为个别交易者（individual purchase transactions）。以市场为导向的企业把客户看作终身伙伴（lifetime partners）。"[8] 菲利普·科特勒在《营销管理》（Marketing Management）（1991）一书中也有类似的论述，他说："公司通常关注个别交易，以在每笔交易中盈利为目标。新经济企业还会关注另一点，它们会评估单个客户的终身价值，并相应地设计营销产品和定价，以便在客户的终身行为中盈利。"[9] 尽管德鲁克谈到了理解客户需求的重要性，但是他没有在著作中提出终身价值的概念。

3. "经营理论"——另一种观点

德鲁克的"经营理论"最早发表在《哈佛商业评论》上（1994年9—10月）。对于我们中国学生来说，这是一个更难掌握的概念，本质上是因为"经营理论"中并没有"理论"。我在介绍德鲁克战略课程时发现，学生们不喜欢概念和理论，他们要的是实际应用工具。为了填补德鲁克的这一空白，就必须用战略代替理论。根据德鲁克的观点，使命、外部环境和组织的核心能力之间必须相互"协调"后，才能确定合适的战略。此外，企业还必须描述组织可以采取的各种战略，包括业务战略和竞争战略。这显然与德鲁克的观点相悖，即如果战略不起作用，那么组织的"经营理论"一定有问题。⊖ 由于我们无法定义"理论"，也无法说明它可能出了什么问题，那么我们就先不考虑战略，而是先用波特的五力竞争模型评估外部环境，以及评估组织的核心竞争力。[10] 简单来说，波特提出，一个行业的竞争情况由五种竞争力构成，如下：

- 行业内相互竞争的卖家之间的竞争及其激烈程度；
- 可能进入的新竞争者；
- 其他行业的企业试图用**替代产品**赢得消费者；
- 来自供应商与卖方之间彼此协作和议价而产生的竞争压力；
- 来自买方与卖方之间彼此协作和议价而产生的竞争压力。[11]

人们认为，通过评估这些力量的相关趋势能为我们提供思路，了解企业战略可能存在的问题。

4. 有效经营理论（战略）的标准

对于有效经营理论的标准应该是怎样的，德鲁克做了以下概述，或者这在我看来是对有效战略的检验。这些标准包括以下方面：

1）关于环境、使命和核心竞争力的假设必须符合实际。

2）环境、使命和核心竞争力这三个方面的假设必须相互协调。

3）必须知晓和理解经营理论。

4）必须不断检验经营理论。[12]

⊖ 原文如此。——译者注

在第一条标准中，德鲁克中并没有真正解释什么是"符合实际"，但是，他在讨论创新的来源和有关市场或行业的假设时，就包含了一个更好的解释，在后面关于创新的一章中将介绍他的解释。他在第二条标准中对"符合实际"的论述应该更清晰一些。举个例子，我们可能通过评估外部环境发现了一个值得争取的好机会，但是，如果不具备必要的核心能力，就很难加入这场游戏中，无法利用这些机会。如果企业拥有一个满足客户特定需求的使命却缺乏执行能力，也会发生同样的情况。第三条标准谈到组织必须理解该理论（战略），这是显而易见的，因为这关乎企业如何制定计划以实现愿景。通用电气公司前董事长兼首席执行官杰克·韦尔奇（Jack Welch）在《杰克·韦尔奇自传》（*Jack, Straight from the Gut*）（2001）一书中多次强调这种理解的重要性。[13] 第四条标准指出理论（战略）需要不断地进行检验，这也是显而易见的。战略规划和制定战略不应该是一次性的活动，不能说完成后便把它们束之高阁。企业外部环境引人注目甚至是不为人知的变化，都使得高管层必须重新思考其战略。同样，不管是企业或竞争对手的意外的失败或成功，都会给企业带来创新的机遇。正如德鲁克所言："最终，所有的经营理论（战略）都会被时间淘汰，失去效力。"[14] 关于这一评论，德鲁克接着还强调，企业需要实施其"有计划地放弃"概念和获取潜在客户反馈。德鲁克试图总结，关于企业的经营理论何时失效，应怎样寻找他所谓的若干"警告信号"来进行诊断，包括以下几点：

- 该组织实现起初的目标；
- 组织经历了快速增长（其规模在相对较短的时间内翻倍或实现三倍增长）；
- 意外的成功或失败（自己或竞争对手的）。[15]

下面我们把德鲁克关于"经营理论"何时失效的警告信号与汤普森和斯特里克兰关于评估公司战略是否奏效的因素进行对比，其中包括：

- 公司的销售增长速度与市场整体的增长速度相比更快还是更慢，还是不相上下，从而导致公司的市场份额上升、下降还是稳定？

- 公司是否正以令人羡慕的速度获取新客户，同时保留现有客户？

- 公司的利润率是增加还是减少，其利润率与竞争对手公司的相比如何？

- 公司的净利润、投资回报率和经济附加值的趋势如何，与同行业其他公司相比如何？

- 公司的整体财务实力和信用等级在提升还是下降？

- 公司在单位成本、缺陷率、废品率、员工的积极性和士气、缺货和过期订单的数量、减少库存天数等内部绩效指标上，是否显示出持续的改进？

- 根据公司股价和股东价值（相对于同行业其他公司的市场附加值）的变化趋势，股东如何看待公司？

- 公司在客户眼中的形象和声誉如何？

- 公司是否被认为是技术、产品创新、电子商务、产品质量、交货时间、价格、新产品上市速度等方面的领先者？（这些都是买家选择品牌所依据的相关因素。）[16]

汤普森和斯特里克兰对这些因素进行了总结，他们说："公司的整体绩效越强，就越不需要对战略大修大改——公司的财务绩效和市场地位越弱，其现行战略就越受质疑。糟糕的业绩几乎总是预示着战略糟糕、执行不力或两者兼而有之。"[17] 他们提出的上述因素中，有些和德鲁克的观点一致，有些是德鲁克没有提到的。最主要的区别是，德鲁克注重理论，而汤普森和斯特里克兰注重的是战略，这也是我们在本书选择的研究方向。

在《战略规划：实践指南》（*Strategic Planning: A Practical Guide*）中，彼得·雷亚和哈罗德·科兹纳对**如何评估特定战略的可行性**提出了见解。他们提出评估战略的七项准则，而非"理论"，如下所述。[18]

战略可行性评估的七项准则

1）战略是否重视环境？两者都认为战略的目的是帮助组织应对环境机遇和威胁。

2）战略是否能打造或保持竞争优势？（公司服务客户的方式是否是竞争对手难以模仿的？这与波特的观点类似。）

3）战略是否与组织的能力 / 制约因素相匹配？（战略需要与组织及其文化和人才相"协调"。）

4）战略是否能保持灵活性？（战略保持灵活性有助于管理某些风险，这涉及德鲁克的"我们的企业将是什么？"。）

5）战略是否聚焦于根本性的战略问题？（是否有能力解决战略思维过程中提出的战略问题？）

6）战略是否考虑了财务资源和制约因素？（资金的来源和使用——是向股东支付股息还是再投资于研发？）

7）战略是否使管理层得以进行系统性思考？（跨学科团队参与计划制定的过程是必要的，这将在后面的章节讨论。）

也许德鲁克首次提出经营理论是在《成果管理》中，他谈到了"企业绩效的三个维度"，即产品、市场和分销渠道（现在称为分销），三者须保持平衡。[19] 这也可以看作他对 4P 概念的贡献，他在这里确定了其中的产品（Product）和渠道（Place）。不管怎样，德鲁克提出的有效理论的标准（specifications for a valid theory）都可以转化为有效战略的标准（specifications for a valid strategy）。

德鲁克论使命

德鲁克在《成果管理》一书中最初把使命称之为"企业的理念"（idea of the business），并给出以下标准。"企业的理念总是界定出要满足的某种市场需求，或者提供某种在经济运作中能发挥作用的知识"，"由此，企业的理念也界定了公司必须在哪些领域获得并保持领导地位。"[20] 德鲁克用了大量笔墨来讨论管理中的使命，但却没有提供恰当的例子来说明使命陈述中的定义应该包括哪些内容、哪些要素。

我们在面谈中提供的例子实际上是取自汤普森和斯特里克兰的《战略管理：概念与案例》第 13 版。[21]

为了填补另一个空白，我需要提供公司使命陈述的例子，让学生评估并判断它们是否符合模型。因此我以强生公司（Johnson & Johnson，J&J）的使命为例，说明组织怎样确定哪些群体对公司重要。强生公司与德鲁克一致，把客户摆在第一位。浏览它的网站 www.jnj.com，你会看到以下群体及其顺序排列：

1）客户。

2）雇员。

3）社区。

4）股东。

强生公司的排名提供了一项不同的实践，当我们要求学生按重要性排序时，通常股东被排在第一位。

德鲁克早期在其著作中对使命的关注，为后来者奠定了基础。菲利普·科特勒强化了德鲁克的观点，他写道："为了确定企业的使命，公司应该先回答彼得·德鲁克的经典问题：我们的企业是什么？客户是谁？客户看重的价值是什么？我们的企业将是什么？我们的企业应该是什么？这些问题听起来简单，却是公司最难回答的（战略）问题之一。成功的公司会不断进行自问，并会深思熟虑、完整回答这些问题。"[22] 汤普森和斯特里克兰也帮助澄清了战略愿景和使命陈述 ⊖ 之间的区别，他们写道："战略愿景主要关注'我们将去向哪里'，而通用的使命陈述一词则指向公司目前的业务范围——'我们是谁，我们做什么。'"[23]

治理改革和保持平衡的挑战

下面的论述在一定程度上偏离了德鲁克关于使命的论述，但它确实与前面

⊖　使命陈述在本书中有时也称使命宣言。——编者注

关于股东的论述有关。这也与第 1 章中描述的"平衡 CEO 的行为"⊖ 这一主题有关。

> 但试图回避治理问题却是最大的错误。我认识的很多人都试图回避这个问题，他们喊着为了股东的短期利益而经营企业这一口号，这是错误的。[24]

德鲁克指出了 CEO 面临的几个挑战，它们包括理解当今上市企业的治理或所有权结构、用组织的长期利益满足股东的短期利益、保持连续经营和变革之间的平衡以及在改善现状的同时创造未来。这里我只谈治理问题。

德鲁克在这里提出的关键问题，涉及当今上市企业的所有者是谁以及他们的利益是什么。他的观点并不出格，当今企业的主要股东并不是我们过去所熟知的"帕萨迪纳市的小老太太"，在丈夫去世时继承了其投资的几千股股票，而是当下管理各种退休金和养老金计划的机构。浏览互联网上的各种股票市场网站，你就会发现一家公司 70% 以上的股票都由机构投资者所有。而这些机构对公司的战略和长期愿景感兴趣吗？几乎没人感兴趣。如果他们以每股 70 美元的价格买入股票，而计算机模型却告诉他们要以 80 美元的价格卖出——那他们一定会照做，不管 CEO 是谁。如果公司的季度每股收益比"华尔街"的预测少了 0.02 美元 / 股，那么"小河城的麻烦就要来了"⊖,CEO 也要被撤下了吧？德鲁克在这里引用的 CEO 保持平衡就是这个意思：如何用企业的长期利益满足这些相关者的短期利益？遗憾的是，德鲁克除了指出一些成功的 CEO 知道如何做之外，并没有说明如何做到这一点。世所公认的德鲁克的长期客户，宝洁公司 CEO A.G. 拉弗（A.G.Lafley）曾在另一本书中说过一句话，也许最能概括关于 CEO 工作的德鲁克空白，那就是这根本上属于"德鲁克未完成的章节"[25]。

⊖ 此处是指对 CEO 的要求，包括短期每股收益和长期战略规划两个方面。——译者注

⊖ 《小河城的麻烦》（*Trouble in River City*）是《乐器推销员》（*The Music Man*）中的一首歌曲。第 10 章的"行动研究模型"部分将具体介绍。——译者注

1. 我们的企业将是什么

德鲁克的第二个问题，介于"我们的企业是什么？"（使命）和"我们的企业应该是什么？"（愿景）之间，常让学生们困惑：这一切是否意味着组织将不得不改变其使命，还是应该改变其愿景？通过更多地关注进攻性和防御性的竞争战略以及如何应对竞争，我们便可以填补这一空白。但这并不意味着组织不得不改变其使命，而是需要重新思考用什么样的战略来实现使命。菲利普·科特勒重申这一点，他写道："不应该因经济的每次新转折而每隔几年修订一次使命陈述。但是，如果一个公司的使命已经不再令人信服，或者不再为公司确定最佳发展路线了，那么公司就必须重新定义其使命。"[26]

汤普森和斯特里克兰在《战略管理：概念与案例》一书中对"动荡市场中的竞争战略"（*Strategies for Competing in Turbulent, High - Velocity Markets*）进行了探讨，本书引入这一内容作为理解和回答德鲁克"我们的企业将是什么"这一问题的工具。之所以选择它，是因为它密切反映了中国快速变化、发展的商业环境，并提出应如何应对这种环境。其中他们回顾了应对变化、预测变化和领导变化的战略，并概述了就每一个战略而言，**该做什么**以及**如何做**。通过加入他人的贡献来强化德鲁克的概念、填补德鲁克空白或者超越德鲁克，这也是一个很好的例子。[27]

不过，德鲁克最初提出的"我们的企业应该是什么"这一问题，或许确实为其他战略思想家奠定了基础。正如亨利·明茨伯格等（1985）写道："一个公司的战略通常由以下几方面组成：①深思熟虑、目的明确的行动；②根据需要对意料之外的进展及新的市场条件及竞争压力做出反应；③久而久之企业在组织层面得到了学习。"[28] 汤普森和斯特里克兰倾向于赞同明茨伯格的立场，他们写道："由于市场条件以及顾客需求和偏好的改变、竞争对手的战略举措、知晓何为有效的和无效的经验、新的机会和威胁、不可预见的事件以及有关战略改进的新思维，管理层修正战略，使战略旧的特征消退、新的特征形成，这种情形很正常。"[29] 在上述引用的两

个例子中，无论是明茨伯格、汤普森还是斯特里克兰都不主张修订使命，而是主张修改企业的战略。因此，德鲁克的第二个问题"我们的企业将是什么？"仍然与企业的战略紧密相关。[30]

2. 目标与战略

目标是企业的基本战略。[31]

德鲁克在《管理：任务、责任和实践》中用相当多的笔墨来论述目标的作用，下面这句话或许最能概括。"目标必须来自我们的企业是什么、它将是什么以及它应该是什么。目标不是抽象的概念。它们是行动的承诺，企业通过这些承诺完成使命，它们也是衡量企业绩效的标准。换句话说，目标是企业的基本战略。"[32] 在这里，大多数战略管理思想的知名著述者都不会同意德鲁克"目标是企业的基本战略"这一观点。为了填补这一德鲁克空白，有必要参考公认的战略管理的五大任务，它们来自汤普森和斯特里克兰的《战略管理：概念与案例》[33]，见图 3-1。

1. 制定战略愿景和企业使命

2. 设定目标

3. 制定实现目标的战略

4. 战略的实施和执行

5. 评估绩效、监测新的动态，并采取修正措施

图 3-1　战略管理的五大任务

那么，为了区分目标和战略，汤普森和斯特里克兰提出以下定义：

- 战略目标关乎那些能够加强组织整体商业地位和竞争活力的经营结果。

- 公司战略包括管理层为取悦客户、战胜对手和实现组织目标而采取的竞争活动和经营方法。[34]

3. 关于战略目标的另一种观点

根据汤普森和斯特里克兰的说法，战略目标指向能提高竞争力和加强企业地位的经营结果，例如：

- 赢得更多的市场份额；
- 在产品质量、客户服务或产品创新上超越竞争对手；
- 把总体成本降到竞争对手以下；
- 提高公司在客户中的声誉；
- 强化企业在国际市场的地位；
- 取得技术领先优势；
- 获得可持续的竞争优势；
- 抓住有吸引力的增长机会。[35]

德鲁克强调目标就是战略，与此明显不同，这里指出战略是决定如何实现这些目标的必要条件，而下面的论述强化了这一立场，即目标不同于德鲁克所说的战略。

（1）拟定战略

汤普森和斯特里克兰解释说，企业的战略取决于管理层如何回答以下基本经营（战略）问题：

- 是专注于单一业务还是发展多元化的业务（德鲁克的战略之一）？
- 是服务广泛的客户还是专注于某一特定的利基市场（德鲁克关于"集中"的概念）？
- 是发展多元化的产品线还是狭窄的产品线（德鲁克的"专业化"和"多元化"概念）？

- 企业竞争优势是基于低成本、产品优越性还是独特的组织能力（德鲁克的"知识能力"概念）？
- 如何响应不断变化的买家偏好？
- 试图覆盖多大的地域市场？
- 如何应对新出现的市场和竞争情况？
- 如何实现企业的长期发展？ [36]

换句话说，目标和战略的区别在于，战略界定的是如何实现结果，而目标是"目的"，战略是实现目标的"手段"，而不是反过来。

（2）短期和长期目标

我们有必要在德鲁克战略课程中对短期和长期目标进行区分。基本上，短期目标更关注企业的短期表现和结果，而长期目标关注的是为了实现未来愿景，我们现在应该做什么。关于这一点，德鲁克确实做出了很清晰的论述，我们将在后面关于战略规划的章节中进一步介绍。这也能帮助首席执行官更好地平衡——"该把重点放在哪些目标上？"今天世界各地企业都在实行的目标管理法（MBO），也得益于德鲁克早期对目标和结果重要性的强调。

4. 我们的企业应该是什么

关于"我们的企业应该是什么"，第一个假设必定是，它将是与众不同的。[37]

德鲁克提出的这第三个问题被定位为构想未来愿景，见图2-1的战略管理流程。我在附录中补充了一个行业吸引力评估工具，以帮助学生解答这第三个问题，并帮助他们判断组织应该从事其他哪些业务或行业。这有助于回答德鲁克关于企业所在行业的另一个（战略）问题："如果知道是今天的情况，我们当初还会进入吗？"德鲁克在《管理：任务、责任和实践》中强调这个问题很重要，他说："关于企业应该做什么，第一个假设必定是，它将是与众不同的。"[38]

本章开头提到的所有战略和营销专家，几乎都进一步凸显了德鲁克关于战略愿景早期观点的重要性。因此，这仍然是战略管理中一个极为重要的概念。

5. 德鲁克谈"走出去"

德鲁克不断强调应该"走出去"与客户及潜在客户交流，这一概念今天也被称为"客户心声"（Voice of the Customer）。例如，德鲁克在《巨变时代的管理》中继续强调了这一点。"要想制定战略，我们需要关于环境的结构化信息。战略必须以市场、客户和潜在客户、自己行业和其他行业的技术、全球金融以及不断变化的世界经济等各方面的信息为基础。"[39] 他在许多战略和营销专著中强调，"结果在于外部。"在这里，为了填补德鲁克的一些空白，为了确定客户和潜在客户看重什么，我们有必要补充市场营销和市场研究中的多种工具，包括如何组织问卷调查和抽样方法、如何进行一对一的访谈、如何利用焦点小组、如何使用联合分析和价值映射图等工具，以及其他来自营销研究学科的概念和工具。

克莱顿·克里斯坦森（Clayton Christensen）等人认为，"走出去"的时候，如果把重点放在组织的顶级大客户，可能会对组织的新产品研发工作产生误导。我们将在第 5 章中详细讨论这一点，其中也将论述克里斯坦森"颠覆性技术"的概念。

6. "数一数二"战略的迷思（有计划地放弃）

德鲁克还坚持宣传"有计划地放弃"的概念，作为战略管理过程中评估组织的首要步骤之一。实施德鲁克"有计划地放弃"的概念有一个案例，即杰克·韦尔奇和通用电气。在故事中，德鲁克建议韦尔奇在接任通用电气首席执行官时，先对它的每个业务部门进行评估。如果该业务部门经判定无法成长为相应行业的第一或第二，并且不能通过重组来实现这一目标，那么应该放弃该业务部门（出售或关闭）。韦尔奇在《杰克·韦尔奇自传》中表示他接受了这一建议，并论述了他如何通过一系列的资产剥离和收购实施这一概念。"在前两年里，'数一数二'战略带来了一系列行动，多数的规模较小。我们出售了71项业务和产品系列，获得了5亿多美元的资金。我们通过收购、合资和非控股投资完成了118项其他交易，花费超过10亿美元。"[40]

他还澄清说，德鲁克的"数一数二"概念有一定的局限性。他写道："像大多数愿景一样，'数一数二'战略也有局限性。显然，一些业务已经变得非常商品化了，以至于占据领导地位几乎不会带来任何竞争优势。例如，我们在电烤炉或电熨斗领域占据第一名没有什么意义，我们还是没有定价权，而且还得应对低成本的进口产品。"[41]

最后，他还谈到通用电气的金融服务部门"通用电气资本（GE Capital）"，这是他通过收购建立的企业。他对这一概念提出告诫，"还有像金融服务这样全球市场规模达几万亿美元的行业，只要企业找到擅长的利基产品或利润区就可以，数一数二的位置没有那么重要。"[42]

我们发现韦尔奇并不反对"有计划地放弃"的概念。然而，想象一下，如果每个首席执行官都把"数一数二"战略的目标当真，并应用在公司和所属行业中，业界将会是什么样。从理论上讲，如果这样，那么消费者只有两家企业可以选择。例如，两家汽车公司（丰田和通用），两家航空公司（任选），两家石油公司（埃克森 - 美孚和英国石油公司），两家计算机公司（惠普和戴尔），两家连锁酒店（万豪和希尔顿）等。这样的前景绝不令人鼓舞吧？有计划地放弃是可以的，但总是想"数一数二"显然是不现实的。

7. 德鲁克对战略和营销的其他贡献
以下是德鲁克在战略和营销方面的其他贡献，其论述分散在他的许多书籍中。

产品分类
德鲁克在《成果管理》中提出了11种产品分类，如图3-2所示。他在提出这些分类时指出"几乎所有的产品和分销渠道都可以划分到几个主要类别中去"。[43]
德鲁克承认,也许"待修理的产品""不必要的产品"以及"不合理的产品"三者
可以合并,如果那样就有 9 种分类。

产品	问题产品
1. 今天的支柱产品	6. 昨天的支柱产品
2. 明天的支柱产品	7. 待修理的产品
3. 成效型专业	8. 不必要的产品
4. 发展型产品	9. 不合理的产品
5. 失败型产品	10. 对管理者自我意识的投资品
	11. 灰姑娘(沉睡者)

图 3-2　德鲁克的产品分类

注:该图取自德鲁克,《成果管理》,第 67-85 页。

8. 早期的 SWOT 分析

德鲁克在《成果管理》一书中,用了好几章的篇幅论述企业应发挥优势,尽量
规避劣势,利用机会,并评估风险。[44]虽然其表述方式不尽相同,但这可能为目
前战略和营销文献中常见的 SWOT 分析(Strengths,Weaknesses,Opportunities,
and Threats,优势、劣势、机会和威胁)奠定了基础。

(1)优势和劣势

德鲁克问道"我们的卓越之处是什么?"这是常见的 SWOT 分析中"优势"
的前身[45]。他还将这些优势描述为知识卓越,而在当代战略管理和营销文献中则
被描述为核心竞争力。关于这一点,他在《成果管理》(1964)中说:"这始终是一
种知识卓越,是企业以特定方式做某事从而获得领导地位的能力。确定企业的卓越
之处,然后才能确定企业的着力点应当在哪里。"[46]德鲁克最终在《巨变时代的管
理》(1995)一书中澄清并扩展了这一观点。他谈到,作为战略管理过程的一部分,
公司的优势和能力需要匹配外部环境中的机会。他说:"这就需要我早期(在 1964

年出版的《成果管理》一书中）提出的'优势分析'，现在归功于 C.K. 普拉哈拉德（C.K.Prahalad）教授和加里·哈默尔（Gary Hamel）教授的工作成果，正逐渐被冠名为'核心竞争力'分析"[47]。德鲁克指的是他们在《哈佛商业评论》上发表的"公司的核心竞争力"（1990 年 5—6 月）一文中，对核心竞争力三个特征做出的如下定义："①它是竞争优势的来源，因为它非常有助于提升客户的认知利益；②它在各种市场上都有一定的应用；③它很难被竞争对手模仿。"[48]

关于劣势，德鲁克没有使用这个词，而是论述了对知识欠缺进行分析的必要性，并表示："一个普遍的欠缺是，企业想利用机会获得成功，但却缺乏足够的支持。"他问："我们需要哪些真正重要的新知识？现有的核心知识（可能是'核心能力'的前身）在哪方面需要改进、更新和提高？我们的知识在哪方面需要重新定义？"[49] 这些便是德鲁克早期对此种分析之重要性的论述，它现在通常被称为 SWOT 分析。

（2）机会

取得成果靠的是利用机会，而不是通过解决问题。[50]

为了确定他所归类的三种机会，德鲁克把分析重点放在他所谓的企业经济层面上，包括：

① **累加型机会** 他将这些机会归类为现有产品线延伸到新市场或发展中的市场。根据德鲁克的分类，地域扩张如国际市场的扩张，也可以视为累加型机会。但这不应该与产品延伸相混淆，因为后者是创新的典型。德鲁克认为，这一类型的机会"很少被当作企业的优先事项，它的风险应该很小，但回报总是有限的"。[51] 他还评论说，不应该让这些机会占用其他两类机会（补充型机会和突破型机会）的资源，此外他认为这种类型的机会并不会改变企业的性质。

一方面，随着今天我们对全球化的关注，以及德鲁克关于企业需要具备全球竞争力的论述，我们可以合理推测，如果在今天，他应该更重视累加型机会。另一方面，这样的分类是他在 50 多年前首次提出的，因此在后来的著作中这些往往就被取代了，如在他的《创新与创业精神》一书中，机会被替换为"创新来源"。

② **补充型机会** 德鲁克写道："这种类型的机会将改变企业的结构，因为它提供了某些新的东西，这些东西与目前的业务相结合时会产生一加一大于二的效果。"[52] 他还补充说，要利用这种类型的机会，企业至少需要在一个新的知识领域中达到卓越。就这一类机会，德鲁克并没有举很多例子，他认为通过收购实现多元化便是一个补充型机会的例子。

③ **突破型机会** 德鲁克认为这"通常是开创未来的良机"。[53] 在此，他以施乐公司和静电复印技术（Xerox and Xerography）作为例子，并指出这种类型的机会也可以被看成"新问世的产品"，它在所有创新产品中只占不到 10%。

德鲁克在《创新与创业精神》和《巨变时代的管理》中进一步阐述了如何识别机会，他提出应当把这作为战略思考过程中"评估"环节的一部分，"应该跟踪自己和竞争对手的表现，特别是应寻找意外的成功或在本应擅长的领域遭受的失败。"[54] 他的理由是，成功能说明市场看重什么、愿意为什么买单，而不成功表明市场在变化，或者公司的能力在削弱。

德鲁克关于竞争的战略

在《成果管理》中，德鲁克提出了一些战略供组织参考，包括专业化、多元化和一体化。在一体化中，他加入了并购或"购买还是创建"的决定。[55] 这样处理被视为简单化了，因此，我们在课程中提出了其他多种商业和竞争策略来弥补德鲁克的不足。

此外，多年来，德鲁克的观点也有所改变。例如，在《成果管理》一书中，他主张将专业化和多元化相结合，他说："每个企业都需要一个核心，即一个它占据领导地位的领域。因此，每个企业都必须专业化。但每个企业也必须努力从专业化中获得最大化的利益。它必须多元化。"他继续补充说："一家公司要么在产品、市场和最终用途方面多元化，从而高度专注于自身的基本知识领域，要么在自身的知识领域上多元化，从而高度专注于产品、市场和最终用途。任何中间路线可能都不令人满意。" [56]

大约 10 年后，他在提到跨国公司时写道："跨国公司的结构本身就很复杂。它是多文化的、跨国的、多市场的，也是多元管理的。再加上业务的多样性，公司的管理难度极大"。他接着总结说："跨国公司应该抵制多元化的诱惑，不管诱惑有多大。跨国公司实在令人憎恶。" [57] 在跨国公司如何构建管理战略方面，德鲁克为我们留下了悬念，他表达了一种观点："只考虑整个公司的跨国战略注定是徒劳的。"然后，他又说："但分散化的多国战略，即把各单位和市场看作独立部门的战略，也同样注定是徒劳的。"最后，他显然已经放弃了，他说："无论是从理论上还是从实践上，都不可能根据特定的情况，事先预测公司应该依据整体范围还是逐个市场制定战略。" [58] 这可能又是一个德鲁克空白，说明我们需要辅以其他著述者的观点，才能应用德鲁克有关战略的概念，如波特的"五种基本竞争战略"（Generic Strategies）以及全球战略。

波特的五种基本竞争战略

迈克尔·波特在讨论竞争战略时提出，企业有多少竞争对手，就有多少说得出的竞争战略。但他试图缩小这个范围，他说："然而，当我们拨开细节、一窥问题的实质时，会发现竞争战略之间最大和最重要的区别可归结为：①公司的目标市场是否广阔；②企业竞争优势是否基于低成本或产品差异化。" [59] 基于这些标准，他提出了现在流行的五种基本竞争战略的概念。 [60]

1）**低成本提供商战略**。它以总体低成本提供该产品或服务，因而吸引了大量的客户。采用这种战略的企业特别善于降低成本（如西南航空公司）。

2）**广泛的差异化战略**。它旨在将公司的产品与竞争对手的产品区别开来，以吸引广泛的买家。最吸引人的差异化路径是竞争对手难以复制的路径。善于应变的竞争者可以在一段时间内复制几乎任何产品或功能或属性（如奔驰、宝马）。

3）**最低成本提供商战略**。它旨在通过低于对手的成本辅以优良的产品属性，为客户提供更多价值；其目标是相较于竞争对手的同规格产品，提供具有最优胜价比的产品（如丰田的雷克萨斯）。

4）**基于低成本的聚焦**（或市场利基）**战略**。它旨在专注某一狭窄的细分客户群，并以低于对手的成本服务该市场的客户，从而超越对手（如 Motel 6 汽车旅馆）。

5）**基于差异化的聚焦**（或市场利基）**战略**。它旨在专注某一狭窄的细分客户群，并向利基市场的客户提供比对手的产品更符合其品位和要求的定向属性，从而超越对手（如丽思卡尔顿）。

德鲁克论多元化和德鲁克原则

德鲁克在《成果管理》和《管理：任务、责任和实践》中都大量论述了多元化战略。在《管理：任务、责任和实践》中，他认为"企业越不多元化，就越容易管理。简单才能清晰"。他还说："企业越简单，越不容易出错。"由此，他提出了"德鲁克原则"，他说："如果一件事出错，其他事情也会同步出错。"[61]

在《管理：任务、责任和实践》中，德鲁克在支持和反对多元化的各种压力后，试图对他所认为的正确和错误的多元化进行总结。"正确多元化产生的业务，其绩效能力在高度集中的单一市场或单一技术公司中是一流的，而错误多元化产生的业务，在高度集中的单一市场或单一技术公司中则表现不佳。"德鲁克认为，重点在于"其中的差别是，表现好的多元化公司在（各项）业务中保持一个共同的一致性核心"。[62] 德鲁克对"共同的一致性核心"的解释可能涵盖共同的技术、流程、客户等，我们将在之后的章节中论述作为一种增长战略的并购行为，会再次触及这一话题。

战略、集中和市场地位决策

德鲁克在《管理：任务、责任和实践》中评论说："目标是'战略'，关于集中化的决策是'策略'。"[63] 在这里，德鲁克把"我们的企业是什么"这个问题复杂化了。从本质上讲，有了明确的使命，组织就可以把资源集中在它所希望从事且有能力（核心竞争力）从事的行业和市场。

关于"市场地位决策"（Market-Standing Decision），德鲁克建议："公司必须就以什么样的产品、服务和价值在市场的哪个领域成为领导者做出决策。"[64] 他阐述了边缘供应商的问题以及他们的脆弱性，特别是在经济下行的情况下。这也是我们在美国看到的真实情况，碎片化产业正在进行整合。德鲁克继续解释说，要想获得理想的市场地位，需要制定市场战略，但他却没有解释这个战略应该是什么——这是另一个德鲁克空白。我们可以回到波特的"五种基本竞争战略"来澄清这一问题，因为它们描述了市场定位与德鲁克所谓的市场地位。

"结构跟随战略"是谁先提出的？

詹姆斯·奥图尔（James O, Toole）在《新管理》（*New Management*）杂志的一篇文章中提到德鲁克的某些成就时写道："他最先指出结构跟随战略。"[65] 然而，德鲁克实际上是受了其他学者的影响，他在《成果管理》中说："最近有两本书记录了组织结构与公司达成结果和发展的能力之间的关系。阿尔弗雷德·钱德勒（Alfred Chandler）教授表明，结构跟随战略。"德鲁克接着在同一页的脚注中说："我在此就这项工作对我的激励和启发致谢。"[66] 弗里蒙特·E. 卡斯特（Fremont E.

Kast）和詹姆斯・E. 罗森茨韦克（James E. Rosenzweig）在《组织与管理》（*Orga-nization and Management: A Systems and Contingency Approach*）一书中也引用了钱德勒有关战略和组织结构的论述。[67] 他们在书中写道："钱德勒指出，当企业为应对不断变化的社会和经济环境而制定新的战略时，组织结构便也相应发生变化。"[68] 钱德勒在 1962 年首次提出这个概念，比德鲁克的《成果管理》早两年。[69] 德鲁克在《管理：任务、责任和实践》中再次指出"结构跟随战略"，并提到了钱德勒的作品。[70] 他在其经典著作《管理的实践》中对组织结构进行了大量论述，但当时并没有讨论战略与结构之间的任何关系。他的主要观点是："通过最大限度的联邦式分权，并将分权原则应用于按职能组织的各项活动，以改善组织结构，这总是能提高绩效。"[71]

后来，德鲁克在《管理：任务、责任和实践》一书中试图澄清这个概念，他说："只有明确定义企业的使命和宗旨，才能制定具体而可行的企业目标。它是优先事项、战略、计划和工作任务的基础。它是设计管理职能尤其是管理结构的起点。战略决定了一个企业的关键活动。"[72]

本书为什么要如此强调这一点？主要是为了支持或加强德鲁克的观点，因此有必要在这里澄清德鲁克对战略和组织结构的看法，填补德鲁克空白。

第 2 部分：德鲁克谈销售和营销

德鲁克的早期作品，如《成果管理》和《管理：任务、责任和实践》，包含了许多与销售和营销有关的论述，以及相关的概念。尽管德鲁克并没有将这些概念归纳为"营销组合四要素"（即 4P，产品、价格、渠道和推广），但我还是尽可能地按照这一顺序将它们进行归纳讨论。

德鲁克谈营销

我们可先从《成果管理》一书中一窥德鲁克早期对营销的看法，那暗示着当时没有多少人能真正理解营销的概念。他在书中写道："'营销'已经成为一个时髦的术语。但就算给挖墓人加以'殡葬从业者'的名号，他也仍然是挖墓人，只不过把安葬费用提高了。许多销售经理被冠以'营销副总裁'之名，唯一的变化只是成本和薪水的增加。"

他继续批评说："今天很多所谓的'营销'充其量只是有组织、系统化的销售活动，它集中了从销售预测到仓储和广告等主要工作并加以协调。但是出发点仍然是我们的产品、客户和技术——出发点仍然在内部。"[73]

1. 销售与营销

营销和销售之间的区别不仅仅是语义上的。销售关注卖方的需求，营销关注买方的需求。销售关注的是卖方将其产品转化为现金的需求；而营销关注的是通过产品以及与生产、交付和最终消费相关的一系列活动来满足客户的需要。[74]

西奥多·莱维特（Theodore Levitt）

上述引文来自西奥多·莱维特 1960 年在《哈佛商业评论》上发表的经典文章——《营销短视症》（Marketing Myopia），他在文章中对销售和营销的概念进行了区分。这是一篇比较知名的商业文章，经常被引用到各种现代营销文献中。这篇文章的撰写早于德鲁克的《成果管理》四年。

2. 营销研究和营销分析

看来莱维特对市场营销的看法可能影响了德鲁克的思想。当提到营销研究时，德鲁克写道："营销分析不仅仅是普通的市场调查或客户调查。首先，它试图着眼于整个企业。其次，它不是着眼于**我们的**客户、**我们的**市场、**我们的**产品，而是关注整个市场、客户及其购买行为、其需求的满足、其价值取向、消费模式和消费理性。"[75] 下面是德鲁克建议的营销分析中需要调查的其他领域或应提出的其他问题。

三个外部维度和其他营销分析问题 [76]

1）谁在购买？

2）他是在哪里购买的？

3）购买这个东西是为了什么？

4）潜在客户是谁？他为什么不买我们的产品？

5）总的来说，客户购买了什么？

6）客户的总支出（包含可支配收入或可支配时间）中有多大比例用在我们的产品上，该比例在上升还是下降？

7）客户和潜在客户都从别人那里购买什么？他们从中得到的什么满足是我们的产品所不能提供的？

8）什么产品或服务能实现这些真正重要的满足领域——包括我们正在满足和可能满足的领域？

9）如果没有我们的产品或服务，客户能选择什么？这与替代产品更相关——汽油价格高企迫使人们购买小型汽车而不是 SUV，或者更多地使用公共交通等。

10）谁是我们的潜在竞争者，为什么？（还有谁可能进入该行业并成为我们的竞争对手？）

11）我们是谁的潜在竞争者？（我们可能在行业之外寻找什么机会？）

在这里，我们再次看到德鲁克非常重视消费者市场。上述的很多问题涉及客户和潜在客户看重什么，他们识别出了哪些重要的属性。

3. 第一个 P：产品

关于产品和上述的市场分析，德鲁克评论说："对结果领域的分析必须从产品（或服务）开始，特别是从'产品'的定义开始。"[77] 经典的营销文献对营销组合和产品的论述，通常涵盖产品种类、质量、设计、功能、品牌名称、包装、尺寸、服务、保修和退货。[78] 以下是德鲁克关于产品的部分语录，以及其他作者的观点简述。

"客户很少购买企业自认为在卖的东西。当然，其中一个原因是，没有人会为'产品'买单，人们为需求的满足买单。但是，没有人能够生产或提供这样的满足，充其量只能出售和提供获得满足的手段。"[79] 这可以算是德鲁克的初步归纳（仍需进一步的调查），正如他所说的，"企业方自认为的对客户和市场的了解多半是错误的。只有通过询问客户、观察他、试图了解他的行为，才能搞清楚他是谁，他在做什么，他如何购买，他如何使用他所购买的东西，他的期望是什么，他看重什么等。"[80] 这与德鲁克对"走出去"的关注相关，但同时，关于我们走出去时需要做什么，德鲁克却留下了许多空白。

举个例子，如果我们问："潜在客户先生，我想问你，你为什么不购买我们的东西？"潜在客户回答说："你们的价格太高了。"那么现在我们该怎么做？这里的问题真的是价格吗？对于潜在客户来说，还有哪些重要属性是我们的产品不能提供的？为了填补这一空白，我们必须引入各种市场研究工具，它们来自这一主题的众多相关文献，诸如二手资料调研、探索性研究、描述性研究、因果研究、抽样和其他德鲁克从未评论过的市场研究工具。当营销人员（实地或通过其他方法）"走出去"，他们应该总体上知道他们要问什么，以及他们要通过什么方法来收集决策所需的营销信息。

德鲁克的另一段评论可能指向替代产品。"一个必然推论是，那些被制造商视为直接竞争对手的商品或服务，很少能充分界定它在跟什么竞争、在跟谁竞争"。[81] 在此基础上，他进一步写道："因为客户购买的是一种满足，所以所有的商品和服务都在跟其他商品和服务竞争，它们看起来完全不同，它们的功能以及制造、分销和销售方式也不同，但客户能通过这些替代品获得同样的满足。"[82] 这似乎也更适用于消费品——我是应该加入乡村俱乐部，还是来一次环球旅行，还是在夏威夷购买分时度假酒店？对我来说，什么是满足？这将在第 5 章中进行探讨。

4. 第二个 P：价格

我们将在第 4 章"企业致命的五宗罪"中更详细地讨论价格问题，这里只做简单论述。德鲁克在《管理：任务、责任和实践》中写道："但价格只是价值的一部分。"[83] 罗杰·贝斯特在讨论"经济效益和价值创造"时谈到了这个问题，他认为总购买成本由处置成本、拥有成本、维护成本、使用成本、取得成本和购买价格组成。[84] 德鲁克没有对其他要素进行讨论，那些要素通常在讨论价格时谈及，如定价、折扣、限额、付款期、付款条件以及弹性、捆绑等其他概念。

5. 第三个 P：渠道

这一营销组合要素通常包括渠道、覆盖区域、品种、场所、库存和运输。德鲁克没有详细介绍这些要素，他重点介绍了分销渠道。有一个有趣的评论："人们永远不会忘记企业通过产品获得收益，这太明显了。但是，同样明显的是，产品必须有一个市场，但这常常被忽略。产品还必须有分销渠道，才能将产品从制造商处送进市场。但许多经营者，特别是工业品制造商，并没有意识到他们在利用甚至得依靠分销渠道。"[85]

相信专家们会质疑，企业真的太过于关注产品市场了吗？毕竟我们多年来都很强调"目标市场"，这是公司营销组合的一部分。20 世纪 70 年代，我曾服务于美国最大的耐腐蚀铝合金分销商，该公司明确地知道其产品（铝型材、铝板和铝片）将如何销售给最终用户，即通过洛杉矶的航空航天公司。

德鲁克在早期的营销著作中一直强调，人们并没有充分理解营销渠道，特别对工业品分销而言，以下引文中可以说明这一点。

"市场和分销渠道往往比产品更重要。"如果没有市场，什么产品都很难销售，这一点恐怕令人无法反驳。他继续评论道："这两个领域更不可控，因为它们是外部的领域。管理层可以下令修改产品，但不能强制改变市场或分销渠道。"

分销渠道的另一项属性，使之更棘手，同时也更重要：所有的分销渠道同时也是客户。因此，工业产品的客户有着双重角色：它既是真正的客户，又是真正的分销渠道。这两个角色对生产商来说都非常重要。

最后，现代经济中的分销渠道变化很快，通常比技术或客户期望和客户价值变化得更快。事实上，我所见过的所有分销渠道决策在五年后都会过时，而且它常有赖于新的思维和根本性变革。市场和分销渠道应该得到比现在更多的关注和研究。[86]

我相信大多数学者都不同意德鲁克这里表达的关于分销和营销渠道的观点。有很多文献都论述了营销渠道和相关的活动。印第安河咨询集团位于佛罗里达州，创始人迈克尔·马克斯（Michael Marks）有 30 多年的专业级工业分销经验，无疑是美国分销领域的大腕。他的书《背道而驰：分销商和制造商如何成功地管控冲突》（*Working at Cross - Purposes: How Distributors and Manufacturers Can Manage Conflict Successfully*）就如何设计、管理以及在必要时改变这些渠道提供了大量见解。[87] 德鲁克还在 1962 年补充说："我们今天对分销的了解没有比拿破仑时代人们对非洲内陆的了解多多少。我们知道有这么一回事，它很重要；没有其他了。"[88]

6. 第四个 P：推广

推广这一营销组合要素一般包含销售促进、广告、销售队伍、公共关系、直邮广告、电话销售和互联网。这些年来，德鲁克对这些要素中的一些内容进行了论述。

（1）德鲁克谈广告

关于广告，德鲁克在《成果管理》中写道："有大量的证据表明，全国性的广告表面上是针对消费者的，但实际上对零售商的作用最大，它是促使零售商推销某品牌的最佳方式。但与'隐藏的说服者'相反，也有大量的证据显示无论广告的力度有多大，分销商都无法向消费者兜售原本不被接受的产品。"[89] 此处的 "隐藏的说服者"，德鲁克暗指 20 世纪 50 年代流行的《隐藏的说服者》（*The Hidden Per-suaders*）一书，由万斯·帕卡德（Vance Packard）撰写，书中讨论了各种作者认为颇具操纵性的动机分析式广告技术。[90] 今天我们可以把德鲁克的这句话理解为 "推动式与拉动式" 的营销传播策略（推式和集客营销）。罗杰·贝斯特这样描述这两种策略："拉动式营销传播的目标是建立知名度、吸引力和忠诚度，并减少搜索成本。如果拉动式营销传播奏效，顾客会自发寻找某些产品或服务，而且，本质上他们是通过自发的兴趣在某渠道中拉取产品。这种战略需要渠道中间商来传送某些产品或品牌，以吸引和满足目标客户。"然后，他继续描述推动式策略："推式传播瞄准渠道中间商，鼓励他们销售特定的产品和品牌，从而使客户更容易获得产品。"[91] 这里，拉动式策略相当于德鲁克观察到的为消费者创造需求的广告，而推动式策略则针对渠道，让渠道存储并提供产品。本质上，德鲁克对这些营销传播策略的论述是超前的，但遗憾的是，他在晚年并没有对这个概念进行扩展。

《隐藏的说服者》中有一个注释，提到了某管理咨询公司的一项研究，它得出的结论是：如果制造商想知道如何赢得客户，那么客户自述的 "我想要什么" 的说法是 "最不可靠的"。帕卡德接着说："首先，他们（营销人员）断定，你不能假设人们知道自己想要什么。"[92] 这显然使营销人员陷入了某种困境，因为德鲁克认为，我们必须假定客户是理性的。那么制造商或供应商的任务便是弄清楚客户的行为为什么看起来是不理性的。[93]

（2）德鲁克论销售和营销

推广的另一个要素是人员推销。德鲁克认为，如果营销功能发挥得好，就不需要销售了。这也许有些偏颇。他在《管理：任务、责任和实践》中写道："我们可能以为，企业总是需要一些销售。但营销的目的是使销售变得多余，是多认识和了解客户，使产品或服务适合客户需求并自动销售出去。"他进一步扩展说："理想的情况下，营销应该带来已准备好要购买的客户。这时，企业需要做的就是，让产品或服务能够被客户获得，也就是说，企业需要物流而不是销售技巧，需要统计分布而不是推广。"[94]

图 3-3 描述了营销人员的各种推广工具的成本效益，其中包括人员推销。可以看出，"人员推销"仍然是除"销售促进"外最具成本效益的获客工具。[95]

营销专家科特勒根据营销人员面向消费者还是面向企业市场，来区分各种推广工具的使用方式。就消费者市场而言，营销人员下功夫的优先顺序是销售促进、广告、人员推销和公共关系。而针对企业市场，其顺序是人员推销、销售促进、广告和公共关系。他们还指出，人员推销更多用于复杂的、昂贵的和有风险的商品，以及卖方数量少但规模大的市场，因此适合企业市场。[96] 再来看德鲁克的观点，发现值得怀疑，因为不管营销活动多么富有成效，人员推销仍然还有存在的必要，特别是在企业或工业市场。

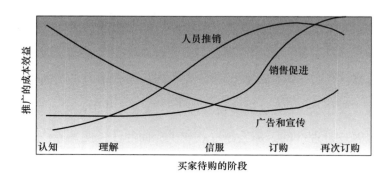

图 3-3　不同推广工具的成本效益

注：摘自菲利普·科特勒，《营销管理》，第 11 版，第 581 页。

（3）购买决策

德鲁克认为，可能有很多人参与购买决策，特别是对企业市场而言。例如，他在《成果管理》中提到："到目前为止，所有的表述都暗示着我们知道谁是客户。

然而，营销分析必须建立在这样的假设上：企业通常不知道，但需要弄清楚谁是客户。不是'谁'付钱，而是'谁做出购买决策'。"德鲁克进一步指出："任何情况下都至少有两个客户对购买决策有决定性影响：最终购买者和分销渠道。"[97]

然而，后来在《管理：任务、责任和实践》一书中德鲁克承认，"通常至少有两个，有时甚至更多。"[98]菲利普·科特勒补充了德鲁克的观察，确定了企业采购过程中有以下这些参与者：

1）**发起者**。提出购买需求的人，可能是使用者或组织中的其他人。

2）**使用者**。那些将要使用产品或服务的人。在许多情况下，由使用者建议购买并帮着确定产品需求。

3）**影响者**。影响购买决策的人。他们往往帮着确定产品规格，并提供信息以评估替代品。技术人员是特别重要的影响者。

4）**决策者**。决定产品要求和供应商的人。

5）**批准者**。批准决策者或购买者去实施购买的人。

6）**购买者**。获得授权去挑选供应商并商定购买条款的人。购买者可以帮着确定产品规格，但他们主要负责挑选供应商和谈判。在更复杂的采购中，购买者可能包括高级管理人员。

7）**看门人**。有权切断卖方或信息和购买圈之间的联系和通道的人。例如，采购代表、接待员和电话接线员可以阻止推销员接触到使用者或决策者。[99]

尽管科特勒没有提到德鲁克对采购决策参与者人数的估计，但他评论说："参与购买决策的平均人数，对购买日常经营所用的产品和服务而言大约是 3 人，对建筑工程和建筑机械等大笔采购而言是 5 人。"然而，他也支持德鲁克的观点，他说："为了把力气花对地方，企业营销人员必须弄清楚：

- 谁是主要的决策参与者？

- 他们影响哪些决策？

- 他们的影响力有多大?
- 他们的评价标准是什么? "[100]

小结

总体来说,德鲁克关于战略和营销的许多工作都有重大意义,在他提出这些思想时甚至是超前的,但他却没有在其早期作品的基础上继续深入探讨,最终被后人所超越。

注释
——○ ///

[1] Roger J.Best, *Market-Based Management:Strategies for Growing Customer Value and Profitability*, 3rd ed.(Upper Saddle River, NJ:Pearson Education, Inc., 2004), 17.

[2] 同上。

[3] 同上, 15。

[4] 同上, 19。

[5] A.J. Strickland III, Arthur A. Thompson, Jr., *Strategic Management: Concepts&Cases*, 13th ed.(New York: McGraw-Hill Companies, Inc., 2003), 33.

[6] Peter Rea, Ph.D., Harold Kerzner, Ph.D., *Strategic Planning: A Practical Guide*(New York: John Wiley & Sons, Inc., 1997), 35.

[7] Peter F. Drucker, *Managing for Results*(London: William Heinemann Ltd., 1964), 47-53.

[8] Roger J. Best, *Market - Based Management*: *Strategies for Growing Customer Value and Profitability*, 3rd ed.(Upper Saddle River, NJ: Pearson Education, Inc., 2004), 15.

[9] Philip Kotler, *Marketing Management*, 11th ed.(Upper Saddle River, NJ: Prentice Hall, 2003), 38.

[10] Michael E. Porter, "What Is Strategy?" *Harvard Business Review*(November-December 1996).

[11] Michael E. Porter, *Competitive Strategy*: *Techniques for Analyzing Industries and Competitors*(New York: Free Press, 1980), Chapter 3-33.

[12] Peter F. Drucker, *Managing in a Time of Great Change*(New York: Truman Talley Books, 1998), 30-31.

[13] Jack Welch, *Jack* , *Straight From the Gut*（New York: Warner Books, Inc., 2001）.

[14] Peter F. Drucker, *Managing in a Time of Great Change*（New York: Truman Talley Books, 1998）, 32.

[15] 同上, 34-35。

[16] A.J.Strickland III , Arthur A. Thompson, Jr., *Strategic Management: Concepts & Cases* , 13th ed.（New York: McGraw-Hill Companies, Inc., 2003）, 117.

[17] 同上, 116-117。

[18] Peter Rea, Ph.D. , Harold Kerzner, Ph.D., *Strategic Planning: A Practical Guide*（New York: John Wiley & Sons, Inc., 1997）, 59-60.

[19] Peter F. Drucker, *Managing for Results*（London: William Heinemann Ltd., 1964）, 34-39.

[20] 同上, 224-227。

[21] A.J.Strickland III , Arthur A.Thompson, Jr., *Strategic Management: Concepts & Cases* , 13th ed.（New York: McGraw-Hill Companies, Inc., 2003）, 34.

[22] Philip Kotler, *Marketing Management*, 11th ed.（Upper Saddle River, NJ: Prentice Hall, 2003）, 90.

[23] A.J.Strickland III, Arthur A.Thompson, Jr., *Strategic Management: Concepts &Cases*, 13th ed.（New York: McGraw-Hill Companies, Inc., 2003）, 6.

[24] Peter F.Drucker, *Managing in the Next Society*（New York: Truman Talley Books, 2002）, 81.

[25] Elizabeth, Haas Edersheim, *The Definitive Drucker*（New York: McGraw-Hill, 2007）, 209.

[26] Philip Kotler, *Marketing Management*, 11th ed.（Upper Saddle River, NJ: Prentice Hall, 2003）, 92.

[27] A.J.Strickland III, Arthur A. Thompson, Jr., *Strategic Management: Concepts&Cases* , 13th ed.（New York: McGraw-Hill Companies, Inc., 2003）, 265.

[28] Henry Mintzberg, J.A. Waters, "Of Strategies, Deliberate and Emergent,"*Strategic Management Journal*（1985）6（3）: 257-272.

[29] A.J.Strickland III , Arthur A.Thompson, Jr., *Strategic Management: Concepts & Cases* , 13th ed.（New York: McGraw-Hill Companies, Inc., 2003）, 10-11.

[30] Peter F. Drucker, *Management: Tasks, Responsibilities, Practices*（New York: Harper & Row, 1973）, 88-91.

[31] 同上, 99。

[32] 同上, 99。

[33] A.J.Strickland III, Arthur A.Thompson, Jr., *Strategic Management: Concepts&Cases* , 13th ed.（New York: McGraw-Hill Companies, Inc., 2003）, 6-20.

[34] 同上, 10。

[35] 同上, 10。

[36] 同上，10。

[37] Peter F. Drucker，*Management: Tasks, Responsibilities, Practices*（New York: Harper & Row，1973），137.

[38] 同上，122。

[39] Peter F. Drucker，*Managing in a Time of Great Change*（New York: Truman Talley Books，1998），137.

[40] Jack Welch，*Jock, Straight from the Gut*（New York:Warner Books，Inc.，2001），109.

[41] 同上，109。

[42] 同上，109。

[43] Peter F. Drucker，*Managing for Results*（London: William Heinemann Ltd.，1964），67-85.

[44] Peter F. Drucker，*Managing for Results*（London: William Heinemann Ltd.，1964），153-198.

[45] 同上，227-229。

[46] 同上，228-229。

[47] Peter F. Drucker，*Managing in a Time of Great Change*（New York: Truman Talley Books，1998），43.

[48] C. K. Prahalad，Gary Hamel，"The Core Competence of the Corporation，" *Harvard Business Review*，68.

[49] Peter F. Drucker，*Managing for Results*（London: William Heinemann Ltd.，1964），148-149.

[50] 同上，18。

[51] 同上，232。

[52] 同上，232。

[53] 同上，233。

[54] Peter F. Drucker，*Managing in a Time of Great Change*（New York: Truman Talley Books，1998），133.

[55] Peter F. Drucker，*Managing for Results*（London: William Heinemann Ltd.，1964），241.

[56] 同上，238。

[57] Peter F. Drucker，*Management: Tasks, Responsibilities, Practices*（New York: Harper & Row，1973），743.

[58] 同上，742。

[59] Michael E. Porter，*Competitive Strategy: Techniques for Analyzing Industries and Competitors*，（New York: Free Press，1980）35-39，44-46.

[60] 同上，35-40。

[61] Peter F. Drucker，*Management: Tasks, Responsibilities, Practices*（New York: Harper & Row，1973），681.

[62] 同上，692-693。

[63]　同上，104-105。

[64]　同上，105-107。

[65]　James O' Toole，"Peter Drucker: Father of the New Management，"*New Management*，2（Winter 1985）: 4.

[66]　Peter F. Drucker，*Managing for Results*（London: William Heinemann Ltd.，1964），245.

[67]　Alfred D. Chandler Jr.，*Strategy and Structure: Chapters in the History of the American Industrial Enterprise*（Cambridge，MA: M.I.T. Press，1962）.

[68]　Fremont E. Kast，James E. Rosenzweig，*Organization and Management: A Systems and Contingency Approach*（New York: McGraw-Hill，Inc.，1979），217.

[69]　Alfred D. Chandler Jr.，*Strategy and Structure*: Chapters in the History of the American Industrial Enterprise（Cambridge，MA: M.I.T. Press，1962）.

[70]　Peter F. Drucker，*Management: Tasks, Responsibilities, Practices*（New York: Harper & Row，1973），523.

[71]　Peter F. Drucker，*The Practice of Management*（New York: Harper & Row，Publishers，Inc.，1951），226.

[72]　Peter F. Drucker，*Management: Tasks, Responsibilities, Practices*（New York: Harper & Row，1973），75.

[73]　Peter F. Drucker，*Managing for Results*（London: William Heinemann Ltd.，1964），112-113.

[74]　Theodore Levitt，"Marketing Myopia，"*Harvard Business Review*（1960）.

[75]　Peter F. Drucker，*Managing for Results*（London: William Heinemann Ltd.，1964），131.

[76]　同上，120-131。

[77]　同上，31。

[78]　Philip Kotler，*Marketing Management*，11th ed.（Upper Saddle River，NJ: Prentice Hall，2003），16.

[79]　Peter F. Drucker，*Managing for Results*（London: William Heinemann Ltd.，1964），113 .

[80]　同上，113。

[81]　同上，114-115。

[82]　同上，114-115。

[83]　Peter F. Drucker，*Management: Tasks, Responsibilities, Practices*（New York: Harper & Row，1973），85-86.

[84]　Roger J. Best，*Market-Based Management*: Strategies for Growing Customer Value and Profitability，3rd ed.（Upper Saddle River，NJ: Pearson Education，Inc.，2004），88-91.

[85]　Peter F. Drucker，*Managing for Results*（London: William Heinemann Ltd.，1964），34.

[86]　同上，35-38。

[87]　Michael Marks，*Working at Cross-Purposes: How Distributors and Manufacturers Can Manage*

Conflict Successfully (Washington, DC: National Association of Wholesale-Distributors, Distribution Research and Education Foundation, 2006) .

[88] 同上, 11。

[89] Peter F. Drucker, *Managing for Results* (London: William Heinemann Ltd., 1964), 118.

[90] Vance Packard, *The Hidden Persuaders* (New York: David McKay Company, 1957) .

[91] Roger J. Best, *Market-Based Management*: *Strategies for Growing Customer Value and Profitability* , 3rd ed. (Upper Saddle River, NJ: Pearson Education, Inc., 2004), 255-257.

[92] Vance Packard, *The Hidden Persuaders* , (New York: David McKay Company, 1957), 8-9.

[93] Peter F. Drucker, *Managing for Results* (London: William Heinemann Ltd., 1964), 116.

[94] Peter F. Drucker, *Management: Tasks, Responsibilities, Practices* (New York: Harper & Row, 1973), 65-65.

[95] Philip Kotler, *Marketing Management*, 11th ed. (Upper Saddle River, NJ: Prentice Hall, 2003), 581-582.

[96] 同上, 581。

[97] Peter F. Drucker, *Managing for Results* (London: William Heinemann Ltd., 1964), 117-118.

[98] Peter F. Drucker, *Management: Tasks, Responsibilities, Practices* (New York: Harper & Row, 1973), 80-81.

[99] Philip Kotler, Marketing Management, 11th ed. (Upper Saddle River, NJ: Prentice Hall, 2003), 221.

[100] Peter F. Drucker, *Managing for Results* (London: William Heinemann Ltd., 1964), 220-221.

第 *4* 章　企业致命的五宗罪

管理层没有借口沉溺于企业致命的五宗罪。[1]

介绍

《企业致命的五宗罪》首次发表于 1993 年 8 月的《华尔街日报》(*The Wall Street Journal*)。之后,德鲁克并没有对这个概念花很多笔墨,在他最后的一本书《德鲁克日志》中也只是简单地带过,没有展开。有一家培训公司确实接受了这一概念,并根据德鲁克的原始文章进行重新编排,在其授权下制成工作簿,在一个互动视频培训项目中使用。在 1985 年出版的《创新与创业精神》一书中,德鲁克写到了组织的五个坏习惯,这与"五宗罪"密切相关,其中特别讲到他对新产品定价的看法。"五宗罪"可以视为德鲁克对营销组合中 4P 之一"定价"的额外贡献。[2]

企业致命的五宗罪

德鲁克评论说,企业成功没有固定公式,因为企业和行业各不相同。企业需要适合自己的政策和战略,但需要避免企业致命的五宗罪 (The Five Deadly Business Sins)(见表 4-1)。犯了任何一项都会对企业产生灾难性的影响。

表 4-1　企业致命的五宗罪

罪一：崇拜高利润率和高溢价
罪二：对新产品按照市场所能承受的最高限度定价
罪三：成本驱动的定价法与价格驱动的成本核算法
罪四：把明天的机会扼杀在昨天的祭坛上
罪五：喂饱了问题，饿死了机会 [3]

罪一：崇拜高利润率和高溢价

因此，崇拜高利润率不仅是危险的偏见，这一信仰本身就是错的。[4]

德鲁克认为，"利润不等于利润率。一家公司强劲的净利润增长取决于持续的净资产收益率。净资产收益率[○]是利润率乘以资本周转率。因此，要获得最大盈利能力和最大的利润，需要可以产生最佳市场地位的利润率和最佳资本周转率。"[5]（注意，德鲁克没有定义"最佳"。）德鲁克指出，这么说是因为高利润率是一种会计错觉。他认为，这种思维只关注制造产品的成本，而没有考虑到销售或服务的成本，尽管高利润率产品的这些成本通常比低利润率产品要高很多。罗杰·贝斯特的"净营业毛利"概念倾向于支持德鲁克的观点。

德鲁克认为，崇拜高利润率为竞争者占领市场提供了机会。以下是这方面的两个例子。

案例 1：施乐公司

基于切斯特·卡尔森（Chester Carlson）创新的静电复印（Xerography）技术，施乐公司（Xerox）发明了第一台能在普通纸上复印的复印机。企业的创新很少能像第一台施乐 813 和 914 复印机那样成功。20 世纪 60 年代初，施乐公司获得了 80% 以上的市场份额（到 1980 年时超过 85%），甚至到今天，无论使用何种复印机，复印都被称为"Xeroxing"。20 世纪 60 年代末，我碰巧担任施乐

○　原文是利润（profit），此处改为净资产收益率并增加了前面半句话。——译者注

公司的区域营销经理，目睹施乐公司继续专注于高利润率和高溢价的高端市场，并继续把更多昂贵的功能添加到它的高速高容量复印机上，而这些是小客户不想要的。这也增加了机器维修的难度和成本。此外，公司的销售薪酬制度也以牺牲小型桌面复印机为代价推动了高容量复印机的销量。为了赚钱，销售人员会选择阻力最小的路径。施乐公司是成功的，至少在销售方面它达到了自己的目的。

然而，由于忽视了低端市场（施乐公司初获成功的小规模客户基础），而且静电复印技术的专利最终过期了，因此日本佳能公司能够依照原施乐公司的版本，迅速生产出便宜的低端复印机，并在几年内占领了美国复印机市场（施乐公司的市场份额 1985 年下降到不足 15%）。值得注意的是，2006 年施乐公司以 15 亿美元收购了全球成像系统公司，它专门生产中小型企业使用的打印机和复印机，这是为了夺回此前被佳能公司抢占的小型复印机市场。由此，施乐公司获得了 20 万客户，并进入 440 亿美元的中小型企业市场。

从另一方面看，佳能进入这个市场可能不是因为施乐公司只专注于高利润率，这更应看作一个颠覆性技术的范例。

> **案例 2：柯达公司**

柯达公司片面追求高利润，从而使得富士公司占领了世界胶片市场。另外，柯达公司也错过了从胶片转变到数码的市场良机。它的品牌帮助它重新获得了很高的数码市场份额，但却牺牲了利润。

德鲁克不完整的例子

人们可以说，施乐公司的市场份额被佳能公司夺走，除了德鲁克列举的原因之外，还有很多其他原因。其中包括前者冒失行事，在 20 世纪 70 年代末与苹果公司竞争个人计算机市场，以及错误地收购了一家大型科学计算机公司——科学数据系统公司（Scientific Data Systems，SDS）公司。几年后，当 SDS 公司最大的客户（政府）再也买不起这些昂贵的玩具时，该公司被迫关停，损失了几亿美元。事实证明，它试图进军保险业而进行的另一次收购也是灾难性的。

汽车业三巨头以及施乐公司的问题，也可以归结为它们对某些细分市场上不断变化的客户需求缺乏了解。

德鲁克对定价的看法也可能存在其他的一些例外。例如，劳力士手表的价格可以达到从 5 000 美元到远高于 10 000 美元，但仍然能够吸引一个愿意支付高价的市场群体，这些人戴手表不是为了看时间，而是为了不动声色地对他人传递地位、声望、财富等信息。另一个收取高价的例子是劳斯莱斯汽车（尽管现在由宝马生产），还有一些更昂贵的意大利跑车。这正是一个利基营销的更好例子，即找到愿意支付高价的目标群体，同时避免竞争。因此，也许收取高价并不总是像德鲁克所说的那样是一种罪过。

罪二：对新产品按照市场所能承受的最高限度定价

为新产品或服务定价的正确方法是，立刻按照三年内其成本下降后市场所能接受的价格定价。当然，这意味着在最初的几年里不会带来高利润，甚至可能意味着第一年内实际将蒙受损失。[6]

这一条与第一条密切相关，即试图将新产品的价格按市场可以承受的最大限度定价。根据德鲁克的观点，新产品定价的正确策略应该基于学习曲线。实际上，学习曲线指的是，制造新产品的成本将随着企业经验提升而降低。根据德鲁克的说法，生产成本通常能在三年内减少 40% 以上。[7] 因此，在一个新产品推出后的三年内，该产品的生产成本将几乎是其刚推出时的一半。战略顾问彼得·雷亚和哈罗德·科兹纳认为这种成本的降低来源于以下因素：

- 劳动效率（最主要的因素）；
- 专业分工和方法改善（任务分工：泰勒的"科学管理"）；

- 采用新的生产工艺；

- 生产设备的性能提升（产量的增加，如流化床催化裂化装置的产能通常在10 年内增长约 50%）；

- 资源组合的变化（随着时间的推移，资源更便宜了：低工资的熟练工人取代高工资的新手，实现了自动化，等等）；

- 产品标准化；

- 产品重新设计；

- 激励和约束（薪酬）。[8]

德鲁克主张，新产品一开始的定价应该是它三年内市场能够接受的价格，因为到时可能有新的竞争品或替代品出现且售价更低。他认为，这种初始定价策略使竞争者和替代产品难以进入市场。

图 4-1 显示了德州仪器公司（Texas Instruments，TI）采用学习曲线为电子计算器定价。其中显示，随着产量扩大，德州仪器公司生产计算器的成本降到了 8 美元，而竞争者 A 的成本是 9 美元，竞争者 B 的成本是 10 美元。如果德州仪器公司按照德鲁克的建议定价，他们会以 9 美元的价格将竞争者 B 淘汰，因为它每销售一笔都会损失 1 美元，而竞争者 A 也很可能最终不得不退出市场，因为它要想与

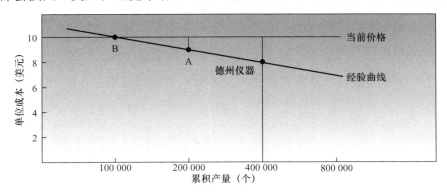

图 4-1　德州仪器学习 / 经验曲线

注：摘自菲利普·科特勒，《营销管理》，第 11 版，第 447 页。

德州仪器公司的价格相匹配，只能是不赚不亏。

下面的例子说明了一个行业如果按市场能接受的最高限度定价，将会发生什么。

案例 3：制药行业

制药行业通常都按市场最大承受力定价。新药收取高价，理由是企业必须收回其研发成本。当专利到期，非专利药以低得多的价格进入市场时，按市场最大承受力定价的策略就会失效。这导致企业利润率降低，引起金融市场对企业业绩的担忧，特别是企业股票价格将下降。德鲁克认为，在 20 世纪八九十年代，这使得这些制药企业间进行了许多"绝望的合并"。

这些问题在未来几年将继续困扰制药行业。到 2006 年底，有 16 种药物的专利已经到期，到 2010 年，2006 年入账的药物销售额将有多达 1/4 被仿制药侵蚀，估计为 250 亿美元。仅在 2007 年，就有 14 种药物面临专利到期，共计 110 亿美元的销售额岌岌可危。业内专家预测，预计 2011 年仿制药的比例将从现在的 56% 增加到 75%。制药企业正试图通过推出自有的仿制药，延伸产品线，以应对这种情况，看来按市场最大承受力定价的日子很快就要结束了。该行业的这一罪过为与之相竞争的仿制药敞开了大门。

（1）德鲁克不完整的例子

值得注意的是，"新问世"的新产品，如最初的录像机（VCR），只占所有新产品的 10%。大多数新产品都是改进产品（如广告经典台词"改进的新品"）和产品线的延伸。这表明，在营销或产品经理为新产品定价时，德鲁克对这一罪过的观点应用有限。

德鲁克在《创新与创业精神》中也出现了自相矛盾的地方。该书讨论了各种创新策略，在论述为了取得市场领导地位而"先发制人"（只适用于"重大"创新）时，他说："通过先发制人获得市场领导地位的企业家，本身必须注重系统性降低产品或工艺的价格。"[9] 这就带来了一个问题：从什么水平削减价格？这表明，该企业家的定价不一定是产品推出三年内学习曲线显示的价格，所以这也许是某种溢价？这是另一个德鲁克空白。

（2）其他学者的观点

彼得·雷亚和哈罗德·科兹纳认为，德鲁克忽略了与学习曲线定价相关的一些限制。

- 学习曲线不会永远延伸下去。随时间推移，制造产品所需的小时数／成本金额的比例将趋于恒定；
- 除非两种产品的经验可共享，否则在一个产品上获得的学习曲线知识可能无法延伸到其他产品上；
- 可能无法获得有意义的学习曲线所需的成本数据。如果间接成本与直接人工成本无法区分，或者如果会计准则不能清楚地把各项任务分开进行确认，那就无法确定那些可真正体现经验效应的要素，就会出现其他问题；
- 数量折扣会扭曲学习曲线的成本和预期优势；
- 通货膨胀必须表示为定值美元，否则，从经验中实现的收益可能会被抵消；
- 学习曲线在长期范围内（多年）是最有用的。在短期范围内，认知利益可能不是学习曲线的结果；
- 外部影响因素，如材料、专利，甚至政府法规等方面的限制，都可能制约学习曲线的优势；
- 恒定的年产量（即不增长）在几年后可能会产生限制性的经验效应[10]。

罪三：成本驱动的定价法与价格驱动的成本核算法

客户不认为他们有责任确保制造商盈利。[11]

公司把成本加起来，然后再加上利润，得出要向客户收取的价格，这就犯了成本驱动定价的错误。与此相反，价格驱动的成本核算法是按定价设计产品或服务。下面举例说明每种方法。

案例 4：成本驱动的定价法实例——CDC 公司与 IBM 公司

当计算机在 20 世纪 60 年代初开始流行起来时，控制数据（CDC）公司拥有的计算机被公认为世界上最先进的。当时计算机按制造成本加上利润定价。其结果是，大多数客户都买不起一台计算机，尽管潜在客户承认这是目前最好的计算机，但却卖不出去。

另外，IBM 公司提出问题：企业客户愿意为一台计算机支付多少钱？[12] 然后，它设计了一款计算机，其技术没有 CDC 公司那么先进，但它采用了价格驱动的成本核算法来定价，两家公司后续发展如何今天已经清楚了。

案例 5：价格驱动的成本核算法实例——亨利·福特

在许多历史学家看来，亨利·福特的贡献在于发明了装配线制造出 500 美元的福特 T 型车。实际上，亨利·福特是最早使用价格驱动的成本核算法的人之一。他问："普通客户愿意为一辆非常基本的单颜色（黑色）汽车支付多少钱？"通过市场研究，他得出结论是 500 美元，这个价格在那个时代仍属昂贵。然后他便指示工程师确定如何以 500 美元的售价生产可盈利的汽车。[13]

罪四：把明天的机会扼杀在昨天的祭坛上

可以合理断定，到 2020 年左右，幸存的企业将是那些没有把电子商务这一新机会扼杀在昨天的祭坛上的企业，不管是 B2B 还是 B2C。[14]

企业如果觉得现有产品还能有几年的景气日子，通常会试图保持和巩固它们，即使销售量在下降，以及客户的喜好和市场都在变化。德鲁克在论述"有计划地放弃"时谈到了何时放弃一个产品并引进新品。由于试图保留昨天，明天的机会便会错失。德鲁克还认为，通常组织中表现最好的人员没有专注于追求机会，而是让他们去维持昨天的产品。

案例 6：通用汽车和土星汽车

土星汽车在日本设计，但在美国的高科技工厂生产，它有创新的员工薪酬激励机制，没有汽车工人工会，于是在美国汽车市场上一举获得了成功。与此同时，由于消费者偏好的变化，通用汽车的旧款车型别克和奥兹莫比尔的销量正在下降。

通用汽车没有继续投资土星汽车，而是试图拯救上述两款奄奄一息的旧款车型。结果，土星汽车失去了美国市场的竞争力，奥兹莫比尔最终停产了，别克也日落西山（尽管它在中国取得了非凡的成功，在 2006 年成为销量第二的汽车）。通用汽车继续挣扎，2005 年的亏损超过 100 亿美元，2006-2008 年同样亏损巨大，它专注于存在的问题、关闭工厂和大幅裁员等，但却没有弄清楚应该追求哪些机会。

案例 7：IBM 公司和戴尔电脑

苹果公司打造了个人计算机行业，后来 IBM 公司在不如苹果的计算机中预装操作系统（DOS），得以占领了个人计算机市场。尽管这一方面成功了，但 IBM 公司担心，如果把精力集中在个人计算机上，将失去服务大客户的大型机（旧产品）业务。于是它将其资源用于保护旧产品，结果戴尔电脑经历了 12 多年的发展，成为世界上收入最高的个人计算机公司。IBM 公司最终放弃了个人计算机业务，该业务部门于 2004 年被中国的计算机公司联想收购。

罪五：喂饱了问题，饿死了机会

第四和第五宗罪是密切相关的。基本上，第五宗罪是从一个稍微不同的角度，同样论述了试图保留昨天而忽视了明天。组织的报告系统侧重于存在的问题和未实现的目标，这些通常列在每周或每月管理报告的首页，这使第五宗罪变得更加复杂了。报告并没有列出组织可以追求的机会，即使有，也是放在某个不起眼的地方。

德鲁克评论说，表现出色的组织将最好的人力用于追求增长机会。他们的管理报告也有两页，一个是问题和现状页面，另一个是机会页面。德鲁克多年来一直强调，不创新的组织将无法生存。因此，识别机会并分配资源（创新的预算和出色的人才）对组织的生存至关重要。

小结

彼得·德鲁克建议，一个企业要想生存和发展，就必须避免犯下企业致命的五宗罪。这一章的知识点基本上涉及下面两个问题：

1）**定价策略**。引进新产品如何定价最合适？德鲁克建议采用价格驱动的成本核算法和学习曲线定价。

2）**创新**。第5章将更详细地介绍创新的必要性。

就定价而言，德鲁克的学习曲线定价法只是供组织参考的策略之一，具体还要取决于许多变量。菲利普·科特勒对德鲁克提出的"罪行"进行了扩展，认为企业的定价策略还存在其他错误，概述如下：

1）定价过于注重成本。

2）无法根据市场变化快速修订价格。

3）定价没有作为营销组合变量的一部分，没有作为市场定位战略的内在要素。

4）不同的产品、细分市场、分销渠道和购买场合，没有体现足够的价格差异。[15]

菲利普·科特勒还详细介绍了定价的必要步骤，包括：

1）选择定价目标。

2）确定需求。

3）估算成本。

4）分析竞争对手的成本、价格和报价。

5）选择定价方法。

6）确定最终价格。[16]

根据菲利普·科特勒的说法，从只求生存到获得质量领先地位，企业的定价目标可划分为以下五个：[17]

1）**生存**。这适用于面临产能过剩、竞争激烈或客户需求变化的企业。如果价格能够覆盖可变成本和固定成本，企业就能继续经营下去。他认为这只是一种短期策略，如果企业最终不能实现增值，就会被淘汰。

2）**使当前利润最大化**。最大化当前利润、现金流或投资回报率。这一战略假定企业的需求和成本函数是确定的。它过于聚焦当前业绩，可能因此而忽视营销组合其他变量的影响，以至于牺牲长期的业绩，这些变量包括竞争对手的反应，或者法律对价格的限制等。

3）**使市场占有率最大化**。有些人认为，高销售量等于低单位成本，因此等同于较高的长期利润。该策略假定市场对价格敏感（价格是有弹性的），以此为基础设定最低价格。德州仪器（TI）实行市场渗透定价，它建立了大规模的工厂，以低定价获取市场份额，然后再次降低价格（学习曲线效应）。正如德鲁克所描述的那样，这种策略阻碍了竞争者进入市场。

4）**撇脂定价法**（Market Skimming）。这适用于引进新技术的企业。索尼公司的第一台高清远视仪便是一个例子：1990 年它首次推出时价格为 43 000 美元，

1993 年价格急剧下降到 6 000 美元，2001 年价格骤降到 2 000 美元。从个人层面来讲，在 20 世纪 70 年代中期，我以 500 美元的价格购买了一台惠普计算器，在美国佩珀代因大学的 MBA 课程中使用。将近 40 年后，一个功能相同甚至更多的计算器的售价只不到 5 美元。菲利普·科特勒认为，如果买家足够多且目前的需求较大、小批量生产的单位成本不是太高、较高的初始价格不会招来更多竞争者，以及高价格能传递优质产品的形象，那么这一定价法就会奏效。这一策略与德鲁克提出的另一宗罪有关，即按市场能承受的最高限度定价。

5）产品质量领先。 这种策略试图通过兜售产品价值和其他功能来说服客户其产品对得起其溢价。举例来说，施乐在 20 世纪 50 年代末首次推出复印机的时候，与竞争对手相比，其定价强调了它的产品可以使用普通纸、复印质量高以及使用方便，这与已有的铜版纸复印机形成对比。另外，它最初是按复印件数收费，而企业不需购买复印机（施乐公司最初的策略不是卖复印机），这种独一无二的方法使该公司实现了初始目标。

根据罗杰·贝斯特，依据产品处于生命周期的哪个阶段，一共有几种基于成本或市场的定价策略 [18]。基于成本的定价策略包括从价格底线定价到收获定价，而基于市场的策略则包括从撇脂定价到加一定价（Plus One Pricing）。

在确定价格时（即科特勒的第二步），"弹性"的概念也需要考虑。德鲁克在这里的论述忽略了"捆绑"和"分拆"等定价策略，也忽略了推出新产品造成的"蚕食效应"，从而产生了更多需要填补的空白。这里不对这些策略和其他定价因素做详细讨论，但有许多营销书籍可以填补这些空白。

注释

[1]   Peter F. Drucker, "The Five Deadly Business Sins." *Corpedia Education, Corpedia 8108 On-line Program*（2001）.

[2] Robert W. Swaim, Ph.D., "The Drucker Files: The Five Deadly Business Sins, " *Business Beijing* （December 2002）.

[3] Peter F. Drucker, "Five Deadly Business Sins. " MTS Video No. 3, Ahead of Change Series. London: *MTS Publishers, Ltd* .（1999）.

[4] Peter F. Drucker, "The Five Deadly Business Sins. " *Corpedia Education, Corpedia 8108 On line Program*（2001）.

[5] 同上。

[6] Peter F. Drucker, "The Five Deadly Business Sins. " *Corpedia Education, Corpedia 8108 On line Program*（2001）.

[7] 同上。

[8] Peter Rea, Ph.D., Harold Kerzner, Ph.D., *Strategic Planning: A Practical Guide*（New York: John Wiley & Sons, Inc., 1997）, 133-135.

[9] Peter F. Drucker, *Innovation and Entrepreneurship*（New York: Harper & Row,1985）, 217.

[10] Peter Rea, Ph.D., Harold Kerzner, Ph.D., *Strategic Planning: A Practical Guide*（New York: John Wiley & Sons, Inc., 1997）, 141-142.

[11] Peter F. Drucker, "The Five Deadly Business Sins. " *Corpedia Education, Corpedia 8108 On line Program*（2001）.

[12] 同上。

[13] Theodore Levitt, "Marketing Myopia : What Ford Put First, " *Harvard Business Review*（September-October 1960）: 187-188.

[14] Peter F. Drucker, "The Five Deadly Business Sins." *Corpedia Education, Corpedia 8108 On line Program*（2001）.

[15] Philip Kotler, *Marketing Management,*11th ed.（Upper Saddle River, NJ: Pearson Education, 2003）, 471.

[16] 同上，473。

[17] 同上，474-475。

[18] Roger J. Best, *Market-Based Management,* 3rd ed.（Upper Saddle River, NJ: Prentice Hall, 2004）.

第 5 章　创新与创业精神

创业者（entrepreneur）总是寻找变化，做出响应，并利用这一机会。[1]

第 1 部分：持续的内生增长战略

介绍

在克莱蒙特大学攻读博士学位时，我有幸听了几节德鲁克的课。我记得有一天晚上，他问全班同学："是什么发明对战争产生了颠覆性的影响？"对于试图回答他问题的学生，德鲁克几乎总是采取打压的方式，我记得近两年里只有一个人的回答让他满意。全班同学主动说出各种答案，从火药到发电机，再到原子弹，所有的答案都一如既往地令他不满意。最后，所有人都放弃了，等着他的答案。"马镫。"他说，然后解释说，在马镫发明出来之前，骑兵与步兵相比没有真正的优势，步兵可以用长矛或长枪就把骑兵打下马。有了马镫，骑兵可以把脚伸进去，不会那么容易就掉下去。这使得骑兵规模扩大了，而据德鲁克所说，这彻底改变了战争。[2] 我严重怀疑你是否能在德鲁克的著作中看到这一点，即使是在《创新与创业精神》⊖中。这本他在 1985 年写的书，详细论述了组织如何达成内生增长。本章的重点是

⊖ 在英语中，entrepreneurship 对应三种中文译文：创业、创业精神、企业家精神。德鲁克的 *Innovation and Entrepreneurship* 这本书也被翻译为《创新与企业家精神》。——译者注

德鲁克关于创新和创业精神的一些重要观点。

对创业者和创业精神的定义

创业者通常被定义为靠一己之力创立小企业的人。但正如德鲁克所指出的，"并不是每一个新成立的小企业都代表着创业或创业精神"。一对夫妻如果在北京郊区开一家餐馆，肯定要冒些风险，但他们是创业者吗？他们只是重复前人的足迹，押注于郊区的人们会越来越多地外出就餐，但他们并没有为消费者带来新的满足或需求。从这个角度来看，按照德鲁克的说法，他们创立了一家新的企业，但肯定不算创业者。他们也可能像许多小企业的老板一样，一直在花钱给自己创造就业岗位。也就是说，一个小企业的收益和净利润可能不超过个人在企业赚到的工资。实际上，这些小企业人士只是花钱买了一份工作。另外，德鲁克举了麦当劳的例子，阐释通过对管理概念和流程（如"产品标准化"[3]）的应用进行创业。

德鲁克认为，创业者和创业精神是个人或组织具备的不同寻常的特征。此外，要成为创业者，这样的组织不一定得是初创型小企业，因为大型且通常是老牌的企业也在实践创业精神，如德鲁克所说的 3M 公司便是当时最创新的公司之一，它开发的新产品超过 6 万种。因此，德鲁克认为，"创业精神（entrepreneurship）是一种'行为'，而不是一种人格'特质'，它以概念和理论而非直觉作为基础。创业者（entrepreneur）认为变化是常态的并且是健康的。他们通常不会主动引发变化。但是创业者总是在寻找变化、进行应对并抓住且利用这些机会，这也是创业者与创业精神的区别。"[4]

创新的定义

德鲁克一直强调，企业的宗旨是创造客户。因此，在他看来，企业有且只有两个基本功能：**营销**和**创新**。企业的第二个功能便是创新，也就是在经济层面上实现新的满足。

德鲁克对创新的定义是："它是一项更新、增强人力和物质资源的造富能力的任务。"对此他还做出了补充，"管理者必须将社会的需求转化为企业盈利的机会。这也是创新的定义。"[5] 与之一致的是第 2 章讲述的战略管理流程（*Strategic Management Process*）各步骤（见图 2-1），以及对组织外部环境进行评估以确定创新和增长的机会。

他举了青霉菌的例子。青霉菌原是有害而非有益的。20 世纪 20 年代之前，细菌学家们一直费尽心思地保护他们的细菌培养物不被霉菌污染，直到当时一位伦敦的医生意识到，这种有害物质正是长期以来他们一直寻找的杀菌剂。青霉菌便成了一种宝贵的资源。[6] 最后，德鲁克提出："创新不是发明。创新是一个经济术语，而不是技术术语。"[7]

创新的类型和要求

德鲁克说，"企业仅仅提供一般的经济产品和服务是不够的；它必须提供更好和更经济的产品和服务。"他指出："最有成效的创新是打造不同的产品或服务，实现新的潜在满足，而不是改进。"[8] 20 世纪 80 年代，Booz, Allen and Hamilton（博恩艾伦汉密尔顿）咨询公司在一项研究中指出，创新的类型包括新增产品线、补充现有的产品线、改善或改变现有产品线（该研究指出大多数创新活动源于此）、对产品的重新定位、降低成本和发明新产品，后者占据所有创新的 10% 不到。[9] 德鲁克关注的是新发明的产品，尽管他也提到了其他一些创新机会。

创新也可以是旧品新用，例如使用 Arm & Hammer（艾禾美）的小苏打去除冰箱中的食物异味或者作为牙膏使用。德鲁克在表 5-1 中对创新的要求进行了总结。

表 5-1　创新的要求

更好和更经济的产品和服务
不同的产品（新发明的产品）——并非现有产品的改良版
旧品新用[10]

识别创新的来源（Sources of Innovation）：德鲁克的第一条原则

德鲁克提出，有目的、有系统的创新始于对机会的分析，他还将创新机会的来源分成 7 种，如表 5-2 所示 [11]，归纳为"源于企业 / 行业内"和"源于企业 / 行业外的变化"两大类。

表 5-2　创新的来源

源于企业 / 行业内	源于企业 / 行业外的变化
1. 意外的成功和失败 2. 不一致性 3. 流程需求 4. 行业和市场结构的变化	1. 人口结构的变化 2. 观念和认知上的变化 3. 新知识

根据德鲁克的说法，前 4 种为"源于企业 / 行业内"的情况，基本上属于"症状"，但却能可靠地指向那些已经发生的，或能轻易使之发生的变化。以下是对这些来源的简要讨论。

（1）意外的成功和失败 [12]

德鲁克表示，成功创新最具潜力的来源是"意外的成功和失败"。意外的成功只是某种症状，因此需要进行分析才能对它进行挖掘。假设企业的产品线中某个产品的表现超过了所有其他产品，超出了管理层的预期，那么为什么会出现这种情况呢？还有，某竞争对手在某一细分市场取得了意想不到的成功。管理层必须找出这些情况背后的原因，并问自己如果他们之前对这些情况进行挖掘会带来什么结果。这里有一个经典的例子。很久以前，万豪还没有进入酒店业，只是一家连锁餐厅。万豪的管理层注意到，美国华盛顿特区某万豪餐厅的月营收超过了集团中其他所有餐厅。调查发现，这家餐厅位于该市第一个航空港胡佛机场对面。那时候航空公司还没有提供机上餐食，万豪发现乘客会在餐厅稍驻片刻，购买三明治和零食带上飞机。万豪便会见了彼时的东方航空公司，提出由它来提供机上餐食，这便是航空餐饮业的开端。

意外的失败也会带来其他创新机会，正如德鲁克认可的另一家创新型公司强生公司的前 CEO 所表述：

<u>失败是我们最重要的产品。</u>

强生公司前 CEO 小约翰逊（R.W. Johnson, Jr.）

还有另一个例子。1957 年，福特汽车公司开发了一款新的汽车"埃德塞尔"。据说他们对客户的外观和造型偏好进行了广泛的调查，再以此为基础设计了这款汽车，但埃德塞尔推出后却很快沦为完全的败笔——汽车业史上最大的败笔之一。

福特汽车公司的管理层没有把此归咎到"不理性的消费者"身上，而是认为汽车业对消费者行为的总体假设在某些方面出错了。在重新对市场进行调查后，福特汽车公司发现了一个有着全新"生活方式"的客户群体，并迅速响应，生产出在设计和制造方面双双出彩的雷鸟车型，这是美国汽车史上最大的成功。今天，福特汽车与其他两家美国汽车厂商面临着来自日本汽车厂商日益严峻的挑战，在试图求生存时，它们也许应该一起重新审视这一经验。

<u>从成功中学习需要努力耕耘；从失败中求知要容易得多。</u>

3M 公司前 CEO 刘易斯·莱尔（Lewis Lehr）

3M 公司的 Post-It 纸条便是一个典型的例子。如今世界各地的办公室都在使用这种黄色的便贴纸，它们最初用于工业领域，但没有成功。直到有一天，3M 公司的一位科学家把一些材料带回家，发现他的女儿把它们剪成纸片，贴在冰箱上当纸条用，以提醒她母亲要去超市买什么。就这样 3M 公司从失败中催生出一种迄今销售几十年的产品。或许你的企业也有什么成功或失败的经验值得你进一步研究？

（2）不一致性

德鲁克将不一致性描述为现状和"理想状态"之间的差异和不一致，或者是现状和人们追求的状态之间的不一致。与意外事件一样，无论是成功还是失败，不一致都能指向现有的变化，或者指向可实现的变化。[13]

根据德鲁克的说法，有以下几种不一致：

- 某行业的经济现状之间存在不一致；
- 某行业的现状与相关假设之间的不一致；
- 某行业的努力与客户的价值取向和期望之间的不一致；[14]
- 某流程的节奏或逻辑中的不一致。

① **某行业的经济现状之间存在不一致**　德鲁克指出，如果某产品或服务的需求稳定增长，其经济表现也应稳步提高。一个需求稳定增长的行业应该很容易盈利，因为它是大潮流托起的。在这样的行业中，盈利不佳表明经济现状之间存在不一致。

这种类型的不一致通常存在于在整个行业内或一个完整的服务领域，这为小规模、细分型（高度聚焦）的新企业、新流程或新服务进行创新提供了重要机会。而且，如果挖掘这种不一致进行创新，将会经过很长时间才会面临新的、危险的竞争者。这里有一个例子，"迷你"钢铁厂的出现源于它能够在美国大型钢铁厂的管理层意识到行业正在发生什么之前，成功挖掘其中的不一致。在你所观察的各个行业中，有哪些不一致现象可以进行挖掘？

② **某行业的现状与相关假设之间的不一致**　如果某行业的管理层误判行业现状，导致做出错误的假设，并把力气用在错误方向，便出现了这样的不一致。德鲁克认为，他们专注于没有结果的领域，从而为那些能够察觉和挖掘这些不一致的创新者提供了机会。

为了说明这种不一致的情况，德鲁克举了一个例子。20 世纪 50 年代，人们认为远洋货运业即将消亡。他们对这个行业的主要假设是，船舶的主要费用发生在运输路途中。为了降低成本，人们努力提高船舶速度和效益，并减少船员数量等。一位创新者认为，对行业的这些假设是错误的，因为主要的成本发生在船舶闲置在港口、等待货物卸载和新货物装载时。

结果催生了货物集装箱、滚装船和集装箱船的创新。这使总体成本降低了60%，此后该行业急剧扩张。事实上，马尔科姆·麦克林（Malcolm McLean）在20世纪50年代末便开发出最初由政府应用于运输战争物资的集装箱。

③ **某行业的努力与客户的价值取向和期望之间的不一致**　在所有的不一致中，这可能是最常见的。生产者和供应商通常对客户实际购买了什么存在误解。他们认为对他们有"价值"的东西对客户也同样有"价值"，而客户的期望和价值取向通常与他们不同。客户很少觉得，其所购买的东西等同于生产商或供应商所交付的东西。

虽然生产者和供应商可能会抱怨客户行为"非理性"，但这里有潜在的机会可以进行非常明确、细分的创新。许多例子表明，这种不一致便是成功创新的好机会，如华尔街的企业对客户价值取向的错误认识就成为金融服务公司爱德华·琼斯（Edward Jones）公司的机会。该公司发现了一个细分市场群体，即农民和即将退休的人。这些人希望在退休前进行低风险的投资，而华尔街企业的主要特色是频繁买卖股票的交易者，两者形成鲜明对比。这使爱德华·琼斯公司成为美国最大的金融服务公司之一。[15]

④ **某流程的节奏或逻辑中的不一致**　这种不一致指向某特定流程中缺失的部分，特别是在消费者如何使用产品方面。斯考特播撒机公司进行了创新，使客户在播撒肥料时能做到均匀，这就是利用该种不一致的一个例子。

（3）流程需求

这方面的创新实际上是挖掘现有流程中的薄弱或缺失环节。如果认识到流程需要完善，就有机会创新。在这里，人们必须感觉到，要做某事还有"更好的方法"，并且会受到用户的热情拥护。德鲁克指出，这一领域的创新始于某些未完成的环节和对已有流程的优化。[16]

德鲁克认为，基于流程需求的成功创新有五大基本条件，如表 5-3 所示。

表 5-3　基于流程需求的成功创新的五大基本条件

1. 一个独立的流程
2. 有一个薄弱或缺失的环节
3. 对目标有着明确的定义
4. 解决方案有着具体的规格
5. 人们普遍认识到"应该有一个更好的方法"[17]

德鲁克补充说，人们必须对改进"方法"的流程需求有所了解。这种创新来源于一个典型例子，即一位鲜为人知的发明家伊莱贾·麦考伊（Elijah McCoy），但他的名字已经成为英语词汇的一部分。他于 1870 年获得工程学位，但在那个年代，作为非裔的他能找到的唯一工作岗位是美国密歇根中央铁路公司（Michigan Central Railroad）的加油员。当时，火车必须经常停靠，而且必须手动上润滑油。麦考伊觉得一定有一个更好的办法，于是他设计了一个润滑杯，它可以自动将油滴到运转的部件上。他的创新风靡一时，很快人们便觉得，一件未装配麦考伊润滑器的重型机械是不完整的，以至于当人们看到机器的润滑器时，会发出一个我们今天也常常发出的疑问——这是货真价实的麦考伊润滑器吗？⊖

（4）行业和市场结构的变化[18]

行业和市场结构的变化通常源于客户的偏好、品位和价值取向发生了变化。此外，某特定行业快速增长也是行业结构变化的可靠指标。20 世纪 70 年代，日本产的更小、更省油的汽车渗透了美国汽车市场，正是抓住了客户对汽车偏好的变化，这主要是由汽油价格的急剧上升导致（2008 年中期，由于汽油价格超过每加仑 4 美元，低油耗日产二手汽车如本田和丰田的价格大幅上升）。

　　⊖　"Is it the real McCoy?"这句话在今天的含义已经变成"这是真货吗？"——译者注

德鲁克还归结了第二类创新机会，即源于企业/行业外的变化的创新。

（1）人口结构的变化[19]

德鲁克认为，人口结构（年龄、教育、可支配收入、地域间迁移等）的变化是预测未来最可靠的基准之一，也提供了创新的机会。如果你在中国有业务，那你应该探讨人口老龄化、独生子女政策或中国人口可支配收入的增加能为创新提供哪些机会。

（2）观念和认知上的变化[20]

通过前面关于意外的成功和失败的论述，我们看到它们往往指向观念和认知上的变化。福特汽车公司雷鸟车型的成功和埃德塞尔车型的失败都是由于人们的观念发生了改变。在那之前，汽车行业一直把市场细分为不同的收入群体，但当时的客户却按不同的生活方式来看待市场细分。识别这一类的创新机会，我们既需要对的时机，又需要判断人们的观念是否发生了真正的变化，还是说只是一时的潮流。

（3）新知识（科学和非科学）[21]

新知识也可催生创新，但据德鲁克所说，在所有创新来源中，基于它进行创新需要的时间最长。从新知识的出现到它具备技术应用的能力，中间的跨度很长，更不用说用新技术制成的产品在投入市场前还有一段更长的路要走。基于知识的创新还有一个特点，即它们几乎都是基于融合不同类型的知识而非单一知识进行创新的。喷气式发动机就能够说明知识的产生到商业化应用中间的时间跨度很长。它最初于1930年获得专利，在1941年进行第一次军事测试，而第一架商用喷气式飞机是1952年的彗星号。波音公司最终开发了707飞机，在1958年开始投入使用，这距离专利的申请已经过去了28年。新飞机的开发需要融合空气动力学、新材料和燃料等方面的技术。

最后还有一个重点，基于知识的创新要明确地先于别人确立战略领导地位，并且着重市场的若干领域——简而言之，它应为产品建立市场。德鲁克举例说，杜邦公司（DuPont）研发出尼龙（Nylon）后并没有立即进行销售。该公司首先为尼龙女袜和内衣以及尼龙轮胎打造市场。然后，杜邦公司将尼龙卖给制造商，让它们得以生产这些市场需求的物品。

德鲁克还评论说，"光明创意"是专利的主要来源之一，但其中很少能达到产品开发和向市场推出的门槛。他的结论是，"光明创意"是创新机会中风险最大、最不成功的来源。[22]

创新的原则

德鲁克确立以下创新原则：

1）分析创新的来源，以寻找机会。

2）确定客户的需求、愿望和期望。

3）创新应该是简单而有所着重的。

4）创新应该从小事做起。

5）创新应该追求市场领导地位。[23]

德鲁克认为，简单而有所着重的创新应该是针对一个明确、清晰和精心设计的应用，应该专注于它所满足的具体需求和它所产生的具体最终结果。这样的标准是很合理的。如果消费者不了解产品的作用，该创新产品就不会卖座。

除了这些原则之外，他还列举了创新中的几项忌讳之处。

1）**不要自作聪明**。德鲁克建议，创新不要太复杂，因为"毕竟，能力的空缺是唯一永存的东西"[24]。

2）**不要把工作多样化或分散化**。根本上就是要集中精力做好手上的工作，不要同时追逐太多的机会。

3）**创新不可着眼于未来**。创新应该可即时应用。然而，他补充说，"有时，需要花很长时间才能实现创新机会。在药物研发中，10 年绝非罕见或太长的周期。

然而，如果研究项目成功后不能立即提供药物应用于已有的医药需求，那么没有哪一家制药企业会开始这些项目。"[25]

并不是说以上所有观点都存在德鲁克空白，但下面提供菲利普·科特勒的思想精要进行扩展，仍是大有裨益的。

什么元素影响了创新的采用：另一个视角 [26]

有些产品马上便风靡起来，而其他产品则需要很长的时间才被人们接受，以下五个元素影响了创新的采用率：

第一，**相对优势**——创新在多大程度上优于现有产品。

第二，**兼容性**——创新在多大程度上符合个体的价值取向和经历。

第三，**复杂性**——创新在理解或使用上的相对难度。

第四，**可分割性**——创新在多大程度上能够在限制场景中实验。

第五，**可表达性**——使用它的好处在多大程度上可进行观察或描述。

影响采用率的其他因素是成本、风险和不确定性、科学可信度和社会认可度。新产品的营销人员必须研究这些所有因素，并在设计新产品及其营销方案时给予关键因素最大的关注。

德鲁克认为创新应该从小处着手，3M 公司的座右铭"做一点，卖一点"可能再次成为这一原则的最佳诠释。[27]

德鲁克还认为创新应从一开始就追求市场领导地位，从而拓展了这一观点。"如果一项创新从一开始就不追求市场领导地位，那么它就不大可能有足够的创新性，因此也不大可能有立足的能力。"[28] 他随后澄清了这一点，指出可以在一个特定的市场或利基市场占据领导地位，这比试图用新产品征服世界更为现实。

第 2 部分：创新和创业精神

创业战略

第 2 部分论述了德鲁克提出的关于创新的各种市场引入战略。表 5-4 概述了德鲁克提出的两个创新目标，以及实现这两个目标的战略及战略的要素或构成。

表 5-4　创新引入战略

目标	战略	战略的要素
市场领导地位和主导地位	最先且最优	
	攻击对方弱点	创造性的模仿 创业柔道
市场控制和垄断	高利润利基战略	收费站策略 专业技能策略 专业市场策略

1. "市场领导地位和主导地位"的目标

这套战略的目标之一是通过引入新的创新来获得市场领导地位和主导地位。

1）**最先且最优**。这种战略的目标是，如果不能取得完全的主导地位，那就取得市场领导地位。为了实现这一目标，所推出的新产品（创新）必须超越纯粹的改进。它必须有明显的产品差异化，对市场和客户来说必须都是新的。一些公司成功实施了这一战略并迅速获得市场领导地位，如王安实验室和首个文字处理机的推出，以及苹果公司第一款个人计算机的推出。[29] 索尼公司通过自己的创新也成为市场领导者，很好地阐释了这种战略，如它于 1950 年推出第一个磁带录音机，于 1955 年推出第一个全晶体管收音机，于 1964 年推出第一个袖珍收音机，以及于 1979 年推出索尼随身听。

2）**攻击对方弱点（创造性的模仿）**。这个策略的目的是在不须冒险创造新市场的情况下，取得市场或行业领导地位。它的目的是通过创造性的模仿，在别人创造的东西上进行改进，从而超越领导者。这一策略奏效的前提是有一个成功的原始产品。IBM公司便成功实施了这一策略，继苹果公司创造了个人计算机的市场之后，IBM公司推出了自己的个人计算机，日本的精工公司则用数字手表取代了更传统的瑞士手表机芯。这两家公司通过创造性的模仿，迅速获得了市场领导地位。[30]

3）创业柔道。柔道这一格斗技术利用敌方的力量和重量与之对抗，以及通过各种招式将其击倒。创业柔道策略是先找出当前市场领先者自认为有什么优势，然后在此基础上建立其创新策略。通常这些领先者痴迷于高端市场版块和最高利润的市场版块。他们试图在一个产品包中纳入所有的东西，而且他们认为质量是由他们自己而不是由客户来定义的——这很好地阐释了德鲁克所说的企业致命的几宗罪。创业柔道策略假设领先者行为可预测且已固定下来，并且即使他们被反复击败也不会改变，他们将延续这些行为。日本复印机制造商佳能公司便利用了创业柔道策略，它评估了当时的市场领先者施乐公司的行为，成功地从施乐公司的手中夺取复印机市场的大部分份额。它从低端市场开始，最终也夺取了高端市场的大部分份额。这种策略还有一个例子，美国世界通信（WorldCom）公司和斯普林特（Sprint）公司利用美国电话电报（AT&T）公司设立的定价系统抢夺了美国很大部分的长途电话市场。[31]

2.“市场控制和垄断”目标（高利润利基战略）

这一战略的目标是获得某个高利润利基市场的控制权，成为它的垄断者。其目的是尽量不显眼，以至于尽管该产品或服务是不可或缺的，也没有人会进入该利基市场试图与之竞争。

1）收费站策略。这种策略需要开发出某种流程中必不可少的子产品或服务。只有在流程中现有某步骤与其他步骤相冲突、需要采取截然不同的行动，以至于该产品的应用成本最终变得无足轻重时，这一策略才奏效。海上油井防喷器的创新便是这种策略的典型例子。与清理海洋中的大型石油泄漏事件的成本相比，防喷器的成本无足轻重，而由于油价不断上涨，人们建议加大海上的钻探力度，使得泄漏显然成为一个巨大的问题。这一策略还有另一个要求，那就是市场必须是有限的，以至于谁先占领了这个利基市场，谁就能阻止其他人的进入。然而，这一策略的风险在于它的增长潜力有限，因为未来的增长取决于整个流程的发展。如果石油公司不在海上钻探油井，防喷器的销售增长潜力就很有限。[32]

2）**专业技能策略**。在这种策略中，需要评估某新兴的或即将到来的市场或行业趋势中涌现的机会，并开发出高技能的产品或服务来满足市场。市场开始增长后，创新者就比潜在竞争者取得了明显的起步优势，并且已成为行业标准供应商。这种策略有一个典型的例子，那就是用于汽车制造和组装的刹车片、电路或大灯的制造商。这些公司很早就凭借专业技能策略进入汽车行业，甚至很少有人知道它们，但几十年来它们一直是这一行业的主要供应商。再次说明，这种策略的潜在风险是，它必须先由别人为该行业的基础产品创出市场。[33]

3）**专业市场策略**。德鲁克认为，这是利基战略中利润最丰厚的策略。它旨在建立一个足够大又足够小的专业利基市场，它的规模需大到可产生利润，但也须小到不让潜在的竞争对手侵入。

这种策略有一个例子，那就是美国运通（American Express）公司针对商务人士和游客发明了旅行支票这一创新产品，消除了他们在旅途中携带现金的风险。美国运通公司占据了这一利基市场数十年，直到银行客户增设了这一免费的服务为止。新近的一个例子是卡拉威高尔夫（Callaway Golf）公司为周末的业余玩家开发的 Big Bertha 高尔夫球杆，它在泰勒梅（Taglor Made）等品牌的发球杆进入市场前一直非常成功。[34]

其他专家关于创新的观点和填补德鲁克空白

在我们讨论与创新有关的潜在德鲁克空白时，我们会问，创造性的模仿、创业柔道、市场利基等是否真的称得上"战略"，或者它们是否只是产品开发过程中必问的产品定位问题——即营销决策呢？例如，一旦确定了创新的机会（德鲁克提出的创新的来源），我们会问应该开发什么类型的产品，以及在市场上如何定位。产品如何"进入市场"实际上是一个涵盖定价、品牌打造、渠道等方面的"战略"，其中也包括德鲁克没有提到的其他决策。

1. 其他著述者

虽然德鲁克讨论了各种推出创新产品的策略，但其中没有涉及推出新产品时需要考虑的诸多问题，通常来自营销组合四要素。尽管德鲁克把营销拔高到企业中与创新并列的仅有的两个职能之一，但他的论述中没有涉及品牌建设、定价、选择适当的渠道等决策。因此，我们有必要在课程中加入其他论述，补充营销及其相关工具的内容。正如第 3 章所述，我们引用了菲利普·科特勒和罗杰·贝斯特的著述，对德鲁克关于营销要素的观点进行补充。

在下文中，我还对德鲁克没有涉及的其他创新要素进行了补充，比如关于创新采用者的讨论，以及作为另一个创新来源的不断发展的概念，即克莱顿·克里斯坦森提出的"颠覆性技术"。

2. 管理层和"大 E"的作用

在本书中，为了强调创新和创业精神的重要性，我引述了伊查克·爱迪思（Ichak Adizes）关于管理角色（Roles of Management）理论的出色著述。[35]

在《企业生命周期》（*Managing Corporate Lifecycles*）（1999）一书中，爱迪思将组织中四种必要的管理角色描述为 P（Purposeful Performance，有目的的绩效）、A（Administrative，管理性）、E（Entrepreneurial，创业性）和 I（Integrative，融合性）。图 5-1 说明了这些角色及相关的重点。

管理角色	重点
P 角色 有目的的绩效	提供（P）客户想要满足的需求 产生（P）你所承诺的结果 按预期执行（P）
A 角色 管理性	管理（A）——系统化、程序化和组织化
E 角色 创业性	创业精神（E）——将未来不断变化的需求可视化，并提前主动地为组织的未来定位
I 角色 融合性	融合（I）发展你中有我、我中有你、彼此亲和的文化，培育独特的企业文化

图 5-1 四种管理角色

资料来源：伊查克·爱迪思，《企业生命周期》（1999），第 193-204 页。

爱迪思还描述了在组织的各生命周期中哪些角色应占主导地位（见图 5-2）。[36]

在组织的发展中，E 角色在组织生命周期的"婴儿期"和"发育期"中是最主要的。"青春期"是组织生命周期中关键的阶段，此时组织不能再在它发现的所有机会上都全力以赴，同时需要提高其业务手段的组织性和系统化。这时通常需要雇佣一名首席财务官或其他行政主管（A 角色），他们将建立更多管控、政策和程序等，而这些是 E 角色所不屑一顾的。E 角色所认为的机会，在A 角色眼里只是问题，两者之间存在冲突。如果 A 角色占据太长时间的权力优势地位，E 角色最终会被驱逐出去。图 5-2 描述了 E 角色的重要性。

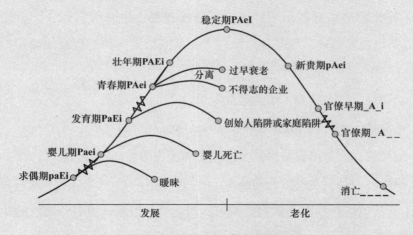

图 5-2　组织的生命周期和各管理角色

资料来源：经许可摘自伊查克·爱迪思，《如何解决管理不善的危机》（1980），第 93 页。

当 E 角色变得式微或离开组织时，组织就失去了创造性元素和创新。如图 5-2 所示，如果没有新产品，组织便开始以消极的形式老化，除非扭转这种趋势，否则它最终将会消亡。

3. 新产品采用过程

图 5-3 描述的是关于创新采用过程的经典观点，它对整个采用过程中的创新采用者进行了分类：从创新者、早期采用者、早期多数者、晚期多数者到落后者。

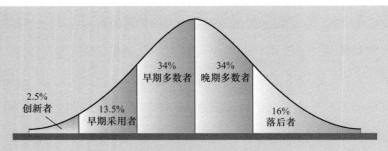

图 5-3　创新采用的时间线

资料来源：菲利普·科特勒，《营销管理》，第 11 版（2003），第 377 页，改编自埃弗雷特·M. 罗杰斯（Everett M. Rogers），《创新的扩散》（1983）。

4. 产品和创新

为了补充德鲁克对创新的看法并填补德鲁克空白，我们有必要引述克莱顿·克里斯坦森的著述，更具体地呈现产品本身以及客户对创新的渴望，这包括简要地探讨产品的功能性、可靠性和便利性。[37]

1）**功能性**。产品达到了该达到的效果。

2）**可靠性**。产品总是能达到它该达到的效果。

3）**便利性**。产品是容易得到（购买）和使用的。

4）**价格**。产品创造的价值与成本。

基于这些创新产品要求或客户需求，我们便可以从满足客户需求的角度看待创新采用的过程，如图 5-4 所示。

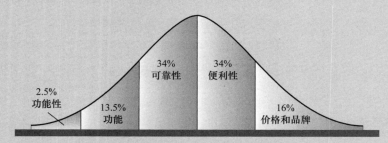

图 5-4　从满足客户需求的角度看待创新的采用

资料来源：克莱顿·克里斯坦森，《创新与总经理》（1999），第 135-136 页。

下面简单回顾不同的创新采用者（从早期采用者到落后者）有哪些需求得到了满足。

（1）创新者和早期采用者

- 需要新产品的功能；
- 愿意忍受一些不可靠和不方便的地方；
- 性能更好的产品将获得溢价。

（2）早期多数者

- 对功能的需求已经得到满足；
- 其需求在于可靠性。

（3）晚期多数者

- 对功能和可靠性的需求已经得到满足；
- 其需求在于便利性。

（4）落后者

对价格之外所有其他需求都得到了满足。

5. 维持性和颠覆性技术：另一个创新来源

表 5-5 概述了克里斯坦森对维持性技术和颠覆性技术这两类创新的区分。

表 5-5　维持性和颠覆性技术 [38]

维持性技术	颠覆性技术
其创新基于不断改进那些在市场上已经确立的性能	颠覆性创新的属性与主流客户的价值取向不同
提供更好的客户已然看重的属性	产品在客户看重的几个性能维度上表现更差——无法使用
例：让集成电路以更高的速度处理更多的信息	只在新兴低端市场或应用中得到重视。如索尼和晶体管袖珍收音机

与维持性技术相比，颠覆性技术在最初性能通常较差，因此对需要某些功能的客户没有吸引力。这是识别颠覆性技术的关键。

（1）颠覆性技术的特点

克里斯坦森认为，颠覆性技术表现出以下特征：

1）性能不佳： 与维持性技术相比，颠覆性技术的产品在传统功能指标上表现不佳。

2）更加便宜： 它们比维持性技术的产品价格更低。

3）使用起来更简单、更方便： 一般来说，与维持性技术相比，颠覆性技术产品没有那么复杂，更方便使用。

4）在低端或新兴市场站稳脚跟： 颠覆性技术产品将会进入低端市场或新兴市场。例如，佳能公司进入了施乐公司忽视的桌面复印机版块。

5）快速的技术迭代： 颠覆性技术的产品迅速改进后，最终得以从底层攻击主流市场。佳能公司仍是一个很好的例子，它向高容量复印机的方向发展，然后夺取施乐公司的市场。

（2）技术改进和客户需求

一个产品要有多大的改进才能以新的更优性能继续吸引客户？图 5-5 描述了技术改进、客户需求和颠覆性技术的相交轨迹。典型的创新（产品改进和创新产品，后者也即最大的类别）遵循随时间变化的技术改进这一曲线（图中带箭头的黑线）。这通常是为了服务组织中最好的客户和利润率较高的高端市场。因此，这是组织的创新努力和资源的着力点。

就客户需求（图中灰色箭头）而言，可以看出，除非产品功能有所缺失，否则技术的发展最终会超过客户需要的或客户能够消化的程度。例如，施乐公司继续制造更高速的大容量复印机，并配置诸如整理、封面、装订等附件。因此，我们通常看到技术改进的轨迹高于客户需求的轨迹，因为管理者将产品朝着更高的层次和更高的利润率发展。

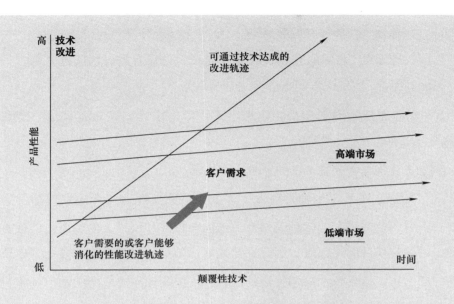

图 5-5　相交的轨迹

资料来源：克莱顿·克里斯坦森，《创新与总经理》(1999)，第 7 页。

颠覆性技术针对的是较低端的市场或未充分发展的市场，如图 5-5 所示。这些市场不需要高端市场所需的产品功能。另一方面，它会呈现一个向上爬升的轨迹。日本汽车厂商也是通过这一方法，先是向低端市场提供价格较低但能效较高的汽车，并最终从美国汽车三巨头手中夺取了其本土汽车市场。

（3）为什么我们无法发现即将到来的威胁

对于德鲁克关于创业柔道经常取得成功的观点，克莱顿·克里斯坦森进行了如下补充，解释了为什么施乐或美国汽车三巨头等通常无法发现颠覆性技术（产品）带来的迫切威胁：

1）**自满**。良好的业绩导致了自满——我们做得很好，不用担心。

2）**产品差异化**。我们有卓越的产品——没有人可以挑战我们（施乐公司和通用汽车）。

3）**专利保护**。我们受到专利的保护，但竞争者可以绕过它（知识产权议题），而且它们最终确实会过期（施乐公司和专利药品）。

4）**客户满意。** 我们的客户很满意。但我们最近有没有询问过（调查）潜在客户和处于采用率曲线另一端的客户的情况？

5）**颠覆性技术遭到忽视。** 认为个人计算机没有内存，它只是一个玩具（IBM 公司）。

（4）为什么颠覆性技术遭到忽视

克里斯坦森扩展了颠覆性技术（产品）遭到忽视这一无法发现即将到来的威胁的原因，并将其归结到公司当前的商业模式和流程上。本质上，公司关注的是市场规模和客户需求，因此它对高附加值产品的开发进行投入，以获得更高的利润率。这导致产品销售额的加权平均值逐渐向更高层级的市场版块靠拢，因为它的毛利率比低层级的更高。这种模式对哪些创新建议将被采纳并获得资源、哪些将遭到忽视产生了影响。

克里斯坦森还把颠覆性技术遭到忽视归结到"客户心声"的困境上。正如德鲁克所强调的，良好管理的本能是倾听和回应客户的需求。因此，他们就创新想法询问重要客户的意见，还让这些客户评估创新产品的价值（焦点小组）。公司的客户也试图在产品性能的提升方面领先于竞争对手，于是他们持续要求供应商提供最高的性能。克里斯坦森的结论是，领先的客户在评估维持性技术的潜力方面一向很准确，但在评估颠覆性技术的潜力方面却通常不准确。在他看来，"他们不是我们该问的人。"[39]

① **任天堂（Nintendo）和 Wii 家用游戏机**　克里斯坦森认为，任天堂的 Wii 家用游戏机是颠覆性技术的一个例子。索尼和微软专注于铁杆玩家，即那些手速过人的青春期男孩，而任天堂的 Wii 家用游戏机则针对不怎么玩游戏的人，这些人认为现有的视频游戏过于复杂和耗时（即注重便利性的客户）。任天堂的策略是开发一个非常容易使用的系统，让视频游戏新手也能在几分钟内

就享受到游戏的乐趣。任天堂对该游戏机的定价是 250 美元（也吸引了注重价格和品牌的客户）。Wii 家用游戏机曾一度脱销，且销量大大超过了 PS3 和 Xbox 360。

　　② 创新与德鲁克空白　德鲁克在《创新与创业精神》中简要提到了联邦快递（Fed Ex）。这个例子出现在他对行业结构变化带来的创新来源以及行业领先者应对创新者的挑战过于缓慢这一问题的讨论中。他评论说："美国邮政总局（usps）多年来没有对创新者做出任何应对，让创新者夺取了越来越多的高盈利版块。首先，美国联合包裹运送服务公司（ups）夺取了常规的包裹邮寄市场；其次，埃默里空运公司（Emery Air Freight）和联邦快递夺取了利润更高的市场——紧急 / 贵重商品信件版块。美国邮政总局增长如此快速，这成了它的软肋，因为它的数量增长之快使它忽视了那些看起来仿佛不那么重要的版块，因此实际上这样做是在引狼入室。"[40]

小结

　　德鲁克认为，在把创新推向市场时，需要考虑许多策略。德鲁克强烈建议，创新应以市场领先为目标。他讨论了志在取得市场领导地位和主导地位的战略，或垄断某高利润利基市场的战略。最先且最优的战略有可能带来最高的回报，但其风险也是最大的。德鲁克认为，创新者必须一举成功，因为不会有第二次机会，不过这里并没有提供任何此种情况的例子。

　　德鲁克还建议，在推出创新时可考虑的最佳策略之一是通过"创造性的模仿"来攻击一个别人已经打造出来的市场。然而，这么做总是有风险的，因为原始创新者会开发自己的创造性模仿产品，并在自己的游戏中击败后来者。

为了推出创新，必须做出许多艰难的决定，来做出战略上的抉择，但关键之处是组织必须不断创新。此部分主要的知识点是创新的来源，特别是意外的失败。组织必须容忍错误和失败，才能创造一个让人们不怕冒险的创业环境。

一旦识别出机会，并需要决定新产品的市场定位时，应考虑德鲁克的相关战略。若要填补创新方面的德鲁克空白，需要更多地考虑营销方面的相关内容，特别是品牌、定价和渠道决策方面。

实用工具——确定潜在的创新来源

以下工具旨在帮助您为组织确定潜在的创新来源。

潜在的创新来源矩阵

说明

查看表 5-6 第一栏中所列的潜在的创新来源。

请在第二栏中指出你观察到的与各潜在的创新来源有关的情况。是否存在创新的机会？

简要描述你认为哪些潜在产品和服务能利用第三栏的机会和创新来源。

表 5-6　创新矩阵

潜在的创新来源	观察到与这些来源有关的情况	潜在的产品 / 服务
意外的成功（自己的或竞争者的） 意外的失败（自己或竞争对手） 不一致性：（列出类型） 流程需求 行业和市场结构的变化 人口结构的变化 观念和认知上的变化 新知识 "光明创意"		

注：罗伯特·W. 斯威姆博士，2004（Copyright © 2004 by Robert W. Swaim, Ph.D）。

> 我们公司确实在一些新产品上跌跌撞撞。但永远不要忘记，你只有不断前进才能跌跌撞撞。
>
> 3M 公司前首席执行官理查德·P. 卡尔顿（Richard P. Carlton）

注释

[1] Peter F. Drucker, *Innovation &Entrepreneurship*（New York: Harper &Row，1985），28.

[2] 1977 年秋季，在克莱蒙特大学研究生院上课期间。

[3] Peter F. Drucker, *Innovation &Entrepreneurship*（New York: Harper &Row，1985），21.

[4] 同上，28。

[5] Peter F. Drucker, *The Essential Drucker*（New York: HarperCollins，2001），22-23.

[6] Reg Jennings, Charles Cox, Cary L. Cooper, *Business Elites: the Psychology of Entrepreneurs and Intrapreneurs*（London: Routledge，2004），37.

[7] Peter F. Drucker, *The Essential Drucker*（New York: HarperCollins，2001），22.

[8] 同上，22。

[9] Booz, Allen &Hamilton, *New Products Management for the 1980s*（New York: Booz, Allen & Hamilton，1982）.

[10] Peter F. Drucker, *The Essential Drucker*（New York: HarperCollins，2001），22.

[11] Peter F. Drucker, *Innovation &Entrepreneurship*（New York: Harper &Row，1985），35.

[12] 同上，37-56。

[13] 同上，57-68。

[14] 同上，57-68。

[15] "Edward Jones."Boston: *Harvard Business School* 9-700-009, Rev. June 15，2000.

[16] Peter F. Drucker, *Innovation &Entrepreneurship*（New York: Harper &Row，1985），69.

[17] 同上，73。

[18] 同上，76。

[19] 同上，88。

[20] 同上，99。

[21] 同上，107。

[22] 同上，130-132。

[23] 同上，134-136。

[24] 同上，136。

[25] 同上，137-138。

[26] Philip Kotler, *Marketing Management*. 11th ed. (Upper Saddle River, NJ: Pearson Education, Inc., 2003), 378.

[27] Earnets Gundling, *The 3M Way to Innovation* (Tokyo: Kondansha International Ltd., 2000), 46.

[28] Peter F. Drucker, *Innovation &Entrepreneurship* (New York: Harper &Row, 1985), 136.

[29] 同上, 209-219。

[30] 同上, 220-225。

[31] 同上, 225-232。

[32] 同上, 233-236。

[33] 同上, 236-240。

[34] 同上, 240-242。

[35] Ichak Adizes, Ph.D., *Managing Corporate Lifecycles* (Paramus, NJ: Prentice Hall, 1999), 193-217.

[36] 同上, 237-260。

[37] Clayton M. Christensen, *Innovation and the General Manager* (New York:McGraw - Hill, 1999), 135-136.

[38] 同上, 8-9。

[39] 同上, 19。

[40] Peter F. Drucker, *Innovation &Entrepreneurship* (New York: Harper &Row, 1985), 86.

第 *6* 章　摆脱过去

第 1 部分：德鲁克"有计划地放弃"的概念

介绍

本章对德鲁克"有计划地放弃"的概念进行了扩展，介绍了另一位著述者和应用这个概念的一个工具。

1. 摆脱过去：战略思考与规划的第一步

彼得·德鲁克在许多书中都强调，战略思考与规划以及为组织制定未来愿景的第一步就是必须"摆脱过去"[1]。德鲁克注意到，有太多组织将本应用于"创造明天"的资金和人力资源用于"留住过去。"本章第 1 部分介绍德鲁克"有计划地放弃"的概念以及这一概念如何应用于我们的组织。我们也将通过一个由两部分组成的上海工业润滑油公司的案例研究，来说明这一概念及其应用。

2. "有计划地放弃"的概念[2]

除了对未来的愿景，德鲁克还强调"管理层需要系统地分析目前的业务和产品。那些过时的产品不再符合企业的宗旨和使命，不再能满足客户或顾客的需求，也不再能做出卓越的贡献"。他认为，这些衰退的产品、服务或流程总是需要企业投入最大的心力和努力，也束缚了最高生产率和最高能力的人。德鲁克建议，现有的所有产品、服务、流程、市场版块、终端用户和分销渠道都需要定期进行评估。他还注意到，如果一个衰退的产品、服务、市场或流程得到保留，就会对新的和正在增长的产品或市场造成阻碍或疏忽。通用汽车的案例说明了这一点，尽管拥有一个明星产品（土星汽车），但它却继续将资源投入到衰退的产品线上，如奥兹莫比尔车型，这使土星汽车无法真正发展，从而付出了代价。德鲁克认为，即使现有的衰退型产品仍能盈利，也仍须应用"有计划地放弃"这一概念，如图 6-1 所示。德鲁克建议，在评估一个处于衰退期的产品时，应该在它仍能盈利时就考虑放弃它。图 6-1 中的箭头表明，在这个产品生命周期的某个节点就应该考虑放弃它。

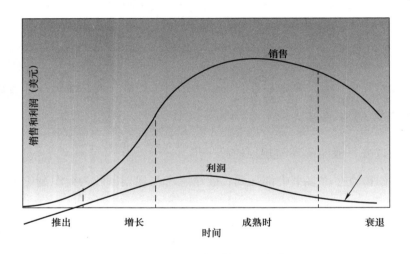

图 6-1　产品生命周期和盈利能力

资料来源：图表由罗伯特·W. 斯威姆修改自菲利普·科特勒的《营销管理》（2003）的相关内容，图 11-3，第 328 页。

3. 把它应用于你的组织中

在放弃过时的产品或服务时，德鲁克强调了以下需要提出的关键问题：

1）它们是否还能生存？

2）它们是否有可能继续保持生存？

3）它们是否仍然为客户提供价值？

4）它们明天是否还能这样？

5）它们是否仍然符合当下的人口、市场、技术和经济情况？

6）如果它们不可生存，我们如何以最好的方式放弃它们，或者至少不再继续投入资源和努力？ [3]

最后，德鲁克建议管理层提出另一个重要问题："如果我们过去没有这样做，在掌握现有信息的情况下，现在会去做吗？"这个问题更多地涉及对组织目前所处行业或市场的评估，以及是否应该放弃这些业务。这可能还会导致从一个子公司撤资。为了解决这一问题，附录提供了一个行业吸引力评估工具。

案例研究——上海工业润滑油公司的"有计划地放弃"

以下是一个简短的案例研究，用来说明如何正确以及错误地应用德鲁克"有计划地放弃"的概念。

1. 背景

上海工业润滑油公司的销售额为 1.25 亿美元，有五条产品线。该公司总体上是盈利的，但其中两条产品线的表现并不理想。为此，公司的高管团队召开会议，研究产品线的表现。在为高管的审议做准备时，首席财务官（CFO）编制了盈利能力摘要表（见表 6-1）。

通过这些信息，CFO 提出其观点：

表 6-1　上海工业润滑油产品线的盈利能力摘要 （单位：百万美元）

业绩	氢化油脂	工业润滑脂	齿轮油复合剂	合成油	金属加工液	公司总计
销售收入	60.0	25.0	15.0	10.0	15.0	125
销售成本	37.5	16.0	7.5	8.0	11.0	80
毛利	22.5	9.0	7.5	2.0	4.0	45
运营支出	17.0	7.0	4.0	3.0	4.0	35
净利润（税前）	5.5	2.0	3.5	（1.0）	0.0	10

资料来源：案例修改自罗杰·贝斯特《营销管理》第 3 版（2004），第 35-39 页。

我们的合成油和金属加工液产品线目前导致了资源的浪费。其中一条产品线不赚钱（金属加工液），另一条产品线则亏钱（合成油）。我建议放弃这两条产品线，将营销方面的努力重新集中在能盈利的产品线上。放弃这些衰退的产品，符合德鲁克"有计划地放弃"的概念。

2. 问题

1）CFO 的提议会是一个好的决定吗？为什么是或为什么不呢？

2）放弃这两条产品线对未来的净利润会有什么影响？是增加还是减少，为什么？

3. 结论

如果你同意 CFO 的观点，从表面上看，他似乎是在运用德鲁克"有计划地放弃"的概念，应该考虑放弃这两条产品线。那么，理论上税前净利润应该提高到 1100 万美元（放弃了一条收支平衡的产品线，另一条产品线则亏损 100 万美元）。

这两个结论都是**错误的**！若要有效地应用德鲁克的概念，需要另一个工具，将在本章的第 2 部分进行介绍。

第 2 部分：如何应用"有计划地放弃"的概念

本章的第 1 部分回顾了彼得·德鲁克"有计划地放弃"的概念。德鲁克本质上强调的是，组织总是将金钱和人员等资源投入到没落的或衰退的产品甚至业务版块中。德鲁克建议，组织在某个节点上需要对所有产品、服务、市场版块和流程进行评估，如果它们无法再存活或对企业成果没有贡献，就应该放弃它们。他还强调，即使该产品可能仍在盈利，也应该放弃：用来维持该产品的资源应该投向明天的机会和新产品。

填补德鲁克空白

正如上海工业润滑油公司案例研究中所述，仅仅随意地应用德鲁克的概念是不够的，那样可能使企业做出错误的决策。要确定是否应该有计划地放弃一个产品，还需要其他的工具。在营销学中有一个很好的工具，应用在此处可以支持德鲁克的观点，那就是净营销贡献的概念。

德鲁克"有计划地放弃"的评估工具——净营销贡献

表 6-2 描述了上个案例研究中的公司以往是如何报告其收入、支出和利润的。该公司的首席财务官建议实施德鲁克"有计划地放弃"的概念，放弃合成油和金属加工液产品线。我们的结论是这个决定不妥。现在我们来解释一下，为什么通过"净营销贡献（Net Marketing Contribution，NMC）"工具，将有助于进一步评估是否应该放弃这些产品线，以及我们是如何得出这个结论的。NMC 的概念是罗杰·贝斯特在《营销管理》中提出的，它将帮助我们应用德鲁克的概念。[4]

1. 再看一下开支

表 6-3 中的第一栏将公司支出分为三大类：销售商品的成本、营销和销售费用以及运营支出。第二栏描述了这些类别各包括哪些类型的费用。

表 6-2　上海工业润滑油产品线的盈利能力摘要 （单位：百万美元）

业绩	氢化油脂	工业润滑脂	齿轮油复合剂	合成油	金属加工液	公司总计
销售收入	60.0	25.0	15.0	10.0	15.0	125
销售商品的成本	37.5	16.0	7.5	8.0	11.0	80
毛利	22.5	9.0	7.5	2.0	4.0	45
运营支出	17.0	7.0	4.0	3.0	4.0	35
净利润（税前）	5.5	2.0	3.5	（1.0）	0.0	10

资料来源：案例修改并摘自罗杰·贝斯特《营销管理》（2004），第 3 版，第 35-39 页。

表 6-3　销售商品的成本、营销和销售费用和运营支出

销售商品的成本	生产产品的总成本，随销售量变化
可变成本	包括采购材料、直接人工、包装、运输成本，以及与制造和运输产品有关的任何其他成本
生产运营支出	已分配成本，它基于固定的生产车间、设备以及其他生产运营所需的固定费用而定
营销和销售费用[1]	一笔直接费用，随营销策略而定
营销管理	与营销管理和支持这一职能所需的资源相关的费用
销售、服务和支持	与销售队伍、客户服务以及技术和行政支持服务有关的费用
广告与促销	与营销传播预算有关的所有费用
运营支出	不随营销策略变化的间接费用
研发	开发新产品和 / 或改进旧产品的费用
公司管理费用	公司员工、法律顾问、专业服务、公司广告、高管及其团队的工资等间接费用

资料来源：罗杰·贝斯特，《营销管理》（2004），第 3 版，第 36 页。

① 在大多数收入报表中，营销和销售费用按惯例列为销售总务管理支出（SG&A）的一部分。

2. 净营销贡献（NMC）

净营销贡献让我们能够更密切地衡量一条产品线或一个业务单元的利润率和营销利润率，并帮助我们确定德鲁克"有计划地放弃"的概念是否该应用于某潜在的衰退产品或业务单元。为了说明如何应用这一点，让我们回到上海工业润滑油公司的案例，用传统的方法和 NMC 方法来评估合成油产品线。如图 6-2 所示，CFO 所用的传统方法显示该产品线的税前净利润亏损 100 万美元。

$$
\begin{aligned}
税前净利润（合成油） &= 销售收入 - 销售商品的成本 - 运营支出 \\
&= 1000 \text{ 万美元} - 800 \text{ 万美元} - 300 \text{ 万美元} \\
&= -100 \text{ 万美元}
\end{aligned}
$$

图 6-2　传统方法

为了确定营销利润率以及它对企业利润的贡献，我们需要将营销和销售费用分离出来。假设在合成油共 300 万美元的运营支出中，营销和销售费用为

100 万美元。如果应用净营销贡献方法，就将营销和销售费用从运营支出中分离出来，便可以计算出 NMC，如图 6-3 所示。

税前净利润（合成油）=销售收入-销售商品的成本-营销和销售费用-其他运营支出

-100 万美元 = 1000 万美元 - 800 万美元 - 100 万美元 - 200 万美元

-100 万美元 ＝　　100 万美元　　－　　200 万美元

　　　　　　　净营销贡献　　　其他运营支出

图 6-3　净营销贡献方法

如图 6-3 所示，NMC 是通过从毛利（销售收入减去销售商品的成本）中再扣除营销和销售费用确定的。计算后显示合成油的 NMC 为正 100 万美元。通过从每条产品线中分解出营销和销售费用，我们可以计算出上海工业润滑油公司每条产品线的 NMC，如表 6-4 所示。

表 6-4　用净营销贡献方法计算产品线　　（单位：百万美元）

业绩	氢化油脂	工业润滑脂	齿轮油复合剂	合成油	金属加工液	公司总计
销售收入	60.0	25.0	15.0	10.0	15.0	125
销售商品的成本	37.5	16.0	7.5	8.0	11.0	80
毛利	22.5	9.0	7.5	2.0	4.0	45
营销和销售费用	7.0	3.0	2.0	1.0	2.0	15
净营销贡献	15.5	6.0	5.5	1.0	2.0	30
运营支出	10.0	4.0	2.0	2.0	2.0	20
净利润（税前）	5.5	2.0	3.5	（1.0）	0.0	10

3. 我们应该放弃合成油和金属加工液产品线吗

利用净营销贡献方法，我们可以计算出放弃这两条产品线对上海工业润滑油公司净利润的影响，如表 6-5 所示。

表 6-5　用净营销贡献方法计算产品线（不含合成油和金属加工液）（单位：百万美元）

业绩	氢化油脂	工业润滑脂	齿轮油复合剂	合成油	金属加工液	公司总计
销售收入	60.0	25.0	15.0			100
销售商品的成本	37.5	16.0	7.5			61
毛利	22.5	9.0	7.5			39
营销和销售费用	7.0	3.0	2.0			12
净营销贡献	15.5	6.0	5.5			27
运营支出	11.4	5.3	3.3	<2.0	<2.0	20
净利润（税前）	4.1	0.7	2.2			7

注：来自合成油和金属加工液的共 400 万美元的运营支出，其中 1/3 各分摊到其余的产品线，即分给氢化油脂 140 万美元；分给工业润滑脂 130 万美元；分给齿轮油复合剂 130 万美元。

4. 案例研究的结论

1）每个产品线的净营销贡献都是正的（见表 6-4）。

2）砍掉合成油和金属加工液产品线不会改变运营支出，仍需要支付首席执行官及其团队的工资以及其他运营支出（见表 6-5）。

3）如果这两条生产线被剥离、关闭和出售，可能会减少这两条产品线的运营支出，但不会消除该公司所有的运营支出，还需要另外分配。

4）砍掉这两条产品线会使销售收入减少 2500 万美元，它们对应的净营销贡献也消失了，将使公司的税前净利润从 1000 万美元降至 700 万美元（见表 6-4、表 6-5）。

5）德鲁克"有计划地放弃"的概念**不应**应用于这两条产品线。

小结

在第 1 部分中，我们了解了德鲁克"有计划地放弃"的概念（该做什么），以及在评估现有产品、服务、市场版块、流程和业务单元时应用这一概念的重要性。它的目的是停止或减少对"**过去**"的投入，并将资源投向未来的机会，促进"**明天**"的增长。第 2 部分介绍了一个工具，即净营销贡献，帮助你应用德鲁克的概念，以确定放弃一个特定的产品或业务单元是否是企业明智的决定（如何做）。

实践指导

下面在你的组织中应用"有计划地放弃"概念。

1）安排一个专门的时间，与主要的管理职员一起制定一个可能处于生命周期衰退阶段的潜在产品、服务、市场、流程、业务单元清单。

2）回答在本章第 1 部分中德鲁克提出的几个关键问题。

3）使用 NMC 工具，对进行评估的产品做进一步分析。如果你得出的 NMC 为负，你就知道你得做什么了——那就是摆脱过去。

注释

[1] Peter F. Drucker, *Management: Tasks*, *Responsibilities*, *Practices*（New York: Harper & Row, 1973）, 93-94.

[2] Peter F. Drucker, *Managing for Results*（London: William Heinemann Ltd., 1964）, 166-167.

[3] Peter F. Drucker, *Management: Tasks*, *Responsibilities*, *Practices*（New York: Harper & Row, 1973）, 93-94.

[4] Roger J. Best, *Market-Based Management*, 3rd ed.（Upper Saddle River, NJ: Pearson Education, Inc., 2004）, 39-41.

第 *7* 章 外部增长战略：
并购和战略联盟之德鲁克原则

> 相当高比例的收购后来证明是代价极高的错误或至少结果让人失望。我认为这个比例接近 50%。[1]

介绍

前几章讨论了德鲁克和其他人对如何通过销售、营销和创新实现有机增长的看法。本章将讨论通过并购以及其他正式和非正式的战略联盟来实现外部增长。我个人在并购领域有 20 多年的工作经验，包括经营一家并购公司，它主要作为卖方的中介机构，协助私营企业主出售他们的企业，通过员工持股计划（Employee Stock Ownership Plans，ESOP）将其出售给管理层和员工，或者为公司发展筹集资金等。我的公司还提供并购规划的服务，这一关键步骤在收购过程中经常被忽视，在几十年后才成为人力资源领域专业人士的热门话题。我第一次接触并购是在 20 世纪 80 年代初，当时我在美国西方石油公司（Occidental Petroleum Corporation）旗下的勘探和开采（Oxy）公司担任组织发展总监。当时我负责规划并监督 Oxy 公司与城市服务公司各自旗下的两家勘探和开采公司的合并工作。当时这是美国历史上第二大收购案，也是最大的杠杆收购案（LBO），其价值为 40 亿美元。我聘请彼得·德鲁克为顾问，协助我完成这项任务；然而，在规划合并时，德鲁克的并购原则并没有使我们受益，这一点将在本章随后介绍。

本章第 1 部分的底稿是我曾为《北京商务》杂志撰写的一篇文章，其中回顾了德鲁克的相关原则 [2]，并提供了一些关于并购的背景信息，以及它们为什么通常都失败了（事实上，研究表明 50%～80% 的并购在财务上是失败的）。虽然其中多处提到了中国，但这里提出的概念也适用于任何地方的交易。

本章的第 2 部分涉及非正式和正式的战略联盟，这些我统称为"联盟系列"，第 2 部分还论述了德鲁克的联盟原则。在本章的两部分中，我都加入了大量关于并购的背景资料，对德鲁克的原则进行补充。因此，本章与前几章不同，在回顾德鲁克的相关洞察之前，先为读者就并购这一主题建立基础知识。

这些基础知识简要介绍了如何从增长战略的角度对各种并购交易进行分类，以及一些交易机制和流程。

第 1 部分：并购

兼并与收购的定义

澄清一下，实际上很少出现兼并，大多数是收购。举个例子，如果一家营收为 10 亿美元的公司收购了另一家营收为 1 亿美元的公司，对于财力比较雄厚的公司来说，这笔交易是一项收购。对财力较弱的公司来说，它是兼并。怎么说呢？简单地说，对交易的描述更像是一个心理方面的问题，因为小公司的管理层和员工不太愿意承认他们被收购了——这听起来好像是因为他们业绩不佳或陷入困境而被接管了一样。因此，他们把这笔交易看成兼并。这种态度也在较小公司中产生了负面反应，而且通常导致新的组织重组最终走向失败，这一点随后我将进行解释。并购一词通常是指收购，而不是兼并，尽管这个词往往被替代使用。

并购的分类

通过对并购进行分类，我们就能够确定交易的原因和动机，以及它如何对增长战略提供助力。表 7-1 描述了主要的并购分类及其动机。

表 7-1　并购分类

分类	动机与增长战略
纵向并购	后向（与供应商的联系） 前向（更接近客户）
横向并购	产品延伸 市场延伸 多元化
集团化	财务战略
敌意收购	行业主导地位或获取客户 消灭竞争对手

（1）纵向并购

纵向并购有两种类型，即后向并购和前向并购。后向并购是指收购企业的一家供应商。这主要是为了保障供应来源，如生产过程中使用的原材料，以及降低材料成本。举个例子，一家中国的钢铁公司收购了一家澳大利亚的铁矿公司，这笔交易有一个明显的问题，那就是在市场条件发生变化导致制造商的产品（如钢铁）需求下降时，多余的产能就得售出。前向并购是收购企业的某个分销公司，其动机是为了降低营销和渠道成本，以及更接近客户从而更好地了解其需求。

（2）横向并购

两种最常见的横向并购分别是收购一家拥有类似产品或产品延伸的公司，第二种收购是为了拓展到一个新的地域市场。这两种收购都是企业增长战略的补充。德鲁克有一句话适用于这些收购："收购比自建更便宜"。收购相关或不同行业的公司，也可能构成多元化战略的一部分。有几个中国的横向并购例子，包括一些跨国啤酒公司（英国南非米勒、比利时百威英博、美国安海斯—布希）为进入中国市场而并购中国本地啤酒商。就家电行业而言，美国大卖场之一的百思买（Best Buy）也在 2006 年通过收购中国家电公司五星电器[⊖]而进军中国。

（3）集团化

这类并购主要是出于财务上的考虑，与企业投资组合中的其他公司没有关系。每项业务都作为独立实体运行，这需要有一个强大的管理团队，因为控股公司的高管不可能在业务的所有方面都是专家或都有经验。通用电气就是一个例子，它涵盖了金融服务、喷气式发动机、医疗诊断设备和一系列其他业务。

（4）敌意收购

这种情况一般比较少见，只有目标公司是上市公司时才可行，因为不可能通过这一策略接管一家私有企业。进行敌意收购主要是因为其增长战略旨在达成行业主导地位、获取一个大客户或消灭一个主要竞争对手。

并购失败率

历史表明，50%～80% 的并购的财务结果令人失望。[3] 据领先的学术和商业研究机构对几十年来的并购案的业绩进行的分析显示：

- 由于被收购方管理层和员工的投入减少，导致其生产率降低；
- 由于对不同文化、管理及领导风格的不适应导致冲突增加；
- 通常在交易完成后的 6～12 个月出现主要管理人员和员工的流失。
- 客户基础和市场份额遭到侵蚀；
- 另外一个事实表明，1/3 的被收购的公司在 5 年内又被卖掉，多达 90% 的并购没有达到预期效果。

⊖　原书为 China Paradise，是指永乐，为笔误。2006 年百思买收购五星电器，而国美与永乐合并。
　　——译者注

失败的原因

失败率高有下面很多原因。

1）没有对被收购方在风格、结构和商业惯例方面的兼容性进行充分评估。

2）高层管理人员实际上在交易结束后没有足够时间进行规划。

3）收购方的管理层低估了被收购的负面反应，因为这些反应通常不会公开表达。

4）为了让被收购方的员工放心，新的管理层经常说，"什么都不会改变"或"管理层不会有变化"。这种性质的声明会马上削弱收购方管理层的信誉。

5）管理层并不了解要付出多少努力才能在被收购方的员工中建立信誉。

6）做出的承诺没有兑现，破坏了新管理层的信誉。

7）过渡期太长了，而且由于没有迅速做出决定，被收购方的负面反应成为主导力量。通常情况下，这是由于没有为新的组织组合定义"使命"和"愿景"，从而没有为管理人员和员工指明方向。

8）负责过渡期的人员或团队无法获得客观信息，因此只得根据误导性或不充分的信息做出决策。

9）收购方的管理层倾向于同化新的子公司的工作方式，而非去适应和承认被收购方企业文化的优点和价值。

10）偏向于选择收购方的经理和雇员担任新的合并组织中的关键职位，而不是基于职位要求和对两方人才的客观分析选择人才。这种态度很常见——"我的人比你的人更聪明，否则应该是你们收购我们"。

可以通过适当的并购规划来预防上述许多问题，那么在进行并购之前就需要问一些重要的问题。德鲁克在这方面提供了一些很好的见解。

德鲁克的并购原则

——○ ///

过去几年（20 世纪 80 年代）的兼并热潮不是出于商业的原因。它是一种财务操作，仅此而已。但是，收购必须有商业意义，否则即使它作为一种财务操作也是行不通的。结果便是商业和财务上双双失败。[4]

德鲁克在 1986 年说的这句话，今天也同样适用。他列出了一系列组织在收购前应该遵循的原则和应该问的关键问题。最初，他在《管理前沿》中列出了五条原则，然后在培训公司 Corpedia 的在线培训资料中增加了第六条（该公司与德鲁克达成协议，将他的一些作品转换成在线培训资料）。

1. 原则一：收购应基于经营战略而非财务战略

德鲁克认为，"财务战略主导的收购在某种程度上是注定要失败的。"[5] 如果没有经营战略，收购方就不知道该如何处理它所收购的公司。成功的收购是基于商业规划，而非财务分析。德鲁克举例说，通用电气资本是比较成功的公司之一，它通过经营战略为主的收购进行扩张。然而，我们应该注意，尽管那些寄希望于收购来实现增长的公司在决策中应该考虑其经营战略，但当下最主流的收购方是私募股权集团，它们通常是出于财务战略的考虑。它们的收购或投资标的是符合其投资标准，或能够与它们旗下其他投资组合公司形成协同的企业，试图通过追加收购来实现增值，并通过 IPO（首次公开发行股票）或再售出的方式退出该项投资。这一过程通常在 5 ~ 7 年内完成，与专注长远发展的战略收购方不同。

2. 原则二：收购方应带来什么助益

在管理自己的企业上我们并不能胜任，所以我们最好去管理另一个我们更不了解的企业。[6]

这句话专门针对那些以多元化为目标的收购。德鲁克认为，如果收购是为了解决收购方的弱点，它便会失败。他评论说："成功的收购是基于收购方对收购的助益，而非反其道而行。这不仅仅是钱的问题，它必须为被收购方实现新的业绩潜力。这种助益需要在实际进行收购前就再三考虑，仔细规划。"[7] 德鲁克用旅行者集团（Travelers）对花旗银行（Citibank）的收购诠释了这一原则。旅行者集团为花旗银行带来了传统银行业务之外的服务。他也用戴姆勒—奔驰（Daimler-Benz）收购克莱斯勒（Chrysler）的案例来诠释这一原则，他认为戴姆勒—奔驰的助益是"在亚洲（尤其是南亚）和拉丁美洲这两个仅有的能实现汽车业增长的地区拥有极强的分销能力。"[8] 但由于其他原因，戴姆勒—奔驰在 2007 年将克莱斯勒卖给了一家私募集团，这一助益被忽略了，而实际上它还在大宗交易信贷枯竭时帮助该交易融资。

3. 原则三：一致的核心

德鲁克的第三条原则指出，成功的收购需要收购方和被收购方之间建立一个一致的核心。它们必须在双方都擅长的领域有共性，这一共性必须是对双方的业务真正重要的核心竞争力。德鲁克提到了拥有共同的技术、市场和客户、研发等。他认为这很有助于创造一种共同语言以便了解对方并进行沟通。德鲁克补充说："现在我们经常谈论企业文化。一致的核心便是一种共同的文化。"[9]

4. 原则四：尊重业务、产品、客户和价值观

收购方必须尊重被收购方的业务。除非收购方的人对所接管的业务有信念，否则任何收购都不可能成功。它们必须相信收购将有所助益，同时给予其产品、市场和客户同样的尊重。收购必须是一种"气质上的契合"。[9] 在此德鲁克引用了制药公司出于多元化战略收购化妆品公司的例子，事实证明这种收购基本上是失败的，因为它违反了这一原则。德鲁克认为，"药理学家和生物化学家对待健康和疾病非常'严肃'。口红和口红用户在他们看来过于轻率了。"[10]

5. 原则五：提供高管

德鲁克认为，除非收购方能够并且打算在一年内为被收购方提供新的高管人员，否则收购将很可能狼狈收场。在许多收购案中，收购方因为该收购案有好的

管理层而被吸引过去。收购方相信这些管理层会留下来继续经营公司，但很快就发现这些令人敬重的人要辞职，即使留下来会给他们带来非常有利的回报。被收购方的高管人员辞职有一个原因是，他们习惯于做老板；现在他们发现自己沦为"部门经理"之流。德鲁克补充说："如果他们是公司的所有者或部分所有者，合并后他们会变得如此富有，因此他们只要不喜欢这份工作就不必留下来。"[11]

他在最新版的"原则"中还说："实际上，被收购方的管理层，无论多么能干，通常都不应留下，尤其是作为创始人的首席执行官。"[12] 对这些人来说，被收购的公司在很大程度上仍然像是自己的孩子。当其他人接管它的时候，这些人通常都会充满保护欲，并且会帮助这个孩子抗拒那些无情的插足者，也就是现今的所有者。最终许多收购方都知道，不管这些人有多优秀，都应该给钱让他们离开公司，其代价将小于和他们争夺控制权。

另外，如果私募股权集团通过投资获得公司的大量股权，那么他们希望优秀的管理团队能够留任，一般会通过签署雇佣合同和其他激励措施来留住他们。德鲁克的原则没有考虑到当今并购市场中各种类型的买方和投资者。再次强调，具体情况会因买方或投资者的不同类型及其目标而有所不同。此外，其整合和合并的程度将在管理层留任或裁员上产生不同的要求。

6. 原则六：跨界提拔

德鲁克建议，在收购后的头几个月里，双方都应该有一些人被提拔到更好的工作岗位上——从原来的公司提拔到其他公司。[13] 德鲁克认为，这样做是为了表明，无论员工在哪家公司都有晋升的机会，并避免出现"我的人比你的人聪明"综合征。如果最重要和表现最好的员工不认为新的合并企业是一个机会，他们很快就会离开组织，通常会加入竞争对手公司。实质上这就是我们在西方石油公司和城市服务公司并购案中采取的政策，尽管前者是收购方，但后者的管理层却被赋予了国内运营和研发的职责。需要指出的是，有必要在两家公司之间建立一个共同的评估系统，然后从两家公司挑选最合格的人担任关键职位。

德鲁克的其他洞察 —○ ///

德鲁克还建议收购方在收购之前问以下几个探究性问题：

1）我们为什么要这样做？

2）该收购是否符合我们的使命、愿景和战略？

3）我们对该并购有什么助益？

4）我们了解这一块业务吗？

5）我们应该从事这一行业吗？它是在上升期、稳定期还是衰退期？

6）如果不收购这家公司，我们将如何处理我们的资源？

其他专家关于并购的观点和填补德鲁克空白

德鲁克没有花很长的篇幅讨论并购的话题。由于亚太地区和中国的并购越来越多，我们有必要在德鲁克课程中增加更多此类内容，以便更好地培养学生，特别是来自中国的正在整合的国企和碎片化行业的学生。这部分涉及对如何收购和出售企业以及交易的其他方面进行更全面的研究。表7-2描述了各组织在考虑收购时需要回答的关键问题。这些问题随后在德鲁克MBA课程的并购课堂中进行了讨论。

表7-2　收购的关键问题

关键问题	涉及的主题
为什么收购？	收购的动机因素
买谁和买哪里？	建立目标标准
买什么？	购买资产或股票
要支付多少钱？	企业估值法
如何支付？	现金、股票、兼而有之或其他
何时支付？	即付，分期付款，盈利能力支付计划
需要哪些审批手续？	政府和省的并购法
该如何处理？	并购

收购的动机因素

（1）为什么收购及其战略

德鲁克的第一条原则是收购应基于经营战略而非财务战略，他随后问："我们为什么要这样做？"这一点需要加以扩展。此问题的关键点是：收购是否符合公司的增长战略？

（2）买谁和买哪里

一旦确定收购是符合商业战略的，就需要制定理想收购对象的标准。如果属于市场扩张，那它们应该位于哪里？在收入、利润、员工和其他方面它们应该是什么样的规模？下一步是通过收购搜索，制定一份符合标准的目标公司名单。然后，还要在这些目标中进行筛选，以确定哪些目标有意愿出售，特别是私人持有的公司。

（3）买什么？资产与股票

买什么听起来很多余，但就交易结构而言，它与我们要买的"谁"不同。通常来说，一方面，卖方倾向于出售股票，而买方则倾向于购买资产。卖方出售股票的好处是买方获得了整个企业，包括所有的资产和负债。另一方面，买方可能只希望获得某些资产并承担有限的债务。只收购资产和某些负债的一个主要原因是避免"或有负债"，或者现在未知但未来可能发生的负债或事件。这方面有一个典型例子，那就是美国西方石油公司对纽约州尼亚加拉瀑布城（Niagara Falls）的胡克化学（Hooker Chemical）公司的收购。在该收购之前的几十年中，胡克化学公司一直向拉夫运河（Love Canal）排放危险化学废物，直到环境保护局强制要求其停止排放。运河最终被泥土填平，危险化学废物被掩埋，后来这块土地被胡克化学公司捐给了尼亚加拉瀑布城。该市随后将土地卖给了一个开发商，该开发商在该块土地上建造了一个居住区。几十年后，这里居住的家庭和居民得了重病，流产率高于正常水平，儿童出生时带有出生缺陷，癌症发病率高于其他地区，等等。调查得出的结论是，这些疾病是由危险化学废物渗入房屋地下室造成的。经过多年的诉讼，业主们胜诉，尽管这是发生在收购的几十年前由胡克化学公司造成的问题，但西方石油公司必须支付巨额赔偿，包括提供新的房屋。西方石油公司为这一"或有负债"必须支付的总赔偿超过了原始收购成本。

（4）要支付多少钱，如何支付，何时支付

付多少钱涉及确定公司的公允市场价值，或该公司在投资评估中可能使用的其他财务标准。如何支付包括确定是否使用现金、公司股票、票据或兼而有之来支付收购费用。何时支付包括在交易结束时支付完整收购费用、在一段时间内分期支付，或构建一个"盈利能力支付计划"。这一"计划"包含向卖方支付当下收购价格的一部分，后续根据双方商定业绩目标的达成情况支付奖金。这一方法的好处是可以让企业所有人在一段时间内（通常是一到两年）保持积极性，而不是在交易完成当天就带着所有的钱离开。显然，所有这些问题都必须与卖方协商。

并购的整合计划

除了按照德鲁克的原则在收购前提出关键问题外，还有必要在交易结束前制订一个深思熟虑的整合计划。这极为重要，可以大大改善过去并购案令人糟心的高失败率（50%～80%）。

整合计划的目标如下：

1）制定有效的沟通策略，向公司管理层和员工以及公司重要的外部支持者（客户、供应商、贸易协会、金融界和其他重要关联方）宣布新实体的建立。这应该包括为新的企业联合体制定使命宣言和愿景。

2）让企业的整合有序进行、让破坏性最小化并确保业务的连续性，让员工专注达成新的业绩目标。

3）减少不确定性，保持员工士气，防止关键管理层和员工流失。及时和准确的沟通可以减少谣言，建立起对新管理层的信心和信任。

4）让新实体能够尽快利用既有的"协同机会"（*Synergistic Opportunities*），以降低成本，提高运营效率，扩大市场份额，并提高利润率和股票价值。

5）确定各种计划的实施要素可能需要的外部资源（库存管理和物流专家、计算机系统专家、员工福利专家等）。

该计划应该由收购方和被收购方的高级管理层和关键员工共同制定，并应涵盖以下关键领域：

1）并购的动机因素：是什么因素在推动这项并购？重点是每个人都要明白为什么要进行这项交易。

2）期望：对新的企业联合体短期、中期和长期的期望各是什么？评估要素应包括组织的使命和目标、管理、人力资源、结构、技术和工作业绩，以及销售和营销等关键职能领域和外部环境。

3）机会分析：新的企业联合体有哪些机会可以利用？按照相对重要性排序。

4）初步的使命陈述（宣言）：关于新的企业联合体的目标、理念、价值观和信仰的陈述。

5）目标/里程碑和障碍：为新的企业联合体确立初步的绩效目标，同时确定如何衡量这些目标以及可能阻碍目标实现的障碍。

6）管理层和关键员工评估：对每个公司的管理层和关键员工以及他们在新的企业联合体中的潜在角色进行评估。根据德鲁克的并购原则，选择任一家公司最合格的人员担任关键职位。

7）团队比较分析：把新的企业联合体和竞争对手进行比较，以及分析应如何利用新的企业联合体相对其主要竞争对手的综合优势（核心竞争力）。

8）裁员：应如何处理裁员中的评估、补偿、再就业支持（如面试技巧培训、简历准备、邮寄和电话服务等），以及为那些可能需要留任一段时间以协助整合过程的本部门相关工作人员提供"留任奖金"。

出售企业或剥离子公司

下面的内容可以作为德鲁克"有计划地放弃"的概念的部分实施内容,杰克·韦尔奇在通用电气的策略便很好地阐释了德鲁克所提倡的"做什么",但我们在学习"如何做"时却得超越德鲁克才行。由于部分国有企业也在尝试把各种业务和资产私有化或出售,因此我们很有必要在德鲁克 MBA 课程中探讨出售业务或业务部门的流程。表 7-3 列出了组织或私营企业主在考虑出售企业时需要问的关键问题。

表 7-3　出售业务要问的关键问题

关键问题	涉及的主题
1)为什么出售?	卖方的动机因素
2)现在是出售的好时机吗?	收购市场(买方和卖方)的宏观和微观经济因素
3)卖给谁?	建立买方/投资者标准
4)卖什么?	出售资产还是股票
5)出售价格?	企业估值法
6)何种支付方式?	现金、股票,兼而有之或其他
7)何时获得付款?	现付、分期付款、盈利能力支付计划
8)需要哪些审批?	政府和省的并购法规
9)下一步该怎么做?	愿意留在企业还是离开

以下是对表 7-3 中列出的一些关键问题的简要讨论,这些问题在德鲁克的并购课程中也有所涉及。出售一家小型私有企业不同于出售一家大型上市公司的子公司。本章将从后者的角度来探讨出售的流程,把它视为德鲁克"有计划地放弃"概念的实施组成部分。

(1)为什么出售

"该业务不再符合我们的战略",当一家公司报告它正在剥离某子公司或某块业务时,这句话经常出现在企业文件中。一方面这可以归结为,该公司可能在实施德鲁克"有计划地放弃"的概念。另一方面,如果这家子公司是在过去 5 年中被收购的,则表明母公司在收购的整合方面做得不好，财务表现不尽如人意，因此正在寻求将子公司出售。事实上，研究表明，大约 1/3 被收购的公司将在 5 年内再次被出售。

（2）现在是出售的好时机吗

宏观和微观经济因素显然必须加以考虑，特别是在债务融资和股权融资是否可得这一方面。买方是否多于卖方，交易环境如何？

（3）应该卖给谁才能实现价值（销售价格）最大化

该子公司怎样与潜在买方的战略相匹配？举例来说，从买方的角度来看，这是否能产生协同并符合德鲁克的并购原则？如果这是"有计划地放弃"战略的一部分，那么就不大可能实现出售价格的最大化。最有可能的情形是，在决定出售之前，它可能已经被过分"收割"了，使得该组织老化、价值受损。

并购价值最大化的第一准则

关于并购价值最大化的第一准则是，谁先出价谁就输。例如，我曾经读过一篇文章，其中表示："该公司已聘请高盛公司作为其投资银行，并希望通过（出售）该子公司获得 20 亿美元。"既然已经定下最高销售价格，潜在买方凭什么会为该企业出更高价格呢？

中国公司在全球的并购

我们在课程项目的讨论涵盖了更多内容，其中涉及中国公司收购外国公司这一趋势。从 2004 年开始出现了一些知名度高的交易，包括联想公司成功收购 IBM 公司的个人计算机业务，以及中国海洋石油集团有限公司（CNOOC，中海油）对美国加州联合石油公司（Unocal）的收购以失败告终。增加这一内容是为了让学生们分析：为什么该交易遭到美国国会议员如此强烈的反对，以及中海油如何通过更好的收购前规划和更好地预测这些反对意见，以及采用不同的交易结构（资产—股票交易）来实现本可取得的成功收购。

第 1 部分小结

这一部分的要点应该是，在下一次收购之前需要仔细思考德鲁克的并购原则，还要回答一个关键问题：我们为什么要这样做？是出于商业还是财务的原因？

> 不要因为可以收购而收购，而要因为它们是正确的而收购。[14]

在你拿到钱之前，交易还不算是交易

我和德鲁克服务于西方石油公司—城市服务公司并购项目时，他向我分享了他第一次并购任务中的故事。

德鲁克 1933 年离开德国，他接下来的第一份工作是在英国伦敦的一家投资银行。他被派遣到阿根廷进行某英属铁路出售给阿根廷政府的谈判。他到了那里之后查验了这条铁路，发现它的状况很糟糕，需要大力维修。"它的主要问题是生锈，"他说，然后又补充道，他与政府谈判了几天，最终商定了铁路的价格。

"我回到酒店后感到很难过。"

"为什么？"我问道。

"因为我谈的价格相比铁路的实际价值高得离谱，"他回答说。"但后来，我乘船回伦敦，到了半路我的感觉好多了，"他补充说。

"彼得，那是为什么？"我问道。

"因为我意识到阿根廷政府无论如何都不可能付钱给英国人。"他笑道。

几年前我碰巧见到一位阿根廷朋友，他证实英国没有拿到铁路的费用。[15]

第 2 部分：战略联盟系列和德鲁克的联盟原则

介绍

出于各种原因，一直以来，世界各地的公司都在和其他公司和组织结成战略联盟，比如大学中就包括在中国或试图进军中国的公司。本章的这一部分将简要评述联盟的各种类型或称为"联盟系列"，包含非正式的非股权联盟和正式的股权联盟，以及评述联盟的原因。最正式的联盟即"并购"，已在本章第 1 部分介绍过。然而，我曾在上文评论称，50% ~ 80% 的并购都会失败，但其他形式的联盟也可能失败。因此，正如第 1 部分评述了德鲁克的并购原则一样，第 2 部分也将讨论德鲁克的联盟原则以及如何更成功地建立联盟。下面先让我们简要评述德鲁克认为组织可以达成的联盟类型，这将有助于我们接下来的学习。[16]

非股权（伙伴关系）和股权联盟（所有权）

联盟可分为两大类型：非股权联盟和股权联盟。"非股权"是指在结为联盟时，各方都没有出资或出资很少。这是一种伙伴关系的形式，对联盟没有所有权。"股权"意味着联盟各方以资本、技术或管理专长入资，并且享有对联盟的所有权。

联盟系列与时间、成本和风险

可以通过"时间、成本和风险"三个维度构成的联盟系列来描述联盟。时间是指联盟的时间长度，短期结盟则签订营销协议，若有望长期结盟则为兼并或收购。成本是指建立这种关系的成本，以及如果失败，退出这种关系有什么代价。风险与联盟类型有关，包括非正式的非股权联盟和正式的股权联盟的风险，以及无法达到个别或所有各方的目标的风险。

以下简要讨论了这些联盟关系，以及各方加入联盟的原因或目标。为了更好地理解这种关系，我们也可以称这些联盟关系为"协议"。

1. 非正式的非股权联盟（伙伴关系协议）

这些联盟关系包括分销和营销协议、原始设备制造商（OEM）协议和自有品牌协议等（见图 7-1）。

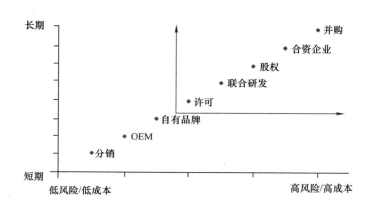

图 7-1　联盟系列

（1）分销和营销协议

假设某上海制造商希望在西安销售其产品。一种办法是，制造商在西安开设销售点，雇用并培训销售人员，并开始为产品开发客户，但这个过程漫长又代价不菲。另一个办法是找到一个当地的经销商，通过他的销售队伍进货销货，并签订分销协议。这里不涉及股权或投资。分销商同意购买该制造商的产品、进货存放于本地并出售给西安地区的客户。作为回报，上海制造商可能允许该分销商作为其产品在西安的独家分销商（即制造商不会签下其他分销商）。这类协议通常有一个期限，可以根据任一方的意愿延长。如果分销商没有达到销售业绩目标，制造商也可以终止分销协议；如果分销商不满协议的条款如制造商收取的价格，或不满制造商在交货、产品质量、技术支持等方面的表现，也可以取消协议。无论是哪种情况，签订和退出这种协议的风险和成本都很低。

下面介绍一个我在中国提供咨询服务时的案例。有一家中国某地区的木地板制造商与美国得克萨斯州的一家木地板经销商签订了分销和营销协议。美国的经销商希望中国制造商按照它的规格生产特殊的木地板。该中国制造商希望扩大其产品在美国的市场份额。双方签订了一份分销和营销协议，除了美国的经销商向中国制造商订购木地板以外，不会产生其他费用。如果中国制造商没有达到产品质量标准，美国的经销商可以取消协议；如果美国的经销商没有达到双方协定的销售目标，中国制造商也可以取消协议。

（2）原始设备制造商（OEM）协议

我的某位上海客户为一家欧洲公司生产工业品，欧洲公司把这些产品作为自有品牌出售。同样，签订该协议不会涉及资金或所有权的投入。

（3）自有品牌协议

这种有点类似于 OEM 协议。知名的公司靠的是品牌。如果你到时兴的零售商处购物，通常会选择知名品牌的产品或零售商自有的品牌。由于零售商没有自有工厂生产这种产品，所以其自有品牌的产品很可能也是由知名公司基于 OEM 协议生产的。从食品到服装，几乎所有消费品类中都有许多这样的协议产品。同样地，这些协议不涉及任何资本或所有权的投入。

（4）许可协议

这种协议通常涉及有偿技术许可。举例来说，索尼公司在 20 世纪 50 年代生产的小型便携式收音机，其中使用的就是美国贝尔实验室开发的晶体管，并取得了后者的授权。实际上，索尼公司因这一许可协议发展壮大起来。几年内，它便占领了全球便携式收音机的市场。个人计算机公司的产品若搭载了软件或其他组件时，通常会向其制造商支付许可费。例如，中国的个人计算机制造商联想公司经过 3M 公司授权，得以在笔记本计算机中使用它的锂离子电池。这些仍然属于非股权协议（不涉及所有权），尽管这里一方为另一方的许可支付了费用。

（5）联合研发协议

这种联盟关系是研发外包。许多公司发现将研发外包给大学之类的机构是一种更经济的做法。制药企业通常与大学结为联盟开发新药。这些联盟或协议仍然以非股权关系为主，然而，一旦新产品开发出来并推向市场，其中一些可能会以特许使用费的形式进行收益的分成。迄今为止，美国微软公司已经与中国的中小型软件开发公司签订了相当数量的此类研发协议。

2. 正式的股权联盟

在图 7-1 联盟系列的右上方一侧是更正式的股权联盟，如合资企业（JV）和并购。我们之前讨论过并购，可以看到并购需要长期的投入。并购失败的风险较高，结盟（收购成本）和失败退出（资产剥离）的成本也较高。

合资企业

在 20 世纪 80 年代初，境外公司为进入中国境内市场，采用的最常见的联盟方式便是这种。历史最长久的合资企业之一，至今仍然存在的，那就是中国第一汽车制造厂（FAW）和德国大众汽车公司（VW）的合资企业，它生产大众汽车和奥迪汽车。另一个有趣的案例是索尼（日本）和爱立信（瑞典）的合资企业，它在中国生产电话，其中大部分用于出口。最近，奇瑞（中国）与菲亚特（意大利）建立了一个合资企业，双方各占一半股权，生产多达 17.5 万辆奇瑞、菲亚特和阿尔法·罗密欧汽车，用于本土自销和出口。在所有这些例子中，每一方都可能以资本、技术或其他资源入资，并在联盟中拥有股权（所有权）。值得注意的是，合资企业是一个独立的实体，其管理是独立的，而联盟的各合作伙伴仍然作为独立的公司实体。德鲁克在他的"联盟原则"中提到，这些正式联盟在存续时间、成本和风险方面都处于高位。

德鲁克的联盟原则

在回答"我们为什么要这样做"的"战略思考"阶段，德鲁克的许多联盟原则

（合资企业）也可适用于并购。以下是相关原则的简要总结。

1）**制定战略和目标**。确定合资企业如何融入组织的整体战略，以及希望实现哪些目标：进入其他市场，补充产品线，获得所需技术，等等。

2）**伙伴标准和邀约**。为潜在合作伙伴制定标准，尤其是为你所寻求的能力制定标准。如果收购是战略的一部分，这一过程将类似于收购目标相关标准的建立。一旦确定了潜在的合作伙伴，便可以联系他们，了解他们对结盟的兴趣。

3）**尽职调查**。在结成正式联盟之前有一个重要步骤，那便是对潜在合作伙伴的各个方面进行尽职调查：他们是否具备你所寻找的能力？他们的市场信誉如何、你是否愿意与之发生关联？他们的财务表现是否稳健？他们的管理、经营实践、领导风格和文化应如何评价？如果结成联盟，在以上这些方面是否会产生潜在冲突？我曾经为沙特某合资企业提供咨询服务，那里的合作伙伴有三方，沙特公司、意大利公司和芬兰公司。不用说，它们有许多文化上的差异，这导致组织内形成了三个经营团体，沟通变得很困难。

4）**入资资产的估值**。除了现金之外，每一方还将以什么入资新的合资企业？如果是技术或设备，那么入资到合资企业的技术和设备估值有多少？这些资产的初步估值在合资企业解体时有重要作用，可用于确定每个合作伙伴在联盟中所占的份额。

5）**结构和管理**。在联盟公司成立之前，需要确定其组织结构，以及联盟公司将如何管理其政策、程序和隶属关系。

6）**管理**。联盟公司必须有独立的管理层，它对结果负责并承担相应责任。不能由双方代表组成的委员会来管理。联盟公司管理层也必须明确"重大"决策而非日常运营决策应该交给谁。

7）**联盟的目标**。它计划在什么时间段内实现什么目标（生产单位、收入等）？如何衡量结果，何时衡量？这些都需要在联盟公司正式成立之前确定并形成共识。

8）**未来的出资**。联盟公司在未来可能还需要一些资金，合作伙伴应如何协调出资？他们是否会平等地分配未来的出资？这些问题也需要在组建联盟公司之前加以澄清。

9）**解决冲突和分歧**。如何处理伙伴之间可能出现的分歧和冲突？严重的纠纷是通过仲裁（建议手段）还是诉讼（较为昂贵）来处理？

10）**利润分成**。利润将如何分配？是由联盟公司保留作为未来发展和扩张的资金，还是由合作伙伴分享？

11）**专利和技术转让**。谁将拥有联盟公司开发的专利和许可？如何保护合作伙伴现有的专利和技术？

12）**联盟的存续时长**。该联盟公司将在多长时间内存续？是否有机会在事先延长或取消联盟以及需要什么条件？联盟终止后，收益和资产将如何估值和分配？

13）**书面记录**。就像并购协议一样，所有上述条款和条件以及联盟的其他各方面都需要以合资协议正式确立。

其他专家的观点：不组建联盟的原因

尽管联盟可以作为企业发展战略的一部分，但鲁迪·占巴（Rudy A.Champa）在《战略思考与董事会讨论》（*Strategic Thinking and Boardroom Debate*）[17] 中，针对不结盟提供了另外一些准则或理由。

（1）不要试图通过结成联盟来纠正弱点

给联盟带来弱点的一方将从此成为联盟的劣势一方

（2）不要与一个试图纠正自身弱点的伙伴结成联盟

你的公司将继承这个弱点。

（3）最糟糕的联盟

• 双方伙伴都试图通过联盟纠正自己的弱点；

• 这个联盟从一开始就注定要失败。

第 2 部分小结

　　联盟在外包（服务协议）和更正式的并购之间形成了一个中间地带。当公司在关键的差异化能力上存在战略差距，且公司自行发展此种能力可能耗时长且成本高时，那么联盟是一种值得考虑的方式。联盟可以按时间、成本和风险的不同区分为两大类：非正式的非股权联盟和正式的股权联盟。正如并购的高失败率，正式的股权联盟也会遭遇困难。德鲁克提出了一些关于合资企业的原则，以及在组建联盟之前应该做的工作，以确保更高的成功率。

注释

[1]　Peter F. Drucker, *Management: Tasks, Responsibilities, Practices*（New York: Harper & Row, 1973）, 715.

[2]　Robert W. Swaim, Ph.D., "The Drucker Files: Mergers & Acquisitions," *Business Beijing*（March 2002）.

[3]　Price Pritchett, *After the Merger: Managing the Shockwaves*（New York: Dow Jones-Irwin, 1985）, 7-9.

[4]　Peter F. Drucker, *The Frontiers of Management*（New York: Truman Talley Books. 1986）, 257-260.

[5]　Peter F. Drucker, "The Successful Acquisition." *Corpedia Online Program 8106*（2001）.

[6]　Peter F. Drucker, *Management: Tasks, Responsibilities, Practices*（New York: Harper & Row, 1973）, 708.

[7]　Peter F.Drucker, "The Successful Acquisition." *Corpedia Online Program 8106*（2001）.

[8]　同上。

[9]　同上。

[10] Peter F. Drucker, *The Frontiers of Management*（New York: Truman Talley Books. 1986）, 258.

[11] 同上，259。

[12] Peter F. Drucker, "The Successful Acquisition." *Corpedia Online Program 8106*（2001）.

[13] Peter F. Drucker, *The Frontiers of Management*, 259；Drucker, "The Successful Acquisition."

[14] Peter F. Drucker, "The Successful Acquisition." *Corpedia Online Program 8106*（2001）.

[15] 1982 年 4 月，在我们的规划合并任务期间与彼得·德鲁克的对话。

[16] Peter F. Drucker, "Rules for Strategic Alliances." *Corpedia Online Program 8106*（2001）.

[17] Rudy A. Champa, *Strategic Thinking and Boardroom Debate*（Mission Viejo, CA, Critical Thinker Press, 2001）, 170.

第 8 章　家族企业的管理

只有当家族服务于企业时，两者才能生存并发展壮大。如果企业的经营是服务于家族，两者都不会有好的发展。在"家族管理的企业"中，关键词不是家族，必须是"企业"。[1]

第 1 部分：德鲁克的家族企业管理原则

介绍

前面几章讨论了德鲁克对内生和外部增长战略的看法，另外，在需要补充德鲁克的概念或超越德鲁克时，我还列举了其他学者的著述。一般来说，尽管程度有所不同，但其中讨论的各种战略对所有类型的企业都适用，从财富500强跨国公司到私人企业等。虽然以上所有类型的企业都必须注重增长，但某一类的企业却有其他战略问题需要解决，那便是生存和所有权的继承——这类企业便是家族企业。

因此，本章的第 1 部分涉及家族企业这一话题以及德鲁克的家族企业管理原则。本章的第 2 部分将讨论家族企业的退出战略和管理层继任等重大议题。与前几章一样，本章将再次提及中国；但是，这些概念总体上适用于广泛的家族企业。

透视家族企业

在 2 520 万家美国企业中，超过 80% 是由家族所有和管理的。这些企业有 7 700 多万名员工，或者说占到美国 6/10 的工作人群，为他们支付的工资占总数的 65%，并创造了全国 55% 的 GDP（国内生产总值）。在 20 世纪 90 年代，美国每新增 10 个工作岗位，就有 8 个来自家族企业。[2]

1. 并非所有家族企业都是小型企业

与流行观点不同，并非所有家族企业都是像夫妻餐馆那样的小规模企业。大约有 200 家财富 500 强公司（美国年收入最高的公司）是家族企业。即使是如福特公司那样的上市公司也仍然是由家族成员控制的，这是因为尽管其拥有的股票在数量上似乎只占所有流通股的少数，但这些股票是有优先权的。中国（华人）也有大型家族企业，例如，港股 40% 的市值由 15 个华人家族控制，中国台湾省总资产排名前 20 的公司中有 16 家由家族拥有和控制。印度尼西亚排名前 10 的企业中有 9 家由华人家族拥有，泰国最大的 4 家银行由华人家族拥有。[3]

2. 家族企业与规模

德鲁克认为，"毫无疑问，企业如果超过一定规模，再由家族成员管理，企业便不会有活力。此处'超过一定规模'（通常意味着较大规模）的企业越来越多地由职业管理者承担管理职责。"[4] 本章将介绍德鲁克的家族企业管理原则，以及家族内外的职业管理者在家族企业中的作用。

中国与西方的家族企业有很大的不同。中国的家族企业主必须从德鲁克的原则中找到适用的原则（如果有）。事实上，中国老一代的家族企业主将其股权转化为个人财富基本上不成问题。基本上，老一代企业主会把企业交给长子打理，而下一代会照料其晚年。这显然与西方不同，因此，中国并不太需要遗产规划专家。

德鲁克的原则

以下是德鲁克的家族企业管理原则。读者可以参考德鲁克的《巨变时代的管理》中第四章"管理家族企业",来获得更多启发。

1. 职能型工作与管理型工作

德鲁克建议,一方面,在研发、营销或会计等职能型工作上,由专业人员还是家族成员管理企业确实没有什么区别。另一方面,家族企业的管理却需要遵守不同的"原则"。德鲁克认为,如果不遵守这些原则,家族企业将无法生存或发展。

2. 德鲁克关于企业中家族成员的原则 [5]

第一条原则:除非家族成员至少与家族外部的雇员一样能干且同样努力,否则他不应就职于该家族企业。[6]

德鲁克认为,除非家族成员与家族外部的雇员一样能干,否则不应允许他们在家族企业工作。只有当他们依赖的是自己的能力而非亲属关系时,才可允许他们留在企业中。企业中的家族成员还有一个重要属性,那便是尊重。家族成员需要靠自己的成绩和表现获得尊重。如果家族成员在企业中得不到尊重,他们就不应该待在企业里。在我处理过的一个案例中,创始人的儿子是公司的首席执行官,他没有得到家族外部专业管理团队(营销、财务、运营、管理等)的尊重。由于公司没有方向,士气受到影响,公司的业绩也被波及。我利用杠杆式员工持股计划(ESOP)为该公司和首席执行官安排了管理层股权收购,公司现在由家族外部的专业管理人员管理,发展得很好。这里的主要问题是缺乏尊重,也佐证了德鲁克的观点。

德鲁克继续阐释这些原则,他评论说,不愿意工作的家族成员,无论其教育背景和能力如何,都不应允许他们进入家族企业。此外,如果该家族成员不具备担任高层管理者的资质,但最终可能进入企业领导层,那么应该给他一笔津贴,让他远离企业。有些人还建议，不要雇佣家族成员担任初级职位，最好是让他在加入家族企业之前，在其他企业工作几年，获得实践经验。

在晋升方面，如果管理层中的非家族成员更合格、表现更好，那么绝不应该优先考虑家族成员。最后，随着时间的推移，家族成员会选择不进入家族企业，而企业最终会完全由非家族成员进行专业化管理。下面，我们开始讨论非家族职业管理者的问题。

3. 非家族管理者的原则 [7]

第二条原则：无论公司管理层中有多少家族成员，无论他们有多大的权力，总要由家族外部的成员担任一个高级职位。[8]

德鲁克建议，至少一直保留一个高级管理职位，由家族外部的职业管理者担任。他幽默地举例说，在意大利黑手党中，教父的第二把手即律师，并不是家族成员，甚至可能不是西西里岛人，这就是德鲁克的原则。[9]

家族企业的第三条原则是，除非家族企业真的很小，否则关键的员工职位也应该由非家族成员担任。德鲁克的理由是，家族成员不可能拥有所有这些领域所需的所有知识和专长。

高层管理者中的非家族成员应该得到奖励和激励，以此激发他们的"主人翁精神"，或者像德鲁克评论的那样，"需要使之成为企业的正式公民。"[10] 毕竟，正是他们对家族企业的投入，使企业得以发展并不断取得成功。奖励的形式可以是股票期权、股票红利计划、"影子股票"和其他创造性的激励措施，以激励非家族管理者不断投入、保持积极性。如果没有这些激励措施，非家族管理者有可能会感到沮丧，并选择创业，成为竞争对手。

关于非家族管理者还有另一条重要原则，那就是企业和家族应划清界限。在此，德鲁克认为，如果非家族管理者试图与家族保持密切关系，就会有卷入家族纷争的危险，并失去对企业的中立性。因此，除非是特殊情况，或者收到邀请，否则非家族管理者通常都应避免参加该家族的社交聚会。

4. 继任规划

继任规划，即确定谁将接管家族企业的领导权，这是一个重大的决定，应未雨绸缪。德鲁克建议，这一决定应交给家族和企业外部的顾问。

第 2 部分：德鲁克的退出战略和管理层继任的原则

家族企业应为其最终的性质变化做好规划。德鲁克判断，在两代人之后，"家族将只是企业的受益者，而不是主导者。"举个例子，研究表明美国 80% 的家族企业从未延续到第二代。[11]

第 2 部分将讨论极其重要的继任规划问题，并讨论家族企业可以采用的各种退出战略。

家族企业的平均寿命是 25 年。管理层的继任是其中一大阻碍。[12]

保罗·林（Paul J. Lim）

对私营企业主的研究 [13]

几年前，一家领先的会计和咨询公司对私营企业和大部分家族企业的所有者进行了一项研究，发现了以下情况：

（1）不了解企业的价值

65% 的企业主不知道他们的企业价值多少。换句话说，他们不知道他们企业的市场公允价值，也不知道通过出售企业退出经营能使他们获得什么。如果企业主在考虑其他退出战略，如将企业传承给家族成员，那么了解企业的价值也很重要。

（2）缺乏退出战略或继任规划

85%的受访企业主没有制定退出战略或继任规划。企业主们没有考虑他们最终将如何或何时退休，以及谁将接管企业。这通常是由于他们不愿意接受死亡这一事实，仿佛他们将永远活着一样，以及也由于他们的个人身份与企业紧密相连，如果离开企业则意味着失去自己的身份。许多企业主无法"舍弃他们的孩子"，就像女儿结婚时父亲必须在婚礼上把新娘送走，因而忧心忡忡一样。还有一些企业主认为，控制了家族企业，就能控制和影响其他家族成员。许多企业主可能在"正式"退休后，又重新出现并插手企业的经营。

（3）企业主的大部分净资产包含于企业中

企业主75%的净资产被捆绑在他们的企业中。"审慎原则"建议人们在任何一项投资中都不应捆绑超过20%的个人财富。很明显，大多数企业主都无视这一原则。在企业中拥有股权是件好事，但如何将其转化为现金和个人财富用于退休生涯呢？

（4）没有进行个人财务和遗产规划

为了将税收最小化，25%的老一代企业主没有做任何遗产规划，也没有确定如何将他们在企业中的股权转化为个人财富和流动资金。将家族企业传给子女是一回事，但如果这样做，如何补偿多年来父亲为创办和发展企业所付出的努力和奉献呢？据估计，从2001年到2017年，将有12万亿美元的财富转移给下一代，这将是有史以来规模最大的财富转移，其中大部分涉及家族企业。[14]我在和中国的学生讨论家族企业的继任规划时，了解到人们并不认为老一代进行变现会是一个问题，他们会把企业传给下一代。

六种退出战略

美国日内瓦公司（Geneva Companies）是一家专业并购公司，它的创始人和前主席理查德·罗德里克（Richard Rodnick）有一条规则，即**创业之时**便应制定退出战略。罗德里克以身作则，实践了这一原则，他制定了退出战略，那便是在创办日内瓦公司五年后将其出售，后来也履行了承诺，以超过 3 000 万美元的价格将该公司出售给纽约化学银行（Chemical Bank of New York）。有些人认为，如果基于这一原则，则公司所有者无法获得公司的全部价值，如果他再坚持几年，可能会从公司获得更多的钱。为了反驳这一论点，请让我插入一段有趣的引文。伯纳德·巴鲁克（Bernard Baruch）在 20 世纪中期积累了大量个人财富，当被问及他是如何变得如此富有的，他回答说："我总是卖得太早。"[15] 让我们简单回顾一下企业主有哪些退出战略，然后把继任规划作为退出战略之一进行讨论。

创业之时便应制定退出战略。[16]

美国日内瓦公司创始人和前主席理查德·罗德里克

六种可选的退出战略

有六种主要的退出战略可供企业主考虑，其中不包括企业破产。如果没有任何家族成员有资格或有兴趣接管企业，则考虑前五种战略，如果有潜在的家族成员能接管企业，则考虑最后一种战略，进行继任规划。实际上，在前五种战略中，仍然允许家族成员继续管理公司的日常运作，但他们不再享有与其所有权比例相应的话语权。

（1）出售给外部人士

如果基于这种退出战略，可通过直接出售或可能的合并将企业卖给外部人士，另一方在新的企业组合中获得多数权益。但把这种情况称为合并通常是出于所有者的自负——"我们与规模为我们 100 倍的跨国巨头进行合并"——但大多数的此类交易实际上是收购。

（2）出售给内部人员即管理层和雇员

另一个常被考虑的战略是将企业出售给非家族成员的管理层和雇员。很多时候，当所有者兼创始人不再有精力和热情发展企业时，管理层便可能会对企业的方向感到迷茫，从而感到失望。所有者兼创始人继续享有优越的个人报酬和福利，但却变得保守，不愿意承担不必要的风险。因此，企业开始被动地退化，往往导致市场份额流失。管理层可能觉得，如果把机会给到新的领导层，便可以扭转局面。然而，如果考虑这种退出战略，则将出现一个问题，那就是管理层和雇员如何筹集到收购企业所需的资金。可以说，用募捐的方式，即要求管理层和雇员拿出一些个人积蓄来收购企业，通常都无法筹集到足够的资金来支付收购的首付款。

为了让管理层和雇员得以收购企业，人们发明了一些创造性的方法和企业融资方式，如员工持股计划（ESOP），它已经在美国和英国得到成功应用，但它在中国和世界许多其他国家／地区在总体上还显得很陌生。在我的并购课上，除非能构建ESOP，否则不会优先考虑向"内部人员"这一潜在买方出售企业。中国现在已经推出本地版本的 ESOP，但到我写作本书的时间为止，还缺乏与美国的 ESOP 相关的税收优惠。

（3）出售给合伙人或其他股东

如果有其他合伙人或股东，所有者兼创始人可以考虑将自己在企业中的股份卖给他们。要实施这一战略，需要解决两个问题。首先，拟出售的股份价值多少，是否所有股东都同意这个价值？通常可以通过专业第三方企业估值公司来确定企业的公允价值和股份价值，从而解决问题。其次，与出售给管理层和雇员的情况一样，其他股东将如何筹集资金以收购所有者兼创始人的股份？有一个通用的做法，便是以未来的利润支付并达成共识。然而，如果新的管理层做出不良的商业决策，对企业产生负面影响，所有者兼创始人将面临相当大的风险。理想的情况是，股东应该进行借贷，让创始人变现，并在未来企业盈利时偿还借贷人。如前所述，

ESOP 在用于购买其他合伙人或股东的股份时也具有明显的税收优势。

（4）卖给股权基金和私人投资集团

股权基金和私人投资集团（PIG）也是一个诱人的退出战略；事实上，最值得考虑的战略之一是资本重组。股权基金和私人投资集团通常会投资于符合他们的投资标准（企业类型、行业、地理位置、收入规模等）的企业，也通常会收购企业60%~80% 的所有权，有时甚至更高。

股权基金和 PIG 的主要投资标准之一是企业必须有一个强大的管理团队，因为他们通常对企业的日常运作不感兴趣，只在董事会层面提供战略指导。此外，企业业务还应该与他们现有的业务组合有一定程度的协同作用，比如它的行业、服务的市场、使用的技术与之相同或相关。如果家族成员有能力并有兴趣管理企业，也不失为一个好办法，可以满足所有者兼创始人的个人目标和企业目标。他不仅可获得一笔可观的报酬，同时其管理权和在企业中仍持有的股权可以传承给下一代。市场上的基金和 PIG 很多，其规模大至通用电气资本，小到小型企业，它们管理着养老金和退休基金，并寻找机会投资这些资金。尽管他们在战略层面会考虑与持股集团现有企业组合之间的协同，但应该注意的是，这种交易有悖于第 7 章中提到的德鲁克原则，因为这是出于财务方面的合并。股权基金和 PIG 通常有 5~7 年持股期限，并有自己的退出战略，即可能进行 IPO 或将其投资组合出售给感兴趣的买方。

（5）向公众出售即首次公开募股（IPO）

虽然本章第 1 部分提到了一些大型家族企业，但典型的家族企业一般规模都很小，无法认真考虑通过 IPO 退出投资这一选项。因此，我不会详细讨论 IPO 这一方式，唯一的信息便是，它是一个耗时耗财的过程。

（6）将所有权转让给其他家族成员，即继任规划

继任规划对于确保企业的连续性至关重要，特别是在有家族成员对企业感兴

趣，并有能力管理企业的情况下。当只有一个继承人或子女时，如果此人希望就职于该企业，并且有能力最后来经营企业，继任规划便是最简单的选择。有些情况会让这种选择复杂化，即存在若干继承人，包括年龄各异的子女、不活跃的家庭成员、所有者兼创始人的未亡配偶、姻亲和无亲缘关系的（非家族成员）继承人。

当存在多个继承人时，应该由两部分人员参与规划，一个是家族委员会，一个是外部顾问。在此，德鲁克大力提倡外部顾问在继任规划中的作用。[17]家族委员会的作用是首先确定继承人的职责及其在知识、技能和经验方面的资质要求。大卫·博克（David Bork）在《家族企业：高风险事业》（*Family Business, Risky Business*）中提出，确定潜在继任者时应考虑以下标准：[18]

- 在一个或多个工作岗位上有 3~5 年的工作经验，且这些工作靠的是能力、技能和长期的表现，而非家庭关系。许多人还认为，这些经验应该来自家族企业之外；

- 有指导他人工作的经验；

- 因其工作表现突出而受到认可；

- 有证据表明其有能力处理与同级和上级的关系；

- 有证据表明其有能力和意愿在工作中采取主动；

- 有证据表明其过去是一名受器重的员工，做出过合理的贡献。

家族委员会下一步需要确定潜在的继任者，可以是家族成员，也可以是家族之外的职业管理者，但家族委员会不能自己做出选择。正如德鲁克所建议的，这应该让外部的非家族顾问来完成，因为他们可以保持客观的视角，并消除家族成员之间潜在的冲突。在遴选过程中，他们还必须向每个参与者明确说明最后不一定非得加入家族企业。

如果创始人去世，基于创始人去世前其配偶在企业中的参与程度，配偶可能最终成为继承人。如果存在一个或多个合伙人，合伙人可能不希望配偶参与企业事务。这个潜在的问题可以通过合伙人之间的"买卖"协议来解决。企业成立时就已列明未来如何购买合伙人在企业中的股份。在这些买卖协议中，资金通常来自企业为每个合伙人购买的人寿保险。如果合伙人死亡，从人寿保险获得的收益将被用来买断其未亡人所继承的企业股份。如果未亡人与所有人兼创始人是二婚或三婚，在创始人去世后，其子女会忧虑企业由谁继承。子女们会担忧如果由其配偶继承，理应属于自己的东西将被骗走。恰当的遗产规划和婚前协议可以消除这些担忧，避免家庭内部的冲突。

确定了继任者，还得制定培养计划，让继任者得到接管企业所必需的知识和经验。当然，培养计划的范围会根据潜在继承人的年龄和经验而有所不同。在第1部分中，德鲁克指出应培养关键管理岗位上的非家族职业管理者，与之相比，如果创始人的子女此前的第一份工作在其他公司，后又就职于该家族企业，则需要更多地培养他/她。德鲁克还强调，当继任者在组织的各个管理层面上取得进展时，有必要为其制定业绩预期和结果预期。企业创始人还必须有耐心，允许继任者犯一些错误，并从中学习。

小结 + 填补德鲁克空白

本章第1部分概述了德鲁克关于家族企业管理和发展的原则，第2部分讨论了如何通过合适的继任规划确保企业的连续性。为了填补德鲁克空白，本章简要讨论了在没有任何家族成员确切有兴趣最终管理企业的情况下，所有者兼创始人可以采取哪些退出战略。最后，我列出了德鲁克就继任规划和退出战略提出的两个关键点：

- 不要把这项重要任务留到最后一分钟进行；
- 利用中立的家族外部顾问来协助遴选。

通过本章主要学到：

1）**退出战略**：拥有一家家族企业或小企业的你制定了退出战略吗？

2）**继任规划**：假设你有一天离世，那么该如何保持企业的连续性？你是否制定了继任规划？

3）**外部顾问**：你的董事会中是否有一位知识渊博的家族外部顾问？

评估工具 + 案例研究

以下评估工具可用于继任规划。我们的 MBA 和高管培养项目也有两个案例研究，都涉及家族企业的继任规划和退出战略。

评估工具——继任规划

第 1 部分　管理层和关键员工的评估

描述

这个工具可以用于评估组织目前的行政人员、管理层和关键员工，以及他们在组织中的作用。它将帮你确定目前管理层和关键员工的素质、晋升潜力以及为实现他们的职能升级应如何培养他们。

评估

管理层和关键人员的连续性对每个组织的成功都至关重要。重点是通过评估组织的管理层和关键员工，来确定目前是否有所需的人才来实现本组织的使命。这也有助于了解是否存在潜在的"人才缺口"，以及还需要通过内部培养或外部招募获取其他哪些人才。

说明

以下是一份"管理层和关键员工机密评估表"。

此处的准则是，需要评估的人员包括首席执行官、直接下属以及对组织的连续性至关重要的其他管理者和关键工作人员。

请根据需要复印所附表格，并对您所考虑可列入贵组织继任规划的每一位高管、管理层和关键员工进行评估。

管理层和关键员工机密评估表

名字：_____

职位：_____

圈出以下标尺上的数字

1. 与组织中其他同级别的人相比，他 / 她的表现和结果通常都：

1	2	3	4	5	6	7	8	9
	较低			差不多			更高	

2. 与行业内同一职位的其他人相比，他 / 她的表现和结果通常都：

1	2	3	4	5	6	7	8	9
	较低			差不多			更高	

3. 他 / 她用来达成上述结果的方法（管理风格、领导风格和个人管理实践）：

1	2	3	4	5	6	7	8	9
	很一般			一般			优秀	

4. 他 / 她履行该职位职责的能力（知识、技能和经验）如何？

1	2	3	4	5	6	7	8	9
	较低			一般			较高	

5. 他 / 她履行该职位职责的意愿（个人积极性和投入）如何？

1	2	3	4	5	6	7	8	9
	低意愿			一般			高意愿	

6. 为了提高他 / 她在目前职位上的效率和表现，他 / 她需要什么程度的培训和培养？

1	2	3	4	5	6	7	8	9
	需要帮助			一般			不需要	

7. 为了让他 / 她晋升到下一个最高职位，需要对他 / 她进行什么程度的培养？

1	2	3	4	5	6	7	8	9
	需要帮助			中等水平			不需要	

8. 失去他 / 她对组织未来的成功会有多大影响？

1	2	3	4	5	6	7	8	9
	没有损失			一些损失			重大损失	

将每个问题的分数相加，把总分写在这里_____

请参考下面的评估计分说明（见表 8-1）。

表 8-1　管理层和关键员工机密评估计分说明

分数	工作成效	培养需求
64-72	很高	通过正式的高管 / 管理层培训和培养提供持续的学习，以获得对较新概念的洞察，同时与同级别人员交流意见。考虑为从事更高职位委派特殊任务
57-63	较高	为提高工作效率，并为更高的职位做准备，哪些培训需求最能使他 / 她从中受益
49-56	高于平均	识别评估中的哪些问题降低了他 / 她的总体得分。应满足什么培养需求，以及培养哪些方面
41-48	中等	识别评估中的哪些问题降低了他 / 她的总体得分？应满足什么培养需求，以及培养哪些方面
32-40	低于平均	需要大力培养他 / 她，才能提高其工作成效，具体程度取决于其取得工作成果的"意愿"和个人发展的积极性（见问题 5 的得分）
低于 31	极差	这个人为什么还在这里

诊断：低于 5 分的问题

介绍

查看"管理层和关键员工机密评估表"中个人得分低于 5 分的所有问题，并挖掘与这些问题有关的问题。

问题 1：与本组织其他人的表现相比。

与组织中同一级别的其他人相比，这个人需要如何进行培养，才能提高个人工作成效和表现？

问题2：与行业内其他人的表现相比。

与同行业的其他人相比，这个人需要如何进行培养，才能提高个人工作成效和表现？

问题3：管理风格、领导风格及个人管理实践。

在管理风格、领导风格以及个人管理实践方面，这个人需要如何进行培养才能提高？

问题4：知识、技能和经验。

这个人需要如何进行培养，才能获得更多的知识、技能和经验，以提高个人效率和业绩？

问题5："意愿"——个人积极性和投入。

这个人在工作的"意愿"和个人积极性及投入方面需要如何进行培养才能提高？

问题6：其他培训和培养需求。

这个人还需要另外进行什么培训和培养，以提高个人工作成效、其他员工的工作成效和表现，提高他/她对提升组织整体效能的贡献有多大？

问题7：为更高职位而培养。

应该考虑的这个人的下一个职位是什么，需要怎样培养他/她才能为这个职位做好准备？

问题8：组织的损失。

如果失去这个人对组织未来的成功并不重要，他/她为什么还在这里？通过培养能否提升这个人对组织的价值，如果能，是哪种价值？

第2部分 继任规划

只有当个人的评估分数不低于57分时，才填写这一部分。

1. 下一个职位（晋升路径）

请指出此人应考虑提升到哪个或哪些职位。

1）_____

2）_____

3）_____

2. 晋升的准备程度（请勾选此人何时可以晋升到上述职位）

现在就准备好了 [　]　　　　一年后准备就绪 [　 　]

两年后准备就绪 [　]　　　　三年内准备就绪 [　 　]

3. 下一个职位（培养路径）

请指出此人应被分配到哪些培养型职位或特殊项目，以便为其晋升做准备。

1）_____

2）_____

3）_____

案例 1：长城旅游观光公司——关于不受欢迎的创始人遗孀的案例研究

背景介绍

长城旅游观光公司位于中国北京，是一家发展成熟的私营公司，专门为国际游客安排国内各地的旅游路线。该公司成立于 1986 年，由亨利·李和威廉·王合伙成立（各自拥有公司 50% 的股份）。2003 年，非典疫情（SARS）在中国大多数省流行，当时该公司的销售额、利润和员工数量都正在稳步增长。在此期间，该公司在中国上海和中国香港以及英国伦敦和美国旧金山都开设了分公司。最初，该公司专注于服务来自西方和其他亚洲国家的国际游客，后来随着中国经济的快速增长和国民收入水平的提高，该公司扩大了服务范围，也为国内游客提供国际旅游服务。

相关情况

2003 年的非典疫情对中国旅游业是一场巨大的灾难，造成了数十亿美元的损失。长城旅游观光公司在此期间损失惨重，被迫关闭其上海、旧金山和伦敦分公司，还解雇了中国香港和北京分公司一半以上的员工。虽然危机于当年 5 月结束了，但中国的旅游业并没有恢复到前几年的水平。该公司还遭受了另一个打击，在同一时期，同样由于非典疫情，中国游客在其他国家受到冷落。长城旅游观光公司没有获取任何的政府资金救助，尽管它可以以更优惠的利率借款。降低该行业的税率也无济于事，因为该公司亏损，没有应缴税款。

另一件事使情况变得更复杂了，在这一时期威廉·王为了让企业存活下去，处于极大压力之下，健康因此受到了影响，在 55 岁时心脏病发作去世。王先生将他在公司的一半所有权留给了他 48 岁的妻子朱莉娅·王。

朱莉娅·王在企业中处于半活跃状态，偶尔会带领中国游客到美国和欧洲旅游。她认为这种旅游与其说是工作，不如说是一种度假。在旅游途中，她倾向于花费巨额金钱购买衣服、化妆品和其他个人物品，并将其作为业务费用记入公司。这经常使另一位合伙人亨利·李愤怒不已，他经常向王先生抱怨此事。世界各地的航空公司、酒店和度假村偶尔为长城旅游观光公司提供优惠，好让该公司向游客宣传它们的设施，朱莉娅会占这个便宜。普通员工对此很不满，他们认为自己有权享受这些免费旅游。除了这些旅游和优惠，朱莉娅很少出现在公司的北京办公室，也很少在那里工作。朱莉娅毕业于北京大学，学习的是英语。她又在欧洲学习了一年，在那里她学会了法语。然而，她没有接受过企业管理方面的培训。

会议

在王先生的葬礼之后，朱莉娅安排了一次与李先生的会面。在会议上，朱莉娅告诉他，她想更积极地参与公司的运作，现在作为占一半股份的合伙人，她希望能参与所有与公司运营有关的决策。她将使用她丈夫的办公室，用同一位秘书，但只想像以前一样带领她所选择的旅游团，并作为与跨国航空公司、酒店和度假村的联络人。李先生可以继续管理公司的日常运营，只要在做出任何重大决定时征求她的意见并得到她的同意即可。此外，她坚持让她在英国伦敦政治经济学院学习的儿子成为公司的首席财务官。公司现任的财务官已经在公司工作了 10 年，将不得不被解雇。这样做有两个目的：儿子将管理公司的财务，以确保朱莉娅的利益得到保护，他在这个职位上也可以得到培养，在她不再想积极参与公司运营时接替她的角色。此外，她向李先生提出，她关于公司的第一个决定是让她协调未来所有从中赴欧的旅游，这其中大量的旅游将通过法国航空公司进行。

她事先知道李先生对她的要求不会感到太高兴，因此向他提供了一个替代方案：他可以用 200 万美元购买她在公司的 50% 股权，而她将正式从公司退休。她告诉李先生，她希望他在两周内给予答复。在此期间，她将带领一个旅游团去法国巴黎，并购买一些新的"商务"服装，她希望公司能支付这些费用。

李先生的反应很平静，他回答说，他会考虑这一替代方案，并将在她从巴黎回来后再安排一次会议进一步讨论这个问题。

在办公室门关上后，李先生的拳头狠狠地砸在桌子上，导致两根手指骨折了，他的手不得不打上石膏。

现在怎么办

李先生在这个世界上最不希望看到的就是朱莉娅进入公司。如果员工知道她会更积极地参与公司运营，一半或更多的员工会离开。

他也无法放弃公司现财务官。这个人是李先生的侄子，正接受李先生的培养，以便在李先生决定退休时接管李先生那部分业务。此外，众所周知，朱莉娅的儿子并不称职。

公司也没有 200 万美元来收购她那一部分股权。她到底是怎么得出这个数字的？也许到 2008 年，当北京举办奥运会时，公司就可以攒够钱买下她那一部分股权了——但那是 5 年后的事了，他不希望朱莉娅在身边待那么久。

案例分析与讨论

1）李先生现在应该怎么做？

2）这种情况如何才能避免？

小贴士

这个案例可以用来进一步说明本章提出的概念以及继任规划的必要性。这里还可以介绍其他主题，包括通过公司拥有的人寿保险进行融资的买卖协议，以及需要对企业进行估值并确定每个合伙人的权益价值有多少，以及有多少数额需要通过人寿保险融资。在这种情况下，也可以考虑使用杠杆式 ESOP 来买断另一个股东的权益。还可以讨论合伙企业的结构。50∶50 的合作伙伴关系会引发灾难。你可以设置 50∶50 的利润分配，但决策权分配为 51∶49。

案例 2：亚特兰大管道、阀门和供应公司——关于退出机制的案例研究

关于该公司的背景

亚特兰大管道、阀门和供应公司是一家私营企业，成立于 1969 年，是管道、工业阀门和配件（PVF）的分销商，产品主要用于加工行业（造纸厂、食品和饮料加工厂、炼油厂和化工厂）。该公司还提供工程和维护方面的增值服务，包括设计、安装和安全测试。此外，该公司与欧美几家最大的工业阀门制造商签订了美国东南部的独家分销协议。

该公司已经非常成功，并已发展成为美国佐治亚州最大的 PFV 分销商，年销售额超过 7 500 万美元。尽管由于它的一些主要客户及其服务行业的周期性，某些年份的利润有所下降，但总的来说该公司一直是盈利的。

相关情况

（1）公司的所有权结构

该公司的创始人是亨利·布朗，他于几年前去世。他的妻子安·布朗现年 67 岁，是公司的董事长，拥有 51% 的股份；儿子史蒂夫·布朗现年 45 岁，是公司的总裁，拥有 15% 的股份；女儿露西·布朗现年 38 岁，是公司的副总裁，拥有另外 15% 的股份；还有其他一些子女和孙辈，他们并不积极参与公司的业务，但每年都会分享其利润。他们拥有剩余 19% 的股份。还有三位重量级高管，他们已经在公司工作多年，在帮助公司成功和发展方面发挥了重要作用。

（2）家族成员的个人目标

- **安·布朗，董事长：** 她想退休，并把她的钱（她的股份价值）从公司里拿出来。她的绝大部分个人财富都捆绑在公司中。她也想确保所有子女和孙辈都得到公平的对待。

- **史蒂夫·布朗，总裁：** 他想继续发展公司，主要策略是战略收购其他州的竞争对手。要进行这些收购，资金来源是一个问题。他自己工作非常努力，但不工作的子女没有贡献，却每年都能分享公司的利润，这一事实让他感到不满。

- **露西·布朗，副主席：** 她还没有结婚，仍希望在公司发挥积极作用。她也反感不活跃的子女每年分享公司的利润。

- **三位重量级高管（非家族成员）：** 他们希望分享公司的所有权，作为他们多年奉献的回报。他们已经与安·布朗接触，要求她给他们每人 5% 的公司所有权。他们间接说明，如果不给他们这一所有权，他们可能会离开公司，去为竞争对手工作，或者开办自己的公司，成为竞争对手。

（3）工业阀门制造商

工业阀门制造商与该公司签有独家经销协议，一直敦促史蒂夫·布朗更积极地拓展东南部地区业务。

除非获得更广范围内的分销和销售，否则他们表示可能终止与该公司的独家协议，并寻求其他分销渠道，或者直接向最终用户销售。

案例分析

假设你是一名专门从事兼并、收购和其他金融服务的管理顾问，你的一个朋友把你介绍给安·布朗，你的朋友认为基于你的知识和在这方面的经验也许能够帮助她和其他人（来自家族内部和外部）实现他们的目标。

你已经与安·布朗和史蒂夫·布朗会面并了解了每个人的目标。安·布朗现在要求你给出建议：

1）你是否建议出售公司，为什么建议或不建议以及卖给谁，即买方的类型是什么样？

2）你是否建议寻求私人投资集团 / 股权基金投资者？为什么建议或不建议？

3）你还会提出哪些建议？

4）如果她聘用你来为她和公司提供协助，你建议下一步采取哪些措施？

小贴士

虽然这个案例于第 8 章中介绍，但它也可以用于讨论第 7 章中论述的并购。在这个案例中，从直接出售到私人投资集团的资本重组，有很多方法可以实现各方在公司和个人层面的目标，这将是满足几乎所有人目标的最佳选择。杠杆式 ESOP 需要负担过高债务，而且在收购竞争对手这一方面并不符合创始人的儿子的目标。

注释

[1]　Peter F. Drucker，*Managing in a Time of Great Change*（New York：Truman Talley Books/Plume，1995），57.

[2]　Norman M. Scarborough, Thomas W. Zimmerer, *Effective Small Business Management*, 7th ed.（Upper Saddle River, NJ：Pearson Education, Inc., 2003），615.

[3]　Ming-Jer Chen, *Inside Chinese Business：A Guide for Managers Worldwide*（Boston：Harvard

Business School Press，2001），19-44.

[4] Peter F. Drucker，*Management：Tasks，Responsibilities，Practices*（New York：Harper & Row，1973），725.

[5] Peter F. Drucker，*Managing in a Time of Great Change*（New York：Truman Talley Books/ Plume，1995），52-57.

[6] 同上，52。

[7] 同上，53-54。

[8] 同上，53。

[9] 同上，54。

[10] 同上，54。

[11] Scarborough，Zimmerer，*Effective Small Business Management*，7th ed.，615.

[12] Paul J. Lim，"Putting Your House in Order，"*US News and World Report*，（December 10，2001），38.

[13] The Author Anderson/Mass Mutual American Family Business Survey，1977，www.massmutual. com/fbn/index.htm.

[14] Scarborough，Zimmerer，*Effective Small Business Management*，7th ed.，615.

[15] Charles E. Kirk，"Market Wisdom from Bernard Baruch，" *The Kirk Report*（June 5，2008），1.

[16] Richard Rodnick，At the "*How to Sell Your Business for the Most Profit Workshop*，"（Costa Mesa，CA，June，1984）.

[17] Peter F. Drucker，*Managing in a Time of Great Change*（New York：Truman Talley Books/ Plume，1995），56.

[18] David Bork，*Family Business，Risky Business：How to Make it Work*（New York：AMACOM，1986），122-123.

第9章　德鲁克和未来社会

——作为一位社会科学家

有哪些已经发生的事情将塑造未来？[1]

介绍

本章介绍了德鲁克对他所指出的"未来社会"的看法，这些看法在他后来所著的《下一个社会的管理》中有所论述，也在他早期的书《巨变时代的管理》和《21世纪的管理挑战》中能得到进一步体现。[2]德鲁克还评论了作为战略基石的"五个确定性"，这与本章所述问题密切相关。

我写这一章是为了说明德鲁克反复论述的主题，即观察外部环境，特别是整个社会层面发生的变化。这些变化对战略有重大影响，也带来了创新的机会。这些对未来社会的观察真正反映了德鲁克对社会科学家这一身份的看法。尽管他明确指出了这些重大问题，但我们也将看到一些需要填补的德鲁克空白。

德鲁克和未来社会

首先，为了帮助理解，让我描述一下是什么因素促使德鲁克对"未来社会"进行分类。他评论说："在 20 世纪 90 年代的十年里，我开始意识到社会正在发生变化"，这促使他写下《下一个社会的管理》一书。[3] 他观察到什么而促使他对"未来社会"做出描述？在这里，我将回顾他对构成未来社会的主要变化做出了哪些评论。

1）**第四次信息革命**。信息化特别是互联网和电子商务对企业和社会的影响。

2）**不断变化的人口结构**。世界各地的人口正在老龄化，出生率下降，导致年轻人减少。德鲁克预测，在未来几十年里，许多发展中国家将经历人口减少。人口结构的变化方面，人口将持续从农村流入城市，但也将发生对人口迁移的广泛抵制。诸多此类的人口变化也已经在中国发生。

3）**制造业的稳步下滑**。德鲁克预测，创造了财富和就业的制造业将稳步下滑。根据德鲁克的说法，在经济上，发达国家的制造业正在边缘化。在过去的十年里，这种情况实际上已经出现在整个发达国家了。

4）**劳动力的转型和分化**。发达国家的劳动力正在从体力劳动者转变为知识型劳动者，有年轻雇员也有年老的雇员，也可分为全职雇员、外包雇员及顾问。也有越来越多的工作需要高于正常退休年龄的人群来完成。这对组织的影响是，旧的管理方法将不再适用于这种新的多样化劳动力。

5）**政治和社会动荡**。德鲁克预言，在 21 世纪的未来几十年里，这将成为世界的常态。

应用德鲁克的思想

先思考德鲁克提出的这一问题"有哪些已经发生的事情将塑造未来？"，再思考以下问题：

1）这些既成的事实对我们的企业来说意味着什么？

2）它们带来了什么机会？

3）它们带来了什么威胁？

4）在企业组织和运行方式、目标、产品、服务、政策方面，它们要求我们做出哪些改变？

5）它们使哪些变化成为可能，这又可能带来哪些优势？

6）在行业和市场结构、根本价值观（如环保的观念）以及科学技术方面，有哪些变化已经发生但尚未产生全面的影响？

7）经济和社会结构方面有哪些趋势？它们是如何影响我们的企业的？[4]

对未来社会的议题影响力的评估

本章末尾有一个对未来社会的议题影响力的评估工具，用于我们在中国开设的高管培养项目。虽然表格中的标题以中国举例，但它可以用于任何国家，另外，德鲁克所著的《下一个社会的管理》确定了一些主要的变化因素，它们对你的组织和个人的潜在影响可以通过该工具进行评估。这个练习有助于你应用德鲁克的思想，也有助于你加深对这一章的理解。

下面我将简要地讨论这些变化因素。实际上，德鲁克并不是在预测未来，他说："未来社会已经到来，无法逆转了。"[5]

第四次信息革命

在读者或听众第一次接触德鲁克的时候，他通常会先讲一会儿历史。简要概括起来，他写作和教学的风格是：为了阐释主要观点，德鲁克总觉得最好先来个环球之旅，让我们回到大约 6 000 年前吧。

德鲁克首先观察的是信息革命，他将其描述为从 20 世纪 50 年代开始的世界第四次信息革命。据德鲁克说，第一次革命是大约 5 000 到 6 000 年前美索不达米亚地区发明的文字 [⊖]，以及在那之后中国发明的文字。第二次革命发生在公元前 1300 年至公元前 500 年之间，中国发明了成文书籍。在那 800 年后，希腊也发明了成文书籍（尽管希腊人在此几个世纪前已经发明了文字）。第三次信息革命是 1445 年至 1455 年古腾堡发明的印刷机和活字印刷。尽管人们可能会下结论称第四次信息革命始于微芯片和计算机，但德鲁克认为新革命的主要产物是互联网和电子商务。它消除了距离，用德鲁克的话说，"其结果之一是，所有企业都必须具备全球竞争力，即使它只在当地或区域市场上生产或销售。竞争不再是局部的，而是全球性的。"[6]

不断变化的人口结构：出生率下降和人口老龄化

人口特征在未来社会不仅是最重要的因素，也是最不可预测和最不可控制的。[7]

德鲁克认为，到目前为止，对社会影响最大的因素是发达国家以及中国和印度等发展中国家人口结构的变化，包括人口老龄化和出生率下降导致的年轻群体的萎缩。这些变化将带来多种商业机会，同时也带来巨大的社会问题。

1. 人口老龄化

德鲁克在《下一个社会的管理》中写道，据估计，到 2030 年日本和德国有 50% 的人口将超过 65 岁。2005 年，日本的报告显示 65 岁及以上人口占总人口的比例达到 21%，超过了意大利的 20%。同时，15 岁或以下的人口在总人口中的比例是世界上最低的，为 13.6%，低于保加利亚的 13.8%。日本的人口现在约为 1.27 亿，在 2006 年出现了自 1945 年以来的首次下降。日本政府的报告显示，除非采取措施扭转出生率的下降，否则日本的人口将在不到一个世纪的时间里缩减一半。[8] 同样的趋势也发

⊖ 人类最早的文字起源于何时目前还存在争论。——编者注

生在中国。据估计，到 2020 年，有 2.48 亿中国人将达到 60 岁以上[⊖]，到 2040 年，中国将有 4.37 亿人达到 60 岁或以上，几乎占到人口的三分之一。[9]

2. 出生率下降

在各项新的确定性中，最重要的是发达国家出生率的崩溃——说它新只是因为这是历史上的首次。[10]

平均每个女性生育 2.1 个孩子被认为是实现老龄化劳动力更替的最佳比值。正如德鲁克所观察到的，工业化国家的生育率几十年来一直在下降，现在这正成为严重的经济问题。2005 年，日本的生育率降到了 1.26 的历史低点。美国的生育率为每个女性两个孩子，是少数几个拥有如此高的生育率的工业化国家之一。

德鲁克还指出，发达国家的出生率不足以实现人口更替。举个例子，他预测到 2050 年，德国的人口将从目前的 8 200 万人减少到 7 000 万至 7 300 万人，日本的人口将从目前的 1.27 亿人减少到 9 500 万人。同样的趋势在意大利、法国、西班牙、葡萄牙、荷兰和瑞典也很明显。[11]

3. 13 亿和计数，以及趋势中的趋势

中国也是一个例外。尽管中国政府已经宣布在 2030 年实现人口零增长的目标[12]，但预计未来十年中国的人口将以每年约 1 000 万人的速度增长。关于人口特征，德鲁克建议寻找趋势中的趋势。例如，尽管可以观察到中国人口老龄化的趋势，但中国男女比例却在变化。中国在 20 世纪 80 年代实施的独生子女政策在一定程度上限制了人口的增长；然而，出生人口中 119 比 100 的男女比例[⊜]将在未来十年内造成 3000 万男性过剩（通常认为正常男女比例是 103 至 107 比 100）。[13]

⊖ 据第七次全国人口普查公报显示，60 岁及以上人口为 2.64 亿，占 18.70%。——编者注

⊜ 此数据引自国家人口发展战略研究报告，2003 年抽样调查性别比为 119。——编者注

4. 我们需要更多的孩子："砸钱吧"

根据《华尔街日报》的一篇文章报道，为解决出生率下降和人口问题，越来越多国家通过现金和其他激励措施鼓励生育。[14]德国正在构思一项计划，在经济上为女性生育提供便利，其建议是为女性 12 个月的育儿假支付其工资的 67%，上限约为 23 000 美元。男性也将有资格获得价值等同于两个月的补助，或每对夫妇总共 14 个月的补助。澳大利亚开始向生育者提供奖金，在 2006 年将奖金增加到约3000 美元，并报告称该计划已使女性平均生育率从 1.76 提高到 1.82。日本还制定了政府赞助计划，如为年轻人提供游轮之旅，希望他们能够相遇、结婚和成家。日本的某城市甚至为生育第三个孩子的母亲提供 1 万美元的奖金，希望能够扭转该城市人口下降的趋势。其他如法国和新加坡政府也制定了激励措施，鼓励妇女多生孩子。其结果是，通过提高育儿人群的免税额，法国的生育率稳步上升，达到了 1.9，远远高于其他欧盟国家。即使是中国最大城市之一的上海，其老年人占总人口达到了最高的 20%，也在鼓励妇女生育更多的孩子。[15]

5. 中国的方式："文化经济学"

北京已经允许"部分符合资格"的独生子女夫妇生育第二个孩子。[16]其基础是子女为父母养老的中国传统文化。中国的其他大城市之一广州也已经效仿。[17]有一个问题是，到 2030 年中国将出现劳动力短缺，因为 15 至 64 岁的劳动人口每年只增长 4%，而 50 至 64 岁的人口在 2005 年至 2030 年将增长 67%。[18]这意味着劳动人口（那些缴纳社保的人）与退休人员的比例已经从 1990 年的 10∶1 稳步下降到 2003 年的 3∶1，预计 2020 年将是 2.5∶1。中国有 25 个省份的养老金累计赤字估计达到近 1 万亿美元。随着 2030 年 3.25 亿中国人将达到 65 岁的退休年龄，而财政盈余却不多，"再生一个孩子的政策"也许是解决这个问题的少数途径之一，而相比之下美国社会保障资金问题真是小巫见大巫。英国也面临着类似的问题，据说它有 980 亿美元的养老金缺口，并且正在考虑将领取养老金的门槛提高到 69 岁。[19]

6. 移民的必要性

发达国家的人口减少将导致对劳动力移民的需求。德鲁克估计，到 2030 年，德国每年需要 100 万移民来填补空缺的工作岗位，而日本正在考虑每年允许 50 万韩国移民入境，逗留时间不超过 5 年。新加坡、西班牙、葡萄牙、希腊和芬兰放宽了移民法，以应对其人口的减少，据说英国正在招募波兰人和其他东欧人，而俄罗斯据说正在招募印度人到西伯利亚定居。韩国的生育率为每名妇女 1.1 个孩子，人们认为劳动力短缺造成了新制造商数量的下降，而这些制造商正在要求增加移民。索尼公司在 2004 年呼吁增加移民，德国的企业也呼吁政府鼓励更多技术劳动者移民入境。[20] 虽然需要移民来填补工作岗位，但德鲁克认为他们可能不容易被新社会同化，将导致社会冲突和摩擦。

这些人口变化也将迫使企业重新思考他们的战略。在过去几十年里，企业通过迎合年轻人群维持增长，但随着年轻人数量的减少，这种做法可能不再有效。企业可能不得不考虑两个细分市场，一个是老年人群，一个是规模较小但更富裕的年轻人群。公司将需要认真研究人口结构的变化及其对业务的影响，而且必须立即进行，因为正如德鲁克所观察到的，这些变化正在发生。

制造业的逐步下滑

德鲁克还观察到，发达国家的制造业正在发生以下重大变化。首先，在过去的 40 年里，劳动力成本在总制造成本中的占比已经从 30% 下降到 12% 到 15%。德鲁克认为，这意味着发展中国家将不能再像以前一样只依靠廉价的劳动力成本来竞争了。在此背景下，部分国家为应对失业问题而发展劳动密集型制造业的战略将如何变得复杂化，这一点值得我们密切关注。其次，到 2020 年，发达国家的制造业产出将翻倍，但同时，由于信息技术的发展，制造业就业将下降。例如，在过去的 40 年里，美国的制造业就业人数在总劳动力中的占比已经从 30% 下降到 15%，预计到 2020 年，制造业就业人数在总劳动力的占比将处于 10% 到 12% 以下。

在欧洲发达国家和中国都可以看到同样的制造业就业率下降的趋势。对此，德鲁克的结论是，就制造业占一个国家的国内生产总值百分比而言，这一制造了大量财富的版块将不断下滑。同时，随着各国试图保护其国内制造业和相关就业岗位，保护主义也将愈演愈烈。尽管中国在 2001 年加入了世界贸易组织（WTO），但为获得此资格而签署的"保障措施协议"条款使其在钢铁、电器、家具、纺织品和其他行业继续遭受美国保护主义的限制。

劳动力的转型和分化

由于人口结构的变化，劳动力市场将不仅有年轻人群，也有老年人群。到了正常退休年龄之后，原本可享受退休生活的人群将继续工作，原因是医疗保障水平的提升以及退休福利的减少（全球经济危机导致养老金基金表现不佳），前者是好的一面，后者是消极的。已经有一些国家在考虑提高退休年龄，因为政府资助的退休基金（如美国的社保计划）的缴费人群在减少，而退休人员的数量在增加。企业人员的构成将转为全职加外包雇员，后者隶属于人力资源公司，或者作为独立承包商。他们也将是知识工作者，而且后者作为流动的劳动力，将为人力资源部门带来挑战，因为企业现有的政策并没有考虑到德鲁克所描述的劳动力的分化。管理层需要有所创新，才能管理和领导非全职雇员，并确保能留住这些人员，以及确保他们有干劲、愿意投入并且表现优异。正如德鲁克所指出的，他们必须被视为"伙伴"，而不是雇员，而今天很少有管理者知道如何做到这一点。

21 世纪与政治、社会动荡

德鲁克说，21 世纪的前几十年将经历政治和社会的动荡。这一点无须赘述，只要看看世界各地就知道了。

关于未来社会的议题 + 填补德鲁克空白

德鲁克在《下一个社会的管理》中提出的每一个观察结论都能证实他对自己作为社会科学家这一身份的看法，事实也证明他看得很准。然而，在许多情况下，他既没有指出该**做什么**，又没有指出该**如何去做**。下面简单回顾德鲁克在《下一个社会的管理》中识别的议题，以及如何填补这一空白从而更方便地应用他的思想。

1. 第四次信息革命

德鲁克识别出这场革命，也指出互联网在营销方面的意义，但没有扩展说明组织应该如何应对它。他接着说："传统的跨国公司很可能变得过时，将葬送在电子商务的浪潮中。货物、服务、维修、备件和后期维护通过电子商务进行交付，这将需要一个与今天任何跨国公司都不一样的组织。它将需要全新的心态和全新的高级管理层，以及最终以新的方式定义和衡量绩效。"他继续补充说："在电子商务之下，企业能够真正脱颖而出的环节在于送货，即使在品牌似乎根深蒂固的情况下，这也将成为决定性的竞争因素。而现有的跨国公司中，甚至是所有公司中，很少有公司的组织形式考虑到了这一点。"[21] 德鲁克并没有解答这些不同的组织应该是什么样子，以及它们需要什么样的全新管理方式。我不得不参考营销领域的其他著述者，并通过互联网的大量文献来填补德鲁克空白。在计算机公司中戴尔的商业模式是一个很好的切入点，我在中国的高管培养项目中加入了一些与戴尔有关的案例。[22]

尽管中国互联网用户的总量已经超过了美国（2008 年底，中国估计有 2.98 亿互联网用户，与 2000 年的 890 万和 1997 年的 62 万相比，有了巨大的增长）[23]，但有人认为，中国将需要至少十年的时间才能从互联网领域获得与美国相同的收益。[24] 在文化上，互联网营销在中国也可能面临一些难以克服的障碍，因为中国人更喜欢面对面的互动，这样既能感受产品，又有机会讲价。

2. 不断变化的人口结构和"星巴克经济"

德鲁克指出，由于这些人口结构的变化，各国将面临许多问题，以及将从商业角度对市场造成影响。要填补这一德鲁克空白，我需要补充营销学科的内容，包括识别和应对这些细分市场和目标市场的需求。马克佩恩（Mark J·Penn）在MSN.com 上一篇名为《新的趋势：关键的1%》的文章（2007 年 8 月）中，对美国人口特征的变化及其对市场营销的影响做了新的解读。他评论说："市场营销迎合年轻人的程度是前所未有的，而我们社会的老龄化程度也是前所未有的。我们从未如此痴迷于情感营销，而消费者却变得以功能为导向，他们在做出购买决定时会梳理数百页的网站。家庭生活前所未有地被誉为生活的中心，而人们却选择了继续不断地工作，甚至在实现富裕之后仍然如此"。他继续补充说，"传统上以阶级、年龄、宗教和地理为细分的情况，现正让位于在共同的个人品位和价值观上形成的全新选择。我们正在从福特经济（其理念是基于低成本、标准化的大规模销售）转向星巴克经济（其组织原则是基于美国式的市场细分提高个人满意度）。"[25]

3. 趋势中的趋势

德鲁克还建议，我们必须认识到趋势中的趋势。他举的例子是美国在 20 世纪80 年代和 90 年代初意料之外的婴儿潮，后来被归因于移民出生率的上升。[26] 尽管我们都关注中国的老龄化，但中国仍有超过 9 000 万的"80 后"人群正在养育子女，市场巨大。事实上，由于这一代人成为父母，预计到 2016 年中国的人口增长实际上将接近每年 1 600 万到 2 200 万。其结果是，中国人口的三分之一由三岁以下的婴儿组成。[27] 通过应用德鲁克的概念，我们可以识别出有几个细分市场为消费品和服务提供了营销机会，即不断增长的中国老年人群，以及另外一个巨大的群体，那就是每年 3000 万从农村迁往城市的人群，而且这一趋势将在未来 10 年内持续，到 2010 年中国将有超过一半的人口生活在大城市。[28]

小结

当你回顾本书的各个章节时，请牢记德鲁克对未来社会的看法，因为这些看法对战略、销售和营销、创新以及其他多个本书涉及的主题都有直接影响。毫无疑问，这里的关键知识点是不断变化的人口结构以及由此产生的机会和问题（见下面的"评估工具——未来社会的议题影响力"）。

在房地产和零售业中，成功有三个原因，即"位置、位置，还是位置"。在战略上，德鲁克教会我们思考人口特征、人口特征，还是人口特征。

评估工具——未来社会的议题影响力

我在项目中增加的议题影响力评估工具，有助于填补一些德鲁克空白。通过这一工具，参与人员将德鲁克对未来社会的一些广泛观察迁移到自己所处的环境中。其中的关键是让参与者识别潜在的机会，以及对他们组织和个人带来的威胁。

未来社会和中国的议题影响力评估

说明

1）这个议题影响力评估工具旨在让你思考本章所涉及的议题，并评估其对中国组织（包括境内外）、管理实践和你个人的潜在影响。

2）找出本章所涉及的一个议题并完成评估。以下是我们准备的一个例子。

3）列出你认为这个议题对中国组织产生的潜在影响（包括境内外）。

4）这个议题将带来机会还是威胁？分别属于哪些类型？

5）这个议题可能对你个人产生什么影响？

6）这项任务没有所谓正确或错误的答案。

议题	中国组织		机会与威胁		你
	对中国境内的影响	对中国境外的影响	机会	威胁	对个人的影响
中国人口老龄化	老龄人口对医疗和其他支持的需求将上升	可能吸引境外竞争者——生活辅助行业	医疗保健、生活辅助设施、居家护理服务，还有其他机会吗	如果问题不能通过私营企业及时解决，社会负担和政府成本将会上升	如何在异地工作的同时照料年迈的父母？房子太小，无法容纳父母
	当年轻人口萎缩时，如何为计划中的老年人口退休基金提供资金	可能吸引境外竞争者——金融服务公司——个人退休账户	金融服务——退休规划	同上	如果没有退休保障，如何赡养老年父母

注释
———○ ///

[1] Peter F. Drucker，*Managing in a Time of Great Change*（New York：Truman Talley Books，1998），43.

[2] 本章大部分内容是罗伯特·W. 斯威姆博士发表在《北京商务》杂志上文章的更新版本："The Drucker Files：Drucker on the Next Society and China-Part I，"*Business Beijing*（November 2003）.

[3] Peter F. Drucker，*Managing in the Next Society*（New York：Truman Talley Books，2002）.

[4] Peter F. Drucker，*Managing in a Time of Great Change*（New York：Truman Talley Books，1998），41-43.

[5] Peter F. Drucker，*Managing in the Next Society*（New York：Truman Talley Books，2002），xi.

[6] 同上，13。

[7] Peter F. Drucker，*Managing in the Next Society*（New York：Truman Talley Books，2002），251.

[8] "Japan Elderly Population Ratio Now World's Highest，"*China Daily&Reuters*（June 30，2006）.

[9] "Aging Population Test Social Security，"*China Daily*（December 13，2006）.

[10] Peter F. Drucker，*Management Challenges for the 21st Century*（New York：HarperCollins Publishers，Inc.，1999），44.

[11] Peter F. Drucker，*Managing in the Next Society*（New York：Truman Talley Books，2002），xi.242-243.

[12] "Zero Population Growth，"*Beijing Review*（July 31，2003）.

[13] "Population to Peak at 1.5 Billion in 2030s"*China Daily*（June 23，2006）.

[14] Mark Fritz, "Cash Incentives Aren't Enough to Lift Fertility, " *Wall Street Journal* (August 17, 2006) .

[15] "Shanghai Addresses Aging Issue, " *China Daily* (June 25, 2006) .

[16] "Only Child Parents Encouraged to Have Second Baby, " *China Daily* (September 29, 2006) .

[17] "Only Child Parents Urged to Have Two Kids" *China Daily* (November 10, 2006) .

[18] "Working - Age Population Set to Decline" *China Daily* (September 1, 2006) .

[19] "UK Pension Age May Be Raised to 69, " *China Daily* (December 1, 2005) .

[20] Peter F. Drucker, *Managing in the Next Society* (New York : Truman Talley Books, 2002) 263-269.

[21] Peter F. Drucker, *Managing in the Next Society* (New York : Truman Talley Books, 2002) . 57-58.

[22] "The Power of Virtual Integration : An Interview with Dell's Michael Dell, " *Harvard Business Review*, Reprint 98208 (1998); "Matching Dell, " *Harvard Business School*, Reprint 799-158 (June 6, 1999) .

[23] "China Boasts 298 Million Internet Users" *China Daily* (January 13, 2009) .

[24] "China to Take Decade to be No. 2 Internet Market in Revenues, " *Google-Forbes.com* (March 17, 2006) .

[25] Mark J. Penn, "Trend surfing : The Critical 1%." *MSN.Com* (August 28, 2007) .

[26] Peter F. Drucker, *Managing in the Next Society* (New York : Truman Talley Books, 2002), 250-251.

[27] "Baby Boom, " *China Daily* (May 8, 2006) .

[28] "Half of China to Live in Cities by 2010, " *China Daily* (November 7, 2006) .

第 *10* 章　规划和管理组织变革

可能最遭受重创的组织是那些妄想明天会像昨天一样的组织。[1]

第 1 部分：德鲁克和变革领导者

到目前为止，本书已经涵盖了战略、内生增长和外部增长。很多情况下，企业为了实施战略，可能需要在组织中进行结构、技术、人员等方面的变革，包括更频繁的、针对 CEO 的变革。从外部来看，变革可以被视为某种机会，也可以被视为某种令人恐惧和抵制的东西，这取决于如何管理变革。

本章将介绍德鲁克关于变革的一些观点，以及我自己作为学者的观点，这些观点基于我数年来在旧金山大学向研究生教授组织发展课程的实践经验。与前几章一样，这是我为《北京商务》杂志撰写的一篇文章的摘要，其主题是中国机构的变革管理。然而，这些概念通常也适用于任何地区。[2]

为什么要变革

德鲁克写道，在当今快速变化的环境中，管理者必须能够预测、计划和领导其组织中的变革。管理者还必须能够创造视变革为机会而非某种需要抵制的威胁的组织环境。正如他所说，"可能最遭受重创的组织是那些妄想明天会像昨天一样的组织。"

本章回顾了德鲁克对变革的要求，他认为组织需要什么样的变革政策以及为变革制定预算的重要性。在这里，我们将把领导变革视为另一项必要的管理职能。此外，我们还将研究组织可以变革什么、为什么要变革、保持变革连续性的重要性以及导致变革行动失败的 8 个错误。

基本的生存规则

以下是德鲁克的说法：

1）"除非在组织中把对变革的领导视为一项管理层的任务，否则组织将无法生存"。阿里·德赫斯（Arie de Geus）在《长寿公司》（The Living Company）一书中评论称"财富 500 强或其同等公司等跨国企业的平均寿命在 40 至 50 年。"[3] 相应地，他说大多数组织的寿命都不如人的寿命长。

2）在组织结构发生快速变化的时代，唯一能生存下来的能够领导变革的组织。

3）21 世纪的管理层有一个核心挑战，那就是使组织成为变革的领导者。[4]

对德鲁克观点的佐证

如果说 20 世纪的标志是社会的变革，那么 21 世纪则需要标榜社会和政治的创新。[5]

在我们的 MBA 和高管培养项目中，我们引用了德鲁克关于变革的主要观点。

1）**人口特征**：人口老龄化和出生率下降。

2）**不断变化的劳动力群体**：从体力劳动者到知识劳动者，从年轻雇员到年老雇员，从全职雇员到兼职雇员以及外包雇员，等等。

3）**信息的加速**：信息的供应越来越多，以及互联网的影响。

4）**不稳定性和不确定性**：政治和经济的不确定性。

5）**全球化**：全球化和结构变化的影响。

在 1995 年出版的《巨变时代的管理》一书中，德鲁克描述了他所谓的"社会变革的世纪"。他在书中评论道："人类历史上，从来没有一个世纪像 20 世纪那样经历了如此多且如此激进的社会变革。"[6] 阿里·德赫斯在《长寿公司》中提出的问题佐证了德鲁克对变革的看法。"但是，根本性的变革可以通过可预见的方式来实现吗？在实践中，只有当公司的管理者能够及时察觉变革的信号时，这种情况才能发生，及时指的是在情况恶化到公司失去选择权之前。简而言之，要想有预见性地采取行动，公司必须基于信号而非问题严重程度采取行动。"[7] 阿里·德赫斯提出了以下几个关键点：

预见变革

- 识别机会和威胁；
- 鼓励变革以利用机会；
- 保持警觉并做出反应；
- 基于信号而非问题严重程度采取行动。

消除变革的神秘感

在讨论德鲁克关于如何成为变革领导者（Change Leader）的观点之前，我们需要先了解组织**为什么会**变革以及组织可以进行什么样的变革，从而消除变革的神秘感。同样重要的是，要注意哪些组织不应该变革。

为什么组织会变革

组织的变革有许多不同的原因。他们可以对这些原因做出反应，也可以走在它们的前面。这些原因如下：

1）**危机**。显然，9·11 事件是一个极具戏剧性的危机例子，它促使无数组织进行了变革，甚至促使某些行业也进行了变革，如航空业和旅游业。安达信会计师事务所发生了危机，另外它还涉及了安然丑闻，这些显然促使该组织为了生存而进行许多变革。次贷危机、房产价值缩水和房产止赎的增加，加上石油和汽油价格的急剧上升等因素，在许多领域催生了变革。其中几个变革包括：政府对原油期货投机者加强了管控，增加了低油耗汽车的数量，更依赖于国内而非国外能源。

2）**业绩差距**。组织没有实现其目标，或无法满足其他组织需求。为了弥补这些差距，便需要进行变革。美国汽车业出现了巨大的业绩差距，催生了许多变革，包括结构性的变革。

3）**新技术**。识别新技术和更高效、更经济的工作实现方式。实际上，是否存在更低油耗的汽车，但由于美国三大汽车制造商的阻碍而无法进入这一市场？

4）**识别机会**。在组织为了提高竞争力而积极开拓的市场版块中识别机会。

5）**应对内部和外部压力**。管理层和员工是促成变革的压力来源，而外部压力有很多来源，包括客户、竞争、不断演变的政府法规、股东、金融市场以及其他外部环境因素。试想一下，国内航空公司面临航油价格上涨的压力被迫做出许多改变，如减少航班数量、增加行李费用、提高机票价格和减少服务城市的数量。

6）**并购**。正如第 7 章所讨论的，并购带来新的企业组合，它们通常会在一些领域带来变革。这些变革尝试包括成功整合两家公司，使之产生最初使该并购具有吸引力的益处。

7）**为了改变而变革**。当组织任命新的 CEO 时，很多情况下，他会为了改变而变革，从而向董事会和股东证明他正在行动。

8）**听起来不错**。变革的另一个原因是为了效仿其他组织的行动（如此前的品管圈和企业再造的热潮）。组织尝试变革的原因是这些听起来不错。

9）**有计划地放弃**。由于清退衰落的产品和市场，并将资源投向创新和新的机会而产生的变革。

组织可以变革什么

组织可以在以下几个主要方面进行变革：

1）**使命、愿景、战略**。正如第 2 章和第 3 章所论述，组织应该不断地问自己：

"我们的企业是什么，它应该是什么？"回答这些问题，可能会为组织的使命（企业的宗旨）、未来的愿景（组织应该是什么样的）和竞争战略带来改变。

2）**技术**。组织可以变革技术（如所售产品的生产方式），以提高效率和降低成本。

3）**人员行为的变化**。可以通过培训管理层和员工，为他们提供新的知识和技能，也可以进行人员更换或裁员。在中国的国有企业为提高竞争力而进行重组从而产生的各种变革和挑战中，裁员是难度较大的。

4）**职责和岗位的设置**。可以通过新的工作程序和工作机制，变革组织的工作实现方式（泰勒的科学化管理）。

5）**组织结构**。组织可以通过组织结构的变革，更好地应对外部环境和市场（德鲁克的权力去中心化）。除了对组织结构图上的工作汇报关系进行变革外，还包括变革组织的决策权（集中或分散）。

6）**组织文化**。组织可以尝试变革其文化，其中包括管理和领导风格，以及价值观和信仰。在组织可以变革的所有领域中，迄今为止这是最困难也最耗时的。随着中国的国有企业尝试在全球经济中进行更高效的竞争，它们必须将计划经济文化转变为市场导向的文化。记住，变革可能需要一定的时间，文化变革的努力可通过以下引用来例证。

1803 年，英国设立了某公务员职位，要求该人员站在多佛的悬崖上，用窥视镜俯瞰英吉利海峡。

如果看到拿破仑和法国海军来了，他就敲钟警示。这一职务在 1945 年被废除。[8]

20 世纪 80 年代初，在一个在英国伦敦举行的管理者培养项目中，我引用了上述引文，但一位来自英国的参与人员纠正了我。"这一职务没有被废除——他们打电话过去证实了。"

以上是组织可以变革的主要方面。我们需要注意的是，变革其中一个要素通常会对其他要素产生影响。例如，变革技术可能需要变革人员行为（关于如何使用该技术的新知识和技能）。

第 2 部分：德鲁克对变革的洞察

本章的第 2 部分将着重说明哪些组织不应该尝试变革、为什么许多变革行动会失败、变革的要求和成为变革领导者的要求、"有组织地改进"的政策，以及德鲁克对变革领导者必须保留预算的看法。虽然第 1 部分提出了一个广泛的框架以论述变革，第 2 部分将涵盖德鲁克对变革的一系列观察结论，同时还从组织发展（OD）的角度进行讨论（有计划地管理变革）。值得一提的是，我对组织发展的看法与传统上注重"过程研究"的组织发展有很大不同。过程研究法有一个前提，那就是帮助客户通过自我发现来独立地解决自身问题。我注重的是通过行动研究模型来规划和管理复杂的组织变革，这一点将在本章第 3 部分阐述。我在本章还补充了一个案例研究来解释这一方法。

组织的哪些领域不应该进行变革

当你引入变革时，需要保持组织的连续性与根本价值观的一致，因为这些价值观是不会改变的。[9]

德鲁克认为，组织在某些领域不应该进行变革。[10] 这些主要与人员的行为有关，包括以下几点：

1）认可的必要性。 员工的贡献需要得到认可。尽管组织可能需要变革，但员工需要确信他们做的某些事情是正确的，目前的变革既不是因为他们表现不佳，又不能说明他们存在问题。

2）**尊重的必要性**。无论组织需要什么样的变革，组织中的人员必须得到持续的尊重。要给予他们尊重，方法之一是不断地沟通必须变革的原因。

3）**信任的必要性**。员工必须继续信任管理层。当变革进行时，让他们保持信任的方法之一是向员工说明哪些将不会改变，并提醒他们变革与组织的使命、目标、愿景和战略相一致。

4）**自我实现感的必要性**。根据亚伯拉罕·马斯洛（Abraham H.Maslow）和他的需求层次理论，人们努力追求自我实现，是指人能够利用知识和技能来完成有意义的工作。尽管变革正在进行，但人们需要保持工作的连续性。正在实施的变革必须与组织的方向和愿景以及个人的贡献相一致。

5）**成长的必要性**。组织必须持续为管理层和员工提供学习和成长的机会。变革可以以积极的方式为个人学习和成长提供机会。

变革行动失败的 8 个原因

在讨论组织需要做什么才能成为变革领导者之前，我们有必要回顾一下组织经常犯的哪些错误阻碍了它进行成功的变革。

1）**没有建立充分的紧迫感**。组织失去机会是因为没有建立"为何需要变革"的紧迫感。

2）**没有建立起一个足够强大的变革领导者联盟**。组织未能建立起一个有足够权力和威望的变革领导小组，同时这个小组可能也没有得到高层管理者的承诺和全力支持。

3）**没有建立愿景**。组织未能为未来建立能指导变革行动的愿景。例如，变革会改变什么，又会保留什么？为实现愿景，需要什么样的战略和目标？

4）**对愿景的沟通不足**。组织未能对未来的愿景进行传达。变革后的组织会是什么样的？必须把愿景作为一个机会而非威胁来呈现。

5）**没有消除建立新愿景的障碍**。没有处理和消除那些严重妨碍新愿景的制度、政策或结构。

6）没有系统性地规划和实现短期成果。员工个人没有因变革行动所带来的绩效提升得到认可或奖励。

7）过早宣布胜利。组织未能监测变革行动的进展并评估结果。通常情况下，组织在变革还没有完全实施的时候就宣布取得胜利。

8）变革没有植根于组织文化。组织未能让员工将变革视为未来的工作方式从而拥抱变革，导致变革之后他们又恢复到以前熟悉的做事方式。

德鲁克认为组织成为变革领导者须具备哪些条件

前面回顾了组织为什么会变革、组织在哪些领域不应该进行变革，以及组织在实施变革时经常犯的错误，下面说明德鲁克认为组织如何才能成为最充分意义上的"变革领导者"。德鲁克列举了组织需要具备以下条件：[11]

1）成就未来的政策。

2）寻求和预见变革的系统性方法。

3）知道引入变革的正确方式是什么。

4）平衡变革和延续性的政策。

成就未来的政策

德鲁克明确指出，组织需要"摆脱过去"，使资源不再用于维持那些不再促进绩效，也不再产生结果的东西。他说："不摆脱过去，就不可能创造未来，因为如果要维持过去，组织，最稀缺和最宝贵的资源，同时最关键的是那些最能干的人都被投入到不能产生结果的事务中。"[12]因此需要首先考虑的政策就是前文介绍过的"有计划地放弃"政策。

（1）"有计划地放弃"政策

这个政策的出发点是："如果我们过去没有这样做，在掌握现有信息的情况下，现在会去做吗？"如果答案是"不会"，我们必须这样应答："我们现在应该做什么？"[13]德鲁克认为，如果一个产品、服务、市场或流程还有几年的兴旺期，正确的做法便是放弃它。

组织总是倾向于高估它的兴旺期。然而，德鲁克认为"他们不是正在消亡，而是已经消亡"。衰退的产品、服务或流程总是要求组织给予最大的关注和投入，但同时却束缚了最具生产力的人。因此，组织必须系统地回顾产品和服务，并放弃那些不再对结果有所贡献的产品。组织应该制定一份放弃报告，并定期召开管理会议，以确定哪些是需要放弃的。第 6 章中对"有计划地放弃"作过详细说明。

（2）"有组织地改进"政策

变革领导者需要的第二个政策是有组织地改进。从本质上讲，这和前面"组织可以变革什么"的讨论是一致的。德鲁克在这里指出，有必要对某一特定领域的绩效进行定义。[14]一旦定义了绩效，就可以确定差距，如果业绩差距大到需要变革，就可以做出决定。这一政策涉及运营效益与战略定位这一话题，这两者是由迈克尔·波特进行区分的，第 3 章简要介绍过这一议题。

（3）挖掘成功

德鲁克认为，许多组织太关注于解决问题，以至于无法灵活行事和创新。大多数组织的创造力被束缚了。在这里组织需要识别机会。正如德鲁克所说，"组织需要摒弃问题，专注于机会"。[15]

定期提交给管理层的运营报告应附有对相关机会的说明，概述组织可以利用什么样的机会。组织还需要鼓励员工在不同产品、业务、服务和流程中寻求可以发掘机会的变革。

（4）"系统性创新和创造变革"政策

第四项必要的政策是系统性创新，即创造变革并使整个组织视变革为机会的政策。在《创新与创业精神》中，德鲁克列举了组织应该系统性地探索的一系列机会窗口。他认为，为创新提供最多机会的做法是去分析"意外的成功和意外的失败"的原因。

变革的试运行

无论是研究、市场调查还是计算机建模，都不能替代检验现实这一步。因此，所有改进的或新发明的东西首先都要在小范围内进行测试，也就是说，需要进行试运行。[16]

德鲁克的上述言论简要论述了试运行的必要性，把它作为规划重大变革时需要考虑的变革战略之一。在这里，德鲁克把这一讨论限定在推出新产品这一环节。

为变革领导者保留预算

德鲁克认为，为了成为变革领导者，组织需要为此制定一定的预算。如果组织的运营预算占所有支出的80%~90%，那么它也应该为了成为面向未来的变革领导者而制定预算。[17]这将占到所有支出的10%~12%，并侧重于开发或培育面向未来的新产品、新服务、新技术、市场和客户、分销渠道以及人员。

如果组织的财务表现时好时坏，也应维持一定预算，以取得未来的成功。当行业处于困难时期时，在竞争压力下，组织可能减少其支出；因此，在这些时期维持一定的预算可以创造机会。

变革和连续性

进行变革的同时应保持连续性。针对组织计划实施的变革进行教育和沟通非常重要。应该通过沟通说明他们做了哪些正确的事情，以鼓舞士气，维持自我价值感，建立信誉，减少潜在的抵制。除了描述愿景（变革后的组织会是什么样子）之外，重点在于沟通将保留什么。同样重要的是沟通所规划的变革与组织的整体方向之间的关联性。重点在于让变革与组织的使命、愿景和价值观保持一致。德鲁克的这些观点得到了阿里·德赫斯的支持，他说："每个组织都必须保持足够的稳定性，以持续地通过令人满意的方式运作，同时防止自身停滞不前，才能适应不断变化的条件。" [18]

尝试创造未来是危险之举。然而，不去尝试却更危险。 [19]

阿里·德赫斯

第 1 部分和第 2 部分小结

实施企业的战略可能需要在许多方面进行变革，从工作的实施方式到组织的结构和决策权，再到高层领导等。

在第 1、第 2 部分中，我分享了德鲁克关于变革重要性的一些看法，以及德鲁克认为组织如何才能够成为变革领导者。我重点介绍了他建议组织需要建立哪些政策来实现这一目标。德鲁克强调，真正的变革领导者不应该执着于过去，而是应该放眼未来，并寻求创新的机会。德鲁克在这里忽略了关于如何计划和领导变革、应利用什么变革战略和策略等方面大部分的内容。为了填补这一空白，有必要转向行为学派和组织发展领域关于规划、实施和管理变革的各种工具。

第 3 部分：规划和管理复杂的组织变革

第 1 部分和第 2 部分讨论了组织为什么必须变革，以及它们可以通过什么来达成变革，也涵盖了德鲁克对这个问题的一些看法。我选择了组织发展（OD）领域的行动研究法，对于负责规划和实施重大变革的人来说这是最实用的方法。我还附加了一个可用于变革规划的诊断工具，尤其适用于评估谁会受到变革的影响，以及他们是否会对规划的变革产生潜在的阻力。

变革领导者

关于变革领导者由谁担任，我讨论了外部变革领导者或顾问、内部变革领导者（可能是来自组织发展部门或分配到该项目的经理或工作人员）或两者相结合等方案。每种方案都有其优点和缺点，如下所述。[20]

1. 外部变革领导者（外部顾问）

1）**优势**。无所顾忌。因为他们不参与公司内部政治，所以可以保持客观。

2）**劣势**。不熟悉组织，可能需要时间来熟悉组织及其实践。

3）**劣势**。通常不能追踪监测变革的实施工作。

2. 内部变革领导者

1）**优势**。了解组织和关键人物（除非最近才被雇佣）。

2）**劣势**。可能因为涉及内部政治而不够客观。在规划的这次变革中，他可能会偏向一个群体而排斥其他群体。

如果正在规划的此次变革规模很大，且可能影响整个组织，最好的方法是外部和内部的变革领导者兼而有之。这样便可以将外部顾问的变革管理专业知识与内部变革领导者的组织知识相结合。内部变革领导者的人选应该是一个在组织中备受信赖和尊重的人，并且成就卓越。

行动研究模型

组织发展的相关文献包含有许多广受欢迎的变革模型，包括库尔特·勒温的"三步法"，李皮特、沃森和韦斯特利的"规划变革分阶段"，以及我认为最实用的"行动研究模型"。[21]下面我再次聚焦于如何处理复杂的组织变革。管理者可以不需要完全应用表 10-1 中描述的行动研究模型就能进行许多变革。

表 10-1　管理变革的行动研究模型

1. 侦查	6. 实施
2. 开始	7. 评估
3. 数据收集	8. 稳定化
4. 诊断	9. 结束
5. 行动规划	

下面简单介绍行动研究模型中的各个步骤。更详细的论述见哈维（Donald F.Harvey）和布朗（Donald R.Brown）的书《组织发展的体验式方法》（*An Experiential Approach to Organization Development*）。[22] 同时我也将通过本章末尾的案例具体展示这些步骤的应用。

1. 行动研究法步骤 1——侦查

意识到需要进行变革是第 1 步，这里包含了客户（高级主管）意识到问题的存在（业绩差距）并感知到变革的需要，尽管他可能还没有意识到真正的问题或需要什么样的变革。这里也可能包括他意识到有一个需要抓住的机会，为此需要进行一些变革（见表 10-2）。

表 10-2　侦查阶段：意识到需要变革

客户	变革领导者
1. 认识到业绩差距并意识到变革的必要性	1. 与客户见面
2. 联系并会见变革领导者（内部或外部）	2. 讨论对变革的认识、准备和投入
3. 讨论对变革需求的意识和对变革的准备情况	3. 确认实施变革的权力和权威所在
4. 变革领导者的任务以及对变革投入的资源	

接下来，客户可能会与变革领导者（内部或外部）会面，回顾情况，包括对变革需求的认识和客户对变革的准备情况。变革领导者会确认客户的准备情况和对变革的投入，以及是否具备批准变革的权力和授权。这将包括确定哪些资源可用于变革（德鲁克的变革预算）。基于这一讨论，变革领导者接受分配，进入第 2 步。

相关任务和应用的变革工具

表 10-3 描述了变革领导者在第 1 步可使用的工具。

表 10-3　侦查阶段的任务和变革工具

任务	变革工具
1. 意识到需要变革（问题）	1. 业绩差距界定工具
2. 意识到需要变革（机会）	2. 变革初步评估方程式[①]
	3. 创新来源界定工具
	4. 变革初步评估方程式

① 变革方程式是用于评估变革行动的诊断工具，将在本章稍后介绍。

2. 行动研究法步骤 2——开始（建立契约）

第 2 步建立契约是在客户和变革领导者之间建立某种契约，详细说明要执行的工作和预期结果。这将包括：

1）对具体任务和如何执行任务进行界定。

2）对预期结果和交付结果的时间进行界定。

3）确定可能需要的额外资源和支持。

4）探讨要进一步挖掘的问题或机会。

5）将变革领导者的目标向组织沟通。

就契约的签订方面，通常是与外部变革领导者签订咨询合同，其中涵盖费用等。与内部变革领导者的契约可能是制订工作计划，概述与变革工作有关的所有任务。上述第 5 点很重要，因为如果组织的成员能理解变革领导者的目标和他们在这个过程中的潜在参与，就可以为最终的变革承诺更多的投入。

相关任务和应用的变革工具（见表 10-4）

表 10-4　开始阶段的任务和变革工具

任务	变革工具
1. 界定任务如何达成	1. 通过变革方程式进行分析：确定受影响的群体
2. 确定所需的支持	2. 考虑合适的战略和策略
	3. 确定涉及改革、受影响的群体

诊断工具——变革方程式

在继续论述行动研究模型之前，我们应当讨论一下在分析和规划变革的早期有哪些工具可以使用。图 10-1 所示的变革方程式是一个诊断工具，适用于评估变革行动。需要注意的是，如果你对数学感兴趣，那么这个方程式其实是用来说明问题的，不能被量化。方程式的元素包括：C—代表想达成的变革，F—代表变革后的未来情况（期望的状态或愿景），N—代表现在的情况，P—代表从现状转变为未来状态的规划，R—代表变革的潜在阻力。注意 R 也可以表示为 PL 或感知的损失，也即那些受变革影响的人认为他们会因为变革而失去什么（权力、声望、利益、汇报关系、权威和责任，等等）。

$$C = (F - N) \times P > R$$

$$变革 = (未来 - 现在) \times 规划 > 阻力$$

图 10-1　变革方程式诊断工具

如果未来减去现在的总和是正数，并且乘以变革计划所得到的结果大于潜在阻力，那么变革将会成功。

方程式的管理

以下论述了方程式中所有元素，以及变革领导者如何管理它。

① **变革方程式第 1 步：管控 "N"（Now，现在）**　管理变革方程式的第 1 步是处理 "N" 或 "现在"。变革领导者必须制造一种对现状不满的氛围，并使人们认识到需要变革。例如，"客户抱怨我们的产品质量差。我们正因此失去订单和好客户。如果这种情况持续，我们可能得关闭工厂、解雇工人等。" 这里的任务是尽可能地制造对现状的不满 [负资产或（－）]。这里推荐 "教育和沟通""参与和投入" 这一策略。这指的是与那些将受到变革影响的人分享客户调

查、任务工作组、焦点小组等方面的信息。关于为什么需要变革的负面信息越多越好。应用这一策略有一个经典例子，那就是 20 世纪 50 年代罗伯特·普雷斯顿（Robert Preston）主演的百老汇音乐剧《乐器推销员》（*The Music Man*）。普雷斯顿扮演的是一个中西部的推销员，他向儿童乐队销售乐器和制服。他在其中一幕的歌词讲到了小河城的台球桌，以及其存在如何腐蚀了孩子们，使孩子们无法专注于学业和家务。他的歌曲《小河城的麻烦》就是一个很好的例子，其中他制造对当前形势的不满，管控了"N"。当然，他最终也接着描述了"F"，以及如何通过在小河城建立男子乐队来消除麻烦，这是他所期望的变革。从这个简单的例子可以看出，变革方程式直接适用于销售，可以用来评估销售情况。在这个应用中，变革方程式的唯一区别是"R"，它涉及消除买方在与你的公司做生意时的"风险"，这里的风险指的是相对他目前正在交易的公司而言。

同样重要的是，需要确认什么东西是对的，并不是所有的东西都需要改变。这对于增强士气、维护他人的自尊、建立变革领导者的可信度而言有着重要作用，也有助于减小阻力。

② **变革方程式第 2 步：管控"F"（Future，未来）** 管控"F"也即提出对未来的展望——变革后的情况会是怎样的。在这里，有必要展示变革的好处，以及什么东西会被保留。其目标是创造走向未来的价值并展示，也就是说负资产（-）将被消除。组织需求将得到满足，价值也将实现。同时，任何潜在的感知损失（阻力）将转为增益。

在宣传"未来"时，宣传的内容应包括：

- 人们的工作方式是否会改变；
- 可能需要哪些新技能以及如何提供这些技能；
- 人们是否将不得不采取不同的行为方式；
- 变革是否会给人们带来好的机会，或者可能会带来负面的后果；

- 将变革与组织的使命、愿景和价值观联系起来，以彰显其一致性；

- 该变革如何支撑组织的业务方向和目标；

- 以人为本——他们需要感到被重视和包容。

图 10-2 说明了应该如何管理变革方程式的前两个要素（现在和未来）。

$$C = (F - N) \times P > R$$

$$\uparrow \qquad \uparrow$$

$$(+) \quad (-)$$

增益负资产

图 10-2　管控 "N" 和 "F"

③ **变革方程式第 3 步：管控 "R"（Resistance，阻力）** 管控 "R" 是指处理那些将受到变革影响的人，以及克服潜在的阻力或潜在的感知损失，后者指人们认为他们会因变革而失去什么。在这里，最适用的策略是 "参与和投入"，也就是说，让那些将受到变革影响的人或这些群体的代表参与到变革的规划中。

"R" 和变革的阻力 在进入变革方程式第 4 步之前，需要简单回顾一下为什么变革行动会遭遇阻力。变革阻力的主要来源有：

不确定变革的原因和影响是什么

- 人们会规避不确定性（风险）——既定的程序是众所周知和可预测的；

- 缺乏信任——不信任上面制定的任何变革；

- 需要新技能——可能需要获取新技能或信息；

- 可能早期会对业绩产生负面影响，并影响其回报（薪酬、晋升）；

- 负面的业绩——人们可能会把这解读为当前的工作效果不好。

不愿意放弃现有的利益（感知损失）

- 不愿舍弃工作任务和关系；

- 权力、声望、工资、工作质量和其他利益（工作保障）的损失。

意识到拟议变革的弱点

- 变革的发起者忽视了一些潜在问题（"我们以前试过这个，但没有成功"）；
- 变革的计划被认为是过于严格、昂贵和耗时的，也可能扰乱目前的运营。

变革领导者缺乏可信度

- 变革领导者可能不受组织的尊重，也不具备可信度；
- 这个人以前的工作是否产生了结果？
- 变革领导者在以前积累了哪些变革经验？

增加变革阻力　以下情况将强化以上阻力或感知损失的构成因素：

- 如果人们不认为变革是有帮助的，就会把它视为威胁；
- 除非变革是由受影响群体特别提出的，否则将遭到他们的反对；
- 除非变革是由管理层特别提出的，否则将遭到他们的反对，因为他们认为这威胁到了他们的威信和权力（无论是真实的还是想象的）；
- 群体的反对意见通常大于个人反对意见的总和（2＋2＝6）；
- 变革的程度——变革的程度越大，受影响群体的反对声就越大。

通过宣传变革的好处以及变革的连续性，可以削弱这些使阻力增强的因素。这是基于对变革方程式中各元素的管理。支持变革的管理者或变革领导者的地位越高，对变革施加的影响就更大。通过提供关于"N"和"F"以及"P"的信息，可以大大减少这种阻力。让受影响群体的成员参与变革规划，也可以为变革创造内部压力。

④ **变革方程式第 4 步：管控"P"（Plan，规划）**　如前所述，如果变革规划不够完整，将会对变革产生阻力。因此，变革的规划必须做到：

- 该规划不能太复杂，必须易于理解；
- 该规划必须被视为是可行的，并能展示变革领导者的可信度；
- 该规划不得消耗过多的时间或资源，也不得对业务造成干扰；

- 该规划必须说明哪些东西将被保留下来。

还有一个条件是让那些将受到变革影响的人参与规划工作，向他们沟通该规划将会取得成功并产生预期结果。

变革规划的要素 变革的规划应包含以下要素：

- **对"N"和"F"的描述**。组织的现状是什么，你希望它在变革后是什么样的；

- **关于沟通的计划**。告知每个人有关变革的情况，并在变革的过程中让他们了解最新的情况；

- **关于认可的计划**。在什么样的情况下宣告变革取得了成功，并奖励那些支持你和你的变革行动的员工；

- **准则**。界定程序、角色和责任，以减少冲突和潜在的权力斗争；

- **衡量标准**。确定问责制和对成功进行追踪。

良好的变革规划有很多好处。首先，它是一个路线图，让每个人都知道我们要去哪里，如何到达那里，以及何时到达。其次，它是一个沟通工具，让每个人都知道为什么需要变革，同时澄清误解，告诉员工需要做什么，以及他们对你有什么期望。最后，它也是一个营销工具，能够向员工推行变革。其他的好处包括：它是一个质量保证工具，能管控变革质量，同时能帮助你建立信誉，让员工知道你在负责、管控这项任务，以及提供变革工作将会成功的证据，为你减小阻力。

可以看出，变革方程式是一个分析和规划变革的良好诊断工具。富有经验的变革领导者会在变革早期运用这一工具，这有助于确定哪些群体可能会受到影响并有可能抵制变革，从而选择适当的变革战略和策略。

3. 行动研究法步骤3——数据收集

建立契约的下一步是数据收集——就将要挖掘的问题或机会收集信息。如

表 10-5 所示，有许多数据来源可以考虑，类似于进行市场调查。

表 10-5　数据收集阶段的任务和变革工具

任务	变革工具
收集有关问题或机会的信息	1. 二手资料研究 2. 重点访谈和重点小组（提前提交讨论的问题） 3. 反馈工具（问卷和调查） 4. 参与和投入的战略和策略

4. 行动研究法步骤 4——诊断

数据收集的下一步是诊断，并由变革领导者向客户反馈，如表 10-6 所述。

表 10-6　诊断阶段的任务和变革工具

任务	变革工具
1. 定义与机会相关的"真正问题"或议题 2. 变革的初步建议 3. 向客户反馈 4. 客户对变革的支持	1. 焦点小组和问题解决小组（参与和投入策略）。 2. 对变革方程式的评估 3. 变革战略和策略

这一步的重点是向客户提供反馈，说明"真正的问题"是什么，以及变革领导者对变革的建议是什么。在这里，获得客户对变革的支持是非常重要的。另外，在进入下一步即"行动规划"之前，必须确定将使用什么变革战略和策略来实施变革。下面简要论述变革工作中可使用的战略和策略。

变革战略和策略

人们的压力不是由于组织变革的规模过大，而是由于变革方式不当。[23]

① **变革战略**　在规划和管理一项变革工作时，有三种方法或战略可供考虑。这包括自上而下—单边的方法，共同责任—参与和投入的方法，以及自下而上—试点的方法。如下所述，有可能一次变革工作中会使用所有三种战略。[24]

- **自上而下—单边（Top Down-Unilateral）方法。** 首席执行官发布命令，表示有些事情需要改变（提升产品质量、更快地响应客户等）。这种方法的好处是可以快速实施变革。缺点是可能在没有完整信息的情况下就做出决定。

- **共同责任—参与和投入（Shared Responsibility-Participative and Involvement）方法。** 那些可能受影响最大的人参与变革工作的评估和规划。优点是通过参与和投入可以减少变革的潜在阻力，并为变革工作培养主人翁意识，这有助于提高员工对变革的支持和变革成功的概率。缺点是这种方法需要人们花时间会面，并且可能不利于培养权威。此外，小组的领导者必须擅长领导小组进行问题分析和决策会议，防止因意见不统一而产生四不像的结果。

- **自下而上—试点（Bottom-Up-Pilot Program）方法。** 拟议变革可能会对整个组织产生影响。如果组织规模较大，最好是在一个地方以试点项目的形式测试变革（德鲁克的试点法）。这样做的好处是在影响整个组织之前，能够对变革工作进行评估并做出必要的改变，以提高其成功率，或者在没有取得积极成果的情况下放弃变革工作。这种方法的唯一缺点是要确保变革工作得到高级管理层和高层的支持，而不是被视为一场个人发起的游击战。

正如上述指出，这些战略可以结合起来使用。举例来说，首席执行官认为需要进行变革（自上而下），于是任命了一个变革领导者来研究这个问题，并建议应该达成哪些改变。变革领导者组建了一个由有识之士组成的小组，其中许多人可能会受到变革的影响，他们可能不愿意参与变革计划的制订中（共同责任）。最终变革计划的一部分是在组织的一个站点进行测试（试点）。

② **变革策略**　尽管在实施变革工作中可以采用许多策略，但最有效的因素是沟通、参与和协助。[25]

- **教育和沟通。** 与那些受变革影响最大的人进行持续的沟通和信息共享，说明为什么需要变革，什么将被改变，什么将被保留，变革工作如何与组织的使命和愿景相一致，变革的计划是什么，等等；

- **协助和支持**。通常情况下，为了实施变革，需要那些受变革影响的人掌握新的知识和技能。需要告知他们，将向他们提供培训和其他所需的支持，这样他们便可以在变革实施后继续工作；

- **参与**。这与共同责任战略基本相同，即让那些将受到变革影响的人参与变革工作的计划和实施。

5. 行动研究法步骤 5——行动规划

一旦客户承诺进行变革，就需要制定一个行动规划，包括确定将使用哪些变革战略和策略。该规划的一个重要部分包括进行沟通，沟通变革的需要，以及需要变革什么才能消除业绩差距或利用机会，特别是与那些将受到变革影响的人进行沟通。可用于这些任务的工具包括变革方程式，这对于评估那些将受到变革影响的人和可能抵制的人尤其重要，同时也包括教育和沟通方面的战略和策略（见表 10-7 ）。

表 10-7　行动规划阶段的任务和变革工具

任务	变革工具
1. 共同制定变革的行动计划，包括： 　• 需要改变什么 　• 实施计划 　• 战略和策略 2. 进行沟通：对变革方程式的要素（C、N、F、P）进行宣传	1. 通过变革方程式进行分析 　• 识别"R"并参与行动规划 　• 确定变革战略和策略 2. 教育和沟通策略

6. 行动研究法步骤 6——实施

在实施变革之前，必须确保组织中那些掌握权力、权威和影响力的人致力于并支持变革行动。在处理复杂的组织变革时，尤其需要获得组织中具有公信力和威望的人的认可。如果既没有这样的支持，又没有使用适当的战略和策略，变革努力将会受到抵制而失败。再次，通过教育和沟通进行的持续沟通对强调变革的需要非常重要（见表 10-8 ）。

表 10-8 实施阶段的任务和变革工具

任务	变革工具
1. 获得掌握权力和权威的人的支持 2. 获得组织中具有公信力和威望的人对变革的认可 3. 实施变革计划 4. 继续开展宣传活动	1. 权力、权威和影响力评估 2. 参与和投入策略 3. 可能的谈判策略 4. 变革战略和策略 5. 教育和沟通策略

7. 行动研究法步骤 7——评估

变革行动的进展和结果必须是持续的。根据评估结果，可能需要对变革计划进行额外的诊断和修改。在这里，可能需要持续使用参与和投入战略和策略工具。沟通对于让组织了解变革工作的进展而言仍然很重要（见表 10-9）。

表 10-9 评估阶段的任务和变革工具

任务	变革工具
1. 评估变革的行动和结果 2. 可能需要进一步诊断 3. 对变革规划的修改	1. 参与和投入策略 2. 参与和投入策略 3. 教育和沟通策略——进展、结果、变更

8. 行动研究法步骤 8——稳定化

一旦变革工作成功实施，仍需要继续执行教育和沟通策略，让组织和受变革影响的人把它作为"生活方式"而接受它——我们应该一直这样做。如果不这样做，人们就会倒退到旧的方式。他们还应该把变革行动看作机会而不是威胁（见表 10-10）。

表 10-10 稳定化阶段的任务和变革工具

任务	变革工具
1. 变革被组织接受作为一种生活方式 2. 变化被视为机会而非威胁	1. 教育和沟通策略 2. 教育和沟通策略

9. 行动研究法步骤 9——结束

在这里，外部变革领导者离开，而内部变革领导者则确保变革的稳定。内部变革领导者可能会接受一个新的任务，然后再重复这个过程。

变革努力中的常见错误 ///

　　管理变革工作中最常犯的错误之一是，从"步骤1—侦查"直接推进到"步骤5—行动规划"和"步骤6—实施"，而忽略了中间的步骤。结果便是忽略了恰当的战略和策略。另外，知识工作者、职能专家和对结果负责的人的意见通常遭到忽视。行动研究模型的所有步骤都必须按顺序完成，包括在早期步骤中使用的诊断工具。

第3部分小结 ///

　　以上简要描述了规划和实施复杂变革工作的行动研究模型。本章末尾的案例研究将说明这些步骤在实际中是如何应用的。

　　第3部分的主要内容是回顾导致变革失败的8个错误，以及回顾任何变革努力中都需要保留的"内容"。这一部分所描述的变革战略和策略也是思考变革工作时需要考虑的关键点。最后，遵循行动研究模型将提高变革的成功率。本章末尾给出了一个与德鲁克的变革要求相关的评估工具。

　　在本章最后，谨献上一段我最喜欢的关于变革的言论。

　　世上最难执行、最不易成功、过程中最多险阻的莫过于去建立一种新秩序，因为所有从旧秩序中受益的人都是变革者的敌人，只有受益于新秩序的人才会勉强地为变革者做辩护。之所以勉强，部分是因为害怕手握法律武器的敌人，部分是因为对人性的怀疑，他们除非亲身经历，否则不会真正相信任何新生的事物。[26]

　　　　　　　　　　　　　　　　　　　　马基雅维利（Machiavelli）

评估工具——领导变革，评估变革的四个必备条件

下面是一个与德鲁克变革要求相关的评估工具。

说明

1. 根据"变革的四个必备条件"评估你的组织。

2. 请指出你认为需要改进的地方，需要什么样的改进以及为什么。

变革的四个必备条件

1. 是否为创造未来制定了政策（请在数字上画圈）？

没有政策			有某些政策			有完整的政策		
1	2	3	4	5	6	7	8	9

需要做什么改进：_____

_____

2. 是否有寻找和预测变革的系统性方法（请在数字上画圈）？

没有方法			有某些方法			有完整的方法		
1	2	3	4	5	6	7	8	9

需要做什么改进：_____

_____

3. 是否知道引入变革的正确方法（请在数字上画圈）？

不知道正确的方法			有点了解			完全了解		
1	2	3	4	5	6	7	8	9

需要做什么改进：_____

_____

4. 变革行动和保持连续性是否能达成平衡（请在数字上画圈）？

不平衡			有点平衡			变化和连续性能保持平衡		
1	2	3	4	5	6	7	8	9

需要做什么改进：_____

_____

案例研究：变革的流程、变革的分析和规划——西方石油公司

案例概述

20世纪80年代初，我作为加利福尼亚州洛杉矶西方石油公司（Occidental Petroleum Corporation）的外部变革领导者，规划并管理了一项实际的变革工作。参照"分析和规划变革的行动研究模型及其9个步骤"，下面我简要描述该过程中每个步骤所涵盖的各种活动。在描述各个步骤之前，我们先简要介绍一下公司的背景和当时的外部环境。

该公司情况

当时，西方石油公司（Oxy）在财富500强名单中的美国公司中排名第16位（其营收约140亿美元），《财富》杂志把它称为，"自财富开始追踪公司业绩以来增长最快的美国公司"。

（1）西方石油公司（Oxy）的简史

它是由两个石油业人士于20世纪50年代在洛杉矶创立的。他们为了寻找投资资金来钻探第一口井（现位于比弗利山庄——这是世人所谓的洛杉矶最高档地区，当时所有人都觉得太疯狂了），找到了已退休的世界知名企业家阿曼德·哈默（Armand Hammer）。哈默投资了该小型公司50%的股权（最初是为了税务冲销），后在比弗利山庄发现了石油（今天那里仍然是一个产油田），公司也开始了运营。

（2）勘探和生产公司

与其他大型跨国石油公司如埃克森、美孚、壳牌和英国石油公司不同，Oxy主要是一家勘探和生产公司，而非同时拥有炼油和零售的一体化公司。Oxy的任务是勘探、寻找和生产石油和天然气，并将产品卖给其他石油公司。它的目标是寻找超大储量油田，这指的是与美国发现的小型油田相比具有大量油气储量的油田。因此，它的重点是国际油气勘探，因为在海外发现大型油田的概率比在美国更大。

（3）国际和国内业务

在本案例进行时，Oxy 的业务有 95% 是国际业务，只有 5% 在美国（主要在加利福尼亚州和得克萨斯州）。国际业务的区域包括拉丁美洲的阿根廷、玻利维亚和秘鲁，北海地区（苏格兰，Oxy 业务规模第二大以及利润最高的海外区域），以及利比亚（Oxy 业务规模最大的区域，但后被利比亚政府部分国有化）。Oxy 公司还拥有加拿大西方石油公司 50% 的股权。此外，Oxy 在澳大利亚、中国（与中海油建立合资公司）、哥伦比亚、马达加斯加、阿曼、巴基斯坦和突尼斯都成立了新的勘探业务。其勘探和生产部门的总部设在加利福尼亚州，财务、法律、原油销售和营销的总部设在得克萨斯州的休斯敦，其信息技术中心设在比利时的安特卫普。

高管、管理层和知识工作者

Oxy 的所有高管和管理层，包括其知识工作者（石油工程师、地质学家、地球物理学者等），在加入 Oxy 之前都服务过其他大型石油公司，经验丰富。吸引这些人加入 Oxy 的原因是公司的创业精神、快节奏、非官僚主义的文化。公司决策迅速，在当地国家层面能容忍风险，也投入了大量财政资源以寻求机会。由于 Oxy 只想雇佣有经验的人，因此很少招募大学毕业生。尽管该公司在各种海外业务中雇用了数千名"本土"员工，但大多数高管和技术 / 专业职位都由外籍人士担任。此外，尽管所有的高管、管理层和技术 / 专业人员在各自的专业领域都有着很高的资质，但很少人接受过正式的企业管理培训。变革领导者在任务的后期与负责全球勘探的执行副总裁面谈时，询问他的职能部门是否实行了目标管理法以及目标是如何建立的，该执行副总裁回答说，他们有一个目标，那就是"找到石油"，关于管理方法的讨论就这样结束了。

外部环境：对知识工作者的需求

外部环境与 2006 年全球范围内的情况十分相似。石油价格处于历史高位，这使得美国的勘探活动变得很频繁。"油田"和"钻机数量"（钻探运行中的钻机数量，用于衡量石油工业活动的指标）也处于高峰。新成立的小型独立勘探生产公司开始在美国寻找新的石油来源。

勘探活动的增加也带来了对石油工业知识工作者（地质学家、石油工程师等）的大量需求。因此，为了吸引大型石油公司的经验丰富的专业人员，这些独立的公司提供了签约奖金、极高的工资，以及新发现油田中的若干百分比份额。它们向获得石油工程和地质科学硕士学位的学生提供了与大型石油公司相同的待遇，包括股票赠与（非期权）。对于那些受雇于或即将进入这个行业的人来说，情况从来没有这么好过。

行动研究模型

下面论述这个案例的处理过程中行动研究模型的每一步都是如何完成的。

步骤1　侦查，认识到需要变革

Oxy 石油和天然气部门的首席执行官感到了变革的需求。公司每年投入近300万美元用于外部招聘，寻找有经验的石油行业知识工作者，但与此同时，公司某些最有经验的人却流失到新的勘探和生产公司去。首席执行官认为，如果这种趋势继续，公司将难以实现其增长目标，因为它将缺乏必要的人力资源来填补其不断扩大的勘探和生产业务中所需的职位。

首席执行官不确定"真正的问题"是什么，但感觉需要进行一些变革。考虑到这一点，我们联系了一位外部变革领导者，并安排了一次会议，讨论客户对变革的认识、准备就绪的程度和支持的程度。

在这次会议上，还确认了首席执行官有权力和权限批准一项变革工作，以及提出必要的变革建议或变化。

步骤2　开始，即客户和变革领导者建立契约

首席执行官和变革领导者之间进行了第二次会议，以确定这一变革阶段的契约。讨论和解决的问题有：

1）定义任务。任务被定义为找出"真正的问题"是什么，并提出解决该问题的建议和可能需要什么样的变革。我们同意进行大范围的需求分析，以及敲定了由谁来进行分析。

2）定义结果。结论是，在项目开始后的六个月内，他们将向首席执行官提交一份详细建议，列明组织中可能需要什么变革。

3）需要什么额外资源和支持。首席执行官承诺为该项目提供无限的资源，包括向变革领导者提供来自 Oxy 的额外支持人员以协助该项目。

4）探索问题。决定进行广泛的需求分析以探索问题。用于分析的工具将在"步骤 3　数据收集"阶段中描述。

5）向组织传达目标。变革领导者的目标已通过首席执行官的详细备忘录传达给所有高级管理人员和 Oxy 全球业务的其他关键管理人员。备忘录还确定了变革领导者与主要管理层和员工会面的日期，并包括了这些会议期间要讨论的问题的议程。变革领导者将到访 Oxy 在世界各地的每一个分公司。

步骤 3　数据收集

在收集与"真正的问题"有关的数据方面应用了某些工具和方法。这些方法包括二手资料研究、问卷调查，以及一对一的重点访谈和小组访谈。

1）二手资料研究。在进行现场访谈之前，变革领导者查阅了各种内部文件，以深入了解该组织的文化和管理实践。以下的例子很好地说明了该组织反对官僚主义和烦琐文书。Oxy 在北海地区的苏格兰海岸建造了 Piper-Alpha 石油平台，可抵御 90 英尺（1 英尺 ≈ 0.304 8 米）高的海浪，其最终目标是成为世界上产量最高的近海石油平台，每天从 27 口深海油井中生产 25 万桶石油，而且不需要人工抬升（石油从油井中自然流向地面，不需要泵的助力）。Oxy 最初为建造该平台准备了 3.5 亿美元的预算。该平台最终的总建设成本超过了 9 亿美元。

会计人员（大"A"，Accounting）被要求对超过 5 亿美元的超支进行论证，于是编写了一份两页的报告，摘要如下：

- **第一点**：Oxy 没有预料到北海地区的恶劣气候；

- **第二点**：英国工人大多为工会成员，Oxy 高估了他们的生产力；

- **第三点**：Piper-Alpha 平台估计将产生每天 1000 万美元的收入。尽管超支，但该平台比计划提前 20 天投入运营，并产生了会计师预测之外的 2 亿美元额外收入；

- **第四点**：Oxy 的工程师也许可以在规划方面做得更好。

然后该报告便被归档，再也没有人质疑成本超支的问题了，而"A"（行政人员）也不去管"E"（企业家）和"P"（生产者）的事。

为了更深入地了解 Oxy，我们还查阅了其他二手资料，如年度报告、阿曼德·哈默的股东会议发言以及其他文件。

2）焦点访谈——公司总部高管和关键员工。 在进行了二手资料研究后，我们安排了焦点访谈，对象为 Oxy 在加利福尼亚州和休斯敦总部的主要管理人员。这些人包括董事长、石油和天然气部门的首席执行官、工程和生产部门的执行副总裁、全球勘探部门的执行副总裁、财务部门的执行副总裁、拉丁美洲的执行副总裁和运营副总裁、拉丁美洲的勘探副总裁、国内运营副总裁、采购副总裁、首席法律顾问、Oxy 原油销售公司（公司的销售和营销部门）总裁、帕米亚公司（从事石油运输的主要子公司）总裁、加拿大西方石油公司的首席执行官和行政副总裁（其职责涵盖人力资源管理）。此外，我们还对他们主要的直接下属进行了访谈，如首席石油工程师、首席钻探工程师、首席机械工程师、首席地质学家、首席地球物理学家、研发总监以及其他一些地球科学领域的高级知识工作者。

3）评估变革方程式。 在这些访谈之后，我们对"变革方程式"进行了初步评估。这项评估的结论是：

① **"R"及其感知损失** 各职能部门的高管认为其职能部门（工程、地球科学等）的管理人员和知识工作者无论在哪个海外地点工作，都隶属于他们。

与人力资源管理部门相反，所有关于员工的筛选、分配、晋升和报酬的决定都是他们做出的。人力资源部门主要是负责处理这些事务的相关文书。他们强烈抵制任何看起来会削弱他们在这些领域的权力和控制的建议和变革。

② **企业文化** 所有高级管理者都强调了保持原有组织文化的重要性，即实现快速的发展，对变化做出应对，并杜绝官僚主义。在一次采访中，有人讲述了 Oxy 早期的一件轶事，与第一位人力资源经理的雇佣有关。这位人力资源经理承担的第一项任务是创建涵盖 Oxy 所有业务的组织结构图，因为以前没有编制过这样的图表。当图表出现在哈默博士的办公桌上时，他询问是谁编制的图表，当他被告知这是由新的人力资源经理制定的时候，据说他指示立即解雇该人力资源经理，说这是"官僚主义"。

③ **雇员调查表 / 调查** 我们对 Oxy 的北海分部所有员工进行了一次问卷调查。问卷试图测量如管理和领导风格、报酬和福利、晋升机会等 [这些因素类似于赫茨伯格的双因素理论（Herzberg's Two-Factor Theory）]，以及雇员们对这些问题的评估。选择北海分部是因为人们认为它是 Oxy 最成功和利润最高的部门；与其他部门相比，它也倾向于采用更现代的管理技术。

④ **在全球范围内进行焦点访谈** 变革领导者会见了 Oxy 全球所有分部的所有高管及其直接下属。我们在美国、加拿大、秘鲁和玻利维亚、英国的伦敦和苏格兰、比利时和利比亚进行了访谈。我们还和这些地方的外籍和本国技术 / 专业雇员进行了访谈。我们没有到访规模较小的勘探点，因为其规模相对较小（最多只有几名地质科学家）；然而，当这些人到访加利福尼亚州的公司总部时，我们也和其中某些人进行了访谈。

⑤ **参与和投入策略以及教育和沟通** 所有高级管理者和海外的国家负责人都经常收到与本数据收集阶段获取的信息有关的反馈和报告。信息来源是保密的（这是对受访者的承诺），以便获得客观和无偏见的信息（包括与公司及其管理实践相关的正面和负面信息）。

步骤 4　诊断

在前一阶段数据收集的基础上，我们在本阶段完成以下任务。

1）界定"真正的问题"。我们界定出"真正的问题"是缺乏人力资源规划和发展系统。Oxy 对其人力资源缺乏了解，包括他们的知识、技能、经验、教育、工作表现（该财富 500 强中排名第 16 位的公司没有正式的绩效评估程序）和职业目标。由于缺乏这种了解，在工作分配和晋升时，他们通常忽视内部人力资源部门的推荐（除非人力资源与高级职能主管有密切联系），而倾向于从外部招聘候选人。随着时间的推移，内部人员变得灰心丧气，并感到被忽视，他们便离开组织，寻找其他机会。一些不太理想的国外项目也是这样的做法，比如在利比亚和秘鲁的亚马孙丛林等地，当地的经理试图把他们的人藏起来，并尽可能地留住他们，因为他们知道很难吸引替代者到这些地区。一个 Oxy 的知识工作者从一个业务分部（如利比亚）辞职，然后在另一个业务部门（如北海地区）申请类似的工作是很正常的操作。

诊断结果还显示，Oxy 的工资福利非常好，其中包含了员工持股计划，Oxy 的人没有什么需要忧虑的问题（卫生等）。然而，这确实引发了一个问题。为了晋升和提高报酬，知识工作者被迫离开他们的技术 / 专业领域，进入管理领域。如前所述，在没有任何管理培训的情况下，Oxy 获得了没有经验以及边缘化的管理者，而失去了高素质的技术 / 专业人员（知识工作者）。

2）初步建议。初步建议包括开发一个各职能人力资源目录系统。这个清单将包括所有管理者和各自职能部门（工程、地球科学等）的知识工作者，包括外籍和本国雇员，并涵盖他们的知识和技能、教育、工作表现、职业目标等信息。该清单还将评估个人的晋升就绪程度，并确定下一个潜在的职位和地点。

此外，还将建立一个"双重职业路径"系统，允许技术 / 专业员工在其职能专长领域内晋升，其报酬与管理路径相当。因此，首席石油工程师（该特定职能的最高个人贡献者）的收入可与 Oxy 国际业务的副总裁一样多。

3）**对客户的反馈。**初步建议和行动计划提交给了首席执行官，并与之进行了讨论。其中详细描述了变革方程式的所有成分——现状（"N"），变革后的期望未来状态（"F"），如何从"N"到"F"的规划（"P"），以及用来减少潜在阻力和感知损失的战略和策略（"R"）。

4）**客户对变革的支持。**首席执行官接受了建议，并提出了几个下一步措施。这包括与高级管理者单独会面，解释拟议的变革，并邀请所有国际管理人员参加会议，审议拟议的变革等。这显然是在首席执行官"自上而下"的决定之外，使用了"共同责任—参与和投入"以及"教育和沟通"的战略和策略。

5）**会议。**我们与所有高管和资深国际运营经理举行了一次会议，介绍并回顾该计划。尽管破解了最初的阻力，也就是说职能部门的高级管理者不再控制他们的员工（各职能人力资源目录系统将由人力资源部门编制，以使他们对组织的人力资源有更多的了解，同时他们可以对工作分配和晋升做出拍板决定），但另一个未预见到的"R"却浮现出来。开发清单信息的过程中，有一项必需的关键信息，那就是工作绩效的信息。如上文所述，问题是作为财富 500 强中排名第 16 名的公司，Oxy 并没有或不相信传统的绩效评估法。许多人认为这是官僚主义，反对开发 Oxy 的该类系统。会议的结果是要求变革领导者研究这个问题，并建议如何处理这个问题，克服新的"R"。

6）**自下而上的试点项目。**通过共同责任—参与和投入策略，我们与 Oxy 北海运营部的高管和人力资源及培训人员举行会议，计划试点项目并测试绩效评估系统。北海业务部被选为试点，是因为其成功经验在组织中具有很高的知名度和可信度，而且其现任业务副总裁已被确定在来年全球业务和工程部执行副总裁卸任时接替他。此外，由于大多数管理者缺乏与员工进行绩效评估和职业规划会议的必要技能，因此我们需要通过培训提供"协助和支持"。试点项目后来被证实是成功的，最终也确定了一项行动规划，以在 Oxy 全球所有分部实施拟议变革。

步骤5　行动规划＋步骤6　实施

为实施变革行动，行动规划包含以下内容：

1）宣传活动。我们制作了介绍该计划的专业视频（名为 Oxy OD，即 Oxy 组织发展计划）。该视频有英文和西班牙文两种版本，用于拉丁美洲分部。在小型会议上我们将会播放该视频，向世界各地的所有管理者和知识工作者介绍该计划。我们还制作了小册子，描述该计划的目标和该计划将如何运作。

2）参与和投入。人力资源和培训经理接受了培训，学习如何在各自的工作中引入该计划并实施该计划。

3）协助和支持。我们针对所有管理者进行了一个如何实施该计划的全面培训，并针对他们管辖的知识工作者进行了职业发展和绩效评估会议。在不到90天的时间里，全世界有500多名管理者接受了培训。

4）实施。在培训项目结束后，我们通过访谈介绍了实施过程，并开始收集数据以建立各职能的人力资源清单。当地人力资源管理部门在访谈后收集了所有管理者和知识工作者的相关信息，并转交给变革领导者及其团队进行整理。

5）各职能审查委员会的参与和投入。各职能审查委员会由各学科的高级职能主管以及国际业务的高级管理层代表组成，负责审阅各自的人力资源目录，并批准有关职业发展需求与晋升就绪程度、下一个潜在职位和地点等建议。只有在人力资源目录中没有合格的内部候选人的情况下，才允许外部招聘。

步骤7　评估

- 在计划实施后的六个月内，所有职能部门的人力资源目录都制作完毕。
- 招聘外部候选人的招聘费用从300多万美元减少到50万美元以下。
- 在实施该计划的头几年里，知识工作者的离职率大大降低。知识型员工现在知道了无论他们身处世界何处，他们在组织中都是能被看见的。

- 真正的考验：真正考验该计划价值的事情发生在 20 世纪 80 年代初，当时 Oxy 与其他石油公司一起，接到里根总统命令将所有美国公民从利比亚撤出，尽管他们仍有在当地继续运营的权限。这些公司有 30 天的时间来撤走人员，用合适的非美国护照持有者取代之。

Oxy 确定为了保持在利比亚业务的连续性，它需要替换大约 90 名管理者和知识工作者。通过查阅职能部门的人力资源调查资料，Oxy 在 24 小时内找到了其全球业务中 90 名非美国护照持有者的技术／专业人员，补充了利比亚分部的空缺。

步骤 8 稳定化

利比亚危机后，高级管理者对 Oxy OD 的价值发表了许多评论。有一条最重要的评论是："我们从前就应该一直都这样做"。

步骤 9 结束

在成功完成这项变革后，变革领导者继续与世界各地的全国性石油公司合作，担任顾问，帮助设计和实施类似项目。

注释

[1] Peter F. Drucker, *Management Challenges for the 21st Century*（New York：HarperCollins Publishers, Inc., 1999），72-93.

[2] Robert W. Swaim, Ph.D. "The Drucker Files：Why Your Organization Needs to Be a Change Leader, Parts I & II," *Business Beijing*（May & June 2002）.

[3] Arie de Geus, *The Living Company*：Growth, *Learning and Longevity in Business*（Boston：Harvard Business School Press, 1997），1.

[4] Peter F. Drucker, *Management Challenges for the 21st Century*（New York：HarperCollins Publishers, Inc., 1999），73.

[5] Peter F. Drucker, *Managing in a Time of Great Change*（New York：Truman Talley books, 1995），272.

[6] 同上，213。

[7]   Arie de Geus, *The Living Company：Growth，Learning and Longevity in Business*（Boston：Harvard Business School Press，1997），30.

[8]   Alan C. Filley, Robert J.House, Steven Kerr, *Managerial Process and Organizational Behavior*, 2nd ed.（Glenview，IL：Scott，Foresman & Company.1976），467.

[9]   Peter F. Drucker, Peter Senge, "Leading in a Time of Change." *MTS Video*（1999）.

[10]   Peter F. Drucker, *Management Challenges for the 21st* Century（New York：HarperCollins Publishers，Inc.，1999），90-92.

[11]   同上，73。

[12]   同上，74。

[13]   同上，74。

[14]   同上，80。

[15]   同上，82。

[16]   同上，86-88。

[17]   同上，88-89。

[18]   Arie de Geus, *The Living Company：Growth，Learning and Longevity in Business*（Boston：Harvard Business School Press，1997），1.

[19]   同上，73。

[20]   Donald F. Harvey, Donald R. Brown, *An Experiential Approach to Organization Development*（Englewood Cliffs，NJ：Prentice-Hall，Inc. 1982），33.

[21]   同上，53-55。

[22]   同上，61-67。

[23]   Peter F. Drucker, *Management Challenges for the 21st Century*（New York：HarperCollins Publishers，Inc.，1999），72-93.

[24]   Donald F. Harvey, Donald R. Brown, *An Experiential Approach to Organization Development*（Englewood Cliffs，NJ：Prentice-Hall，Inc. 1982），61-67.

[25]   Stephen P. Robbins, *Organizational Theory：Structure，Design，and Applications*, 2nd ed.（Englewood Cliffs，NJ：Prentice-Hall，Inc.，1987），316-317.

[26]   Alan C. Filley, Robert J. House, Steven Kerr, *Managerial Process and Organizational Behavior*, 2nd ed.（Glenview，IL：Scott，Foresman & Company.1976），487.

第11章 战略规划：创业技能

战略规划就是在今天为创造理想未来做出决定。[1]

什么是战略规划：德鲁克的定义

战略规划是一个持续的过程：即系统性地做出当下企业（冒险）决策的同时尽可能地了解这些决策的未来结果；系统性地组织实施这些决策所需的行动；并通过有组织的、系统性的反馈来衡量这些决策与预期的结果。[2]

德鲁克的定义中的关键词是**持续的过程**，它强化了战略规划的必要性；人们一直忍受并试图摆脱年度的战略规划，以便回到他们所认为的关注点，即当下的业务和问题，但德鲁克对此表示了否定。

如果我们今天没有特别专注于此，我们还会去做吗？[3]

这是德鲁克著作中的一个反复出现的主题，与他"有计划地放弃"的概念有关。德鲁克认为，战略规划需要从评估我们今天的产品、服务，甚至业务部门的情况开始，并停止向即将消失的产品或业务投入资源。如果上述问题的答案是"不"，那么德鲁克建议这样问："我们如何才能快速脱身？"这与波士顿咨询公司（BCG）所建议的其他战略有些相反，后者有时建议继续"收获"而不是放弃 [见附录中的

"波士顿咨询公司（BCG）战略矩阵和评估"]，并认为这样做是值得的。做出这一决策还需要仔细评估罗杰·贝斯特所描述的"净营销贡献"。

德鲁克随后通过提出另一个问题来描述战略规划的下一步。

我们必须做哪些全新的、不同的事情，以及何时做？ [4]

在这里，德鲁克把重点放在管理上，他问道："如果我们想在未来处于某个特定的位置，我们今天必须做什么？"他还建议"必须做出决定，在今天投入资源。"[5]

德鲁克的总结：战略规划

德鲁克总结了他认为战略规划有以下至关重要的内容：

1）首先，它需要是系统的、有目的的，以目标为取向。

2）其次，规划的出发点是摆脱过去，并对放弃过去这一任务进行规划，把它作为系统性地实现未来的一部分。

3）再次，我们要寻找全新的、不同的方法来实现目标，而不是认为更多地做同样的事情就足够了。

4）最后，我们通过时间维度进行思考，并问："若需要在未来某个时间点达成目标，那么我们必须何时开始？"[6]

其他学者的观点：什么是战略规划

理查德·J. 沃格特（Richard J. Vogt）在《预测作为一种管理工具》（*Forecasting as a Management Tool*）中对战略规划作了相应的定义。"从本质上讲，战略规划制定了组织的目的（使命），确定了其战略，并将这两者转化为具体的可实现的目标（目的）。它为当下的运营规划和未来的发展规划指明了方向，这些规划反映了所有可预测的因素和与这些预测相称的替代方案。"[7]

什么是"战略思考"

对于管理者／学生来说，这可能是一个很难掌握的概念：当一个人"进行战略思考"时，他到底要做什么？"战略思考"的结果是什么？鲁迪·占巴（Rudy A. Champa）帮助澄清了这一点，他写道："战略思考是一种决定组织未来发展方向的思考。相比之下，运营规划则决定了组织、如何，到达那里"。他在此基础上提出了以下几个关键点。

战略思考决定了我们的愿景。它提出以下问题：我们目前是一个什么样的企业？以及我们在未来想成为什么样的企业？[8]（类似于德鲁克的"我们的企业应该是什么？"）

鲁迪·占巴

然后，占巴区分了"战略思考"和"运营规划"：

- "运营规划"是问："我们如何实现我们的愿景？"

- 换句话说，我们如何从今天的企业转变成未来想成为的那种企业？[9]（这加强了德鲁克式的对目标的关注。）

根据明茨伯格的说法，占巴将关乎**分析**的规划与关乎**协同**的战略思考进行了对比，并进一步评论说："后者涉及直觉和创造力，通常无法按预定计划进行培养。"[10] 杰克·韦尔奇在其自传中讨论了战略问题对战略思考的重要性，指出通过五个简单的问题，便可激活战略思考：

1）目前，你的企业和竞争对手在全球范围内分产品线以及分区域的市场占有率和优势各是什么？

2）在过去两年中，你的竞争对手采取了哪些行动来改变竞争格局？

3）在过去的两年里，你做了什么来改变这种局面？

4）你最害怕你的竞争对手在未来两年内做什么来改变局面？

5）在接下来的两年里，你打算怎么做才能对他们实现弯道超车？[11]

1. 战略思考与运营规划

从占巴和韦尔奇的观点可以看出，最终导向战略规划的战略思考和导向运营规划的战略思考之间存在着巨大的差异，而德鲁克并没有探讨这个问题。他并没有谈及战略规划如何转化为运营规划和目标以指导组织中其他层面的决策。

汤普森和斯特里克兰对战略规划的定义非常简明。"战略规划由组织的使命和未来方向、近期和长期业绩目标以及战略组成"。[12]

2. 谁在做这个，什么时候做

德鲁克忽略的另一个问题是："谁负责组织中的战略规划，以及何时进行战略规划？"以下是专家们对战略规划应在何处启动的普遍共识。

（1）高管应该负责确定企业的使命、愿景和战略

汤普森和斯特里克兰写道："为整个组织制定、实施和执行战略规划的最终责任在于首席执行官，尽管其他高管通常在其中也有重要的领导作用。"[12] 他们还说："每个公司的管理层都具有制定/实施战略的角色。若把战略管理仅仅视为高管的事情，将是一种错误的思维。"[13]

（2）子公司、职能部门、区域和负责运营的经理应参与规划过程

彼得·雷亚和哈罗德·科兹纳评论说："从历史上看，战略主要由组织的高层负责。然而，战略问题可能出现在组织的任何地方，任何级别的人员都可以主动推动它的发展。实施和抵制变革需要组织的各个层面的参与。那些负责实施规划的员工应该参与到规划的构思中。"[14]

（3）让跨职能团队参与这个过程

根据组织的性质，跨职能团队应该参与这个过程的一部分，特别是提供与他们各自学科相关的最新资讯。

3. 董事会在制定战略中的作用

关于董事会在战略思考和规划中的作用，汤普森和斯特里克兰建议："董事会应该实施监督，并确保战略管理的五项任务以有利于股东的方式完成。"[15] 一方面，他们的观点是，董事会在制定和实施战略方面不应亲力亲为，因为董事们通常缺乏具体的行业经验。他们的主要作用是做支持性的批评者。另一方面，占巴建议，董事会中含有参与"战略思考"会议的团队"核心"成员，其中包括外部董事，他认为他们"通过其外部观点，也许能以更广泛和更超脱的视角，在会议中提供其他维度"[16]。不过，他确实建议，他们的作用与其他专家提出的类似，即成为在战略思考会议期间的传声筒和批评者。

4. 多元化公司的战略规划

尽管德鲁克就多元化的主题也有所著述，但他并没有对多元化公司（如通用电气）的战略规划与单一业务公司的战略规划进行任何区分。汤普森和斯特里克兰指出，在多元化公司中，通常有四个不同层次的战略管理者，如下：

1）首席执行官和其他企业级的高级管理者，他们对影响整个企业及某些多元化业务集合的重大战略决策有着主要的责任和权力。

2）对某特定业务单元负有盈亏责任的管理者，在为其业务单元制定和执行战略方面被委以主要领导角色。

3）在某特定的业务单元内的职能经理，对该业务单元的主要部分（制造、营销和销售、财务、研发、人力资源管理）有直接的权力，他们的职责是在自己的领域内以战略行动支持业务单元的总体战略。

4）主要运营单位（工厂、销售区、地方办事处）的经理，他们负责实地制定本地区的战略工作细节，并在基层执行整体战略规划。

在我们的德鲁克高管培养项目中，参与者认为这种讨论很有意义，因为它使总部高管以外的管理者更深刻认识到他们需要实际制定自己的战略，包括各职能部门支持整个企业使命的行动。我们的专家还对多元化企业和单一企业的战略规划进行了区分，认为单一企业一般只需要三个层面的战略管理者：业务单元层面的战略经理、职能领域的战略经理和运营层面的战略经理。[17]

最后，专家们建议，战略流程必须更多地以自上而下而不是自下而上的方式推行。相关的方向和指引必须从公司层面流向业务单元，以此类推。这里的理由是，如果不了解公司的长期方向和高层战略，下面的管理者就无法执行其业务单元的战略。

5. 规划人员的作用：他们应该做什么，不应该做什么

许多大型组织可能设有规划部门来负责组织的战略规划。以下是这些规划人员应该做什么和不应该做什么的准则：

- 研究和收集信息以便决策（德鲁克的"走出去"战略）；
- 研究行业条件和竞争条件（外部评估和行业评估，等等）；
- 探索可供高管进一步挖掘的创新机会和战略问题；
- 在根据新的外部内部评估及相关变革修订战略规划时提供支持；
- 进行战略业绩评估并建立年度考核程序。

（1）为什么规划人员不应该负责制定战略

- 管理者**可能**不支持该战略；
- 管理者不对不良结果负责或问责，因为这不是他们的规划；
- 管理者会把困难的决定推给规划者；
- 与各**垂直**部门的管理者相比，规划人员通常对公司情况了解较少；
- 战略规划通常被认为是一个无益的、"官僚主义"的过程。

（2）杰克·韦尔奇对规划人员的看法

当杰克·韦尔奇接任通用电气的首席执行官时，发现它设有一个庞大的规划部

门，最终他将其解散。他还将规划工作强行下放到业务单元层面进行。他对这一举措评论说："我花了太多时间来解散员工，一直以来我们保留了太多并非真正需要的角色，如经济学家、营销顾问、战略规划人员和彻头彻尾的官僚，我清理这些人员所花的时间比我想象的要长得多。"[18]

6. 战略规划应避免的陷阱

1）高级管理层的假设是，它可以将规划职能委托给规划人员。

2）高级管理层过于专注当前的问题，以至于花费在长期规划上的时间不足。

3）因此，在其他管理者和工作人员眼中，规划的过程失去了信誉。

4）担心浪潮的高度而非浪潮的方向？

5）未能制定公司目标（愿景）来作为长期规划的基础。

6）垂直部门管理者在规划过程中没有进行必要性参与。

7）未能将规划作为衡量管理绩效的标准。

8）未能在公司内创造出一种融洽的、不抗拒规划的气氛。

9）假设企业的整体规划是与整个管理过程分开的。

10）组织中有着太多的形式主义，以至于它不够灵活、宽松和简洁，并限制了创造力。

11）最高管理层未能与部门和愿景负责人一起审议他们所制定的长期规划（沟通愿景）。

12）高级管理层一直抵触正式的规划机制，总是做出与正式规划相冲突的直觉决定（赖以决策的信息）。

7. 何时做战略规划

大多数管理者都熟悉"运营或业务规划"，通常包括建立短期目标、预算等。一般来说，这是年度的规划，单位的规划最终会被纳入部门或地区的规划，并最终纳入公司的整体年度规划。这并不是战略规划。汤普森和斯特里克兰评论说："一年一度制定'必需'的年度战略并不是管理或企业成功的处方。若成功有望，就应该修改战略以适应之，所以战略当然是在不断变化的事态中进行修改。"这可能与德鲁克的问题"我们的企业将是什么"中所讨论的所需变革相类似。汤普森和斯特里克兰补充说:"每年修改一次可能是不够的。在当今世界,战略的生命周期不断缩减,而非相反。由于当今许多行业的变化速度,战略的生命周期越来越多地以月和年为单位,而不是几十年甚至五年。"[19] 他们最后认为,战略管理是"一个持续的、永无止境的过程,而不是一个一旦完成就可以安全地搁置一段时间的一次性事件"[20]。

8. 战略的类型

各权威人士已经指出,战略思考产生了战略规划和"战略",以及战略规划中包含的其他要素。再次说明,要制定的战略类型将取决于上述的组织性质——单一或多元化企业。这些战略可以分为公司战略和业务部门战略。[21]

1)**公司战略**。这是整个公司(单一业务公司)的战略。基本上由公司层面的高管和首席执行官制定战略,董事会等其他人提供意见,这取决于我们接受谁的意见——是接受权威人士的意见还是德鲁克的意见。

2)**业务部门战略**。如果是多元化的公司,则要为每个业务部门制定战略。这显然是有道理的,因为公司所处的每个行业所必须考虑的问题都不一样。举个例子,通用电气正在考虑剥离它的家电子公司,这个行业的价格竞争非常激烈,价格不断下降。在这样的情况下,各业务部门的总经理负责制定战略和规划。他们的战略与单一业务公司的公司战略相同。业务部门战略的重点是如何建立和加强公司在市场上的长期竞争地位。因此,业务部门战略关注的是:

- 应对整个行业、经济、监管和政治领域等正在发生的变化;
- 制定能带来可持续竞争优势的竞争行动和营销方法;
- 建立有竞争价值的胜任力和能力;
- 把各职能部门的战略举措进行整合;
- 解决公司业务上面临的具体战略问题。

如果某业务部门战略能够产生可观的、可持续的竞争优势，它就是强大的；如果它导致竞争劣势，它就是脆弱的。需要注意的是，这些都是战略的广义定义。要选择具体的战略可以参照迈克尔·波特的五种基本竞争战略，也可以参照当前战略管理和营销文献中的各种战略，其中涉及的战略多到无法一一提及。

3）**职能战略**。这种战略适用于组织的各职能部门，如财务、营销、生产等。组织的主要职能部门的负责人主要负责制定其职能战略。

4）**运营战略**。这种战略是为业务运营单位制定的，如工厂、销售区、区域和职能领域内的各部门，由业务单位经理和下级主管制定。

小结

德鲁克关于战略规划的早期观察（1973）为该主题提供了框架。他的许多观点在今天也适用，但需要补充其他著述者的洞察才能适用于今天的环境。汤普森和斯特里克兰的以下两段话也许最能概括本章以及本书的关键点。

战略管理指的是形成战略愿景（德鲁克的"我们的企业应该是什么"）、设定目标、制定战略、实施和执行战略的管理流程，以及也包含在之后随着时间的推移对愿景、目标、战略和执行进行任何被视为适当的纠正调整措施（德鲁克的"我们的企业将是什么？"）

目标。设定目标的目的是将战略愿景和企业使命的管理陈述（宣言）转化为具体的绩效目标，即组织想要实现的结果和成果（与德鲁克的"目标作为战略"不同）。[22]

小阿瑟·A. 汤普森和 A·J. 斯特里克兰三世

注释

[1] Peter F. Drucker, *Management : Tasks, Responsibilities, Practices* (New York : Harper and Row Publishers, Inc., 1973), 121.

[2] 同上, 125。

[3] 同上, 126。

[4] 同上, 126。

[5] 同上, 127。

[6] 同上, 128。

[7] Richard J. Vogt, "Forecasting as a Management Tool," *Michigan Business Review* (January 1970): 20-24.

[8] Rudy A. Champa, *Strategic Thinking and Boardroom Debate* (Mission Viejo, CA : Critical Thinkers Press, 2001), 12-13.

[9] 同上, 12-13。

[10] Henny Mintzberg, *The Rise and fall of Strategic Planning* (New York : The Freepress, 1944) .

[11] Jack Welch, *Jack, Straight From the Gut* (New York : Warner Books, Inc., 2001), 390.

[12] Arthur A. Thompson, Jr., A.J. Strickland III, *Strategic Management : Concepts and Cases*, 13th ed. (New York : McGraw-Hill Companies, Inc., 2003), 17.

[13] 同上, 27。

[14] Peter Rea, Harold Kerzner, *Strategic Planning : A Practical Guide* (New York : John Wiley & Sons, Inc., 1997), 1.

[15] Arthur A. Thompson Jr., A.J. Strickland III, *Strategic Management : Concepts and Cases*, 13th ed. (New York : McGraw - Hill Companies, Inc., 2003), 17.

[16] Rudy A. Champa, *Strategic Thinking and Boardroom Debate* (Mission Viejo, CA : Critical Thinkers Press, 2001), 110.

[17] Arthur A. Thompson Jr. , A.J. Strickland III, *Strategic Management : Concepts and Cases*, 13th ed. (New York : McGraw-Hill Companies Inc., 2003), 22.

[18] Jack Welch, *Jack, Straight From the Gut* (New York : Warner Books, Inc., 2001), 132.

[19] Arthur A. Thompson Jr. , A.J. Strickland III, *Strategic Management : Concepts and Cases*, 13th ed. (New York : McGraw-Hill Companies, Inc., 2003), 21.

[20] 同上, 18。

[21] 同上, 48-49。

[22] 同上, 6-9。

第*12*章 战略决策

什么都不做的决定仍然是一个决定。[1]

介绍

德鲁克将战略规划定义如下：

"战略规划是一个持续的过程：即系统性地做出当下企业（冒险）决策的同时尽可能地了解这些决策的未来结果；系统性地组织实施这些决策所需的行动；并通过有组织的、系统性的反馈来衡量这些决策与预期的结果。"[2]

鲁迪·占巴还讨论了关键的决策过程，它首先与战略有关，其次还涉及企业发展所需的创新。他谈到了"为企业的未来发展制定**战略蓝图**，把它用作**决策过滤器**，有助于集中资源，选定未来的产品和市场。"[3] 由于德鲁克和占巴都把决策看作战略思维和规划的一个组成部分，本章将简要介绍决策的过程，其中引用了德鲁克和其他权威人士对这一主题的看法。

德鲁克对比解决问题与战略决策

德鲁克多年来在决策问题上提供了相当多的见解，首先他讨论了决策的各要素，这在他所著的《卓有成效的管理者》《德鲁克管理思想精要》及最后一本书《卓有成效管理者的实践》（*The Effective Executive in Action*）中都有所描述。由于这些德鲁克的书都是现成的，所以在这里我只给出我认为的与决策和战略有关的关键点摘要。读者在这里不会找到太多关于战略的关键点，因为德鲁克所写的大部分内容都集中在**解决问题**上，而不是**战略决策**。那么两者的区别是什么？

什么是战略决策

第 2 章和第 3 章最恰当地描述了高管必须做出的和战略有关的"战略决策"，首先是德鲁克的 3 个关键自问问题。

1）我们的企业是什么？

2）我们的企业将是什么？

3）我们的企业应该是什么？

在第 3 章中我们还回顾了彼得·雷亚和哈罗德·科兹纳的一些额外见解，是关于如何评估某项战略的可行性以及在评估战略时要使用的七项准则（战略决策）。[4] 第 3 章也列举了汤普森和斯特里克兰关于与战略直接相关的必要战略决策的观点，在这里将简单重复他们的观点，这是因为他们对解决问题和战略决策做了明确的区分。"一个公司的战略代表了管理层对以下关于企业的基本问题的答案：是专注于单一业务还是建立一个多元化的集团（德鲁克的战略之一）？是满足广大客户的需求，还是专注于某一特定的市场细分（德鲁克的集中度）？"以及第 3 章中概述的其他一些必要的重大战略决策（本章最后将给出战略管理的相关问题的清单）。[5]

回顾德鲁克对决策的看法

本章将重点介绍德鲁克关于"如何确定何时需要做出决定？"的建议和德鲁克的决策要素和步骤。我在本章末尾补充了团队决策流程，可作为操作工具，填补与决策有关的德鲁克空白。同样，本章的基础是我在 2003 年为《北京商务》杂志写的两篇关于德鲁克和决策的文章。[6] 德鲁克所描述的更适用于解决问题，一般可归结为缩小"业绩差距"（如"为什么我们本季度没有达到销售目标？"），因此如果有可能，我将尝试从战略决策的角度看待他的观点：换句话说，即超越德鲁克。

好的决策者会做什么

德鲁克认为，"好的决策者知道要做的决定涉及'正确的问题'，因此他们知道如何界定这个问题。"[7] 德鲁克认为，决策者也知道他们可能必须做出妥协，以达成一个能被不同群体接受的选择。后一种观点可能过于笼统，可能更多地取决于实施决策后发生变化的程度。德鲁克还说："好的决策者还知道，决定是对行动的支持，它必须让人们行动起来，并得到执行。"[8] 最后，本章还将回顾他所认为的决策包含的要素和步骤。

决策的要素

德鲁克在《卓有成效的管理者》中描述了以下决策要素：[9]

1）确定是否有必要做出决定，并将情况 / 问题归类为一般或独特的事件。

2）界定问题。

3）满足决策的边界条件和规范。

4）**决定**什么是正确的。

5）将决定转化为行动。

6）反馈：决定是否得到执行，问题是否得到解决？

什么是决定
○ ///

根据德鲁克的说法，"决定是判断，是在备选方案中进行选择"。他接着说："它很少是在正确或错误之间的选择，充其量是在'几乎正确'和'可能错误'之间的选择；更多的时候它是在两个行动方案之间的选择，但这两个方案并不能说哪一个更正确。"[10] 虽然这听起来好像决策者不知道他或她在决定什么，但这些观点得到了早期决策理论研究的支持，并形成了对两种决策模型的描述，即理性模式和有限理性模式。[11]

1. 理性模式的决策

理性模式被描述为一种合乎逻辑、循序渐进的决策方法，即人们对各方案及其结果进行彻底分析。这种模式的特点是，结果将是完全理性的（优化的），决策者使用一致的偏好系统来选择最佳的方案、拥有完整的信息并了解所有的方案，而且决策者可以计算出每个方案的成功概率。总之，该模型假设决策者拥有与问题相关的完整信息，并且有无限的时间和资源来探索所有可能的方案，从而做出最佳的决策。[12]

2. 理性模式存在的问题

正如德鲁克所描述的，决策者满足于找到一个可接受的或合理的解决方案，而不是最好的或最优的解决方案。通常情况下，可用的信息太多或者太少，或者获取信息的成本太过耗时和昂贵。因此，我们通常局限于问题的症状上，而能跳出问题之外思考。因此，决策者通常通过判断而非明确的规范性模型进行决定。

3. 有限理性模型：满意决策

有限理性模型认为，一个决策者的理性程度实际上是有限制的。[13] 这种模式的特点是：管理者建议采用第一个令人满意的方案；他们可以在不考虑所有方案的情况下做出决定；他们通过经验法则或"可用性启方法或代表性启发法"（决策中的判断捷径）做出决定。[14] 可用性启发法是根据现有的信息做出判断。举例来说，人们对飞机的恐惧甚于汽车。与汽车事故相比，搭载几百名乘客的喷气式客机坠毁时会带来更多的媒体报道和新闻。如果飞机比汽车真的更危险，那么每周必须有两架完全满载的747飞机坠毁，才能与每年汽车事故的死亡人数持平。[15]代表性启发法是通过试图将某一事件与预先存在的类别相匹配来评估其发生的可能性。例如，管理者试图通过将新产品与以前产品的成功相关联来预测它的性能。

高管在进行战略思考时应该注意，他们的决策不是依照"满意决策"，他们在做出战略决策时没有依赖可用性启发法。如 IBM 的高管评论说："个人计算机永远不会取代大型计算机——它们没有内存。"

4. 满意决策

满意决策的概念是由赫伯特·西蒙（Herbert Simon）在多年前提出的（古典管理学派），他认为管理者不会选择能优化情况的方案，而是会选择他们认为足够好的方案来解决问题。[16]"尚可够用"这句老话一般是指满意决策的概念。总之，管理者和组织觉得若想优化情况，可能需要花费太多时间或成本太高。

高管在进行战略思考和做出"我们的企业应该是什么"这样的重要战略决策时，必须意识到这一点。因为我们有太多的战略可以考虑，不能被满意决策所束缚。

决策的类型：程序化和非程序化决策

需要做出的决策类型可以分为程序化决策和非程序化决策。我将补充德鲁克对符合这两种类型的问题的看法。

1. 程序化决策

程序化决策通常是简单的、常规的情况，对于这些情况，人们有一个已经建立的或已知的决策规则。如马克斯·韦伯（Max Weber）在 20 世纪初提出，政策和程序手册是为了让组织中的人在没有上级批准的情况下做出程序化的决定（古典学派）。举例来说，当秘书被要求向潜在客户发送一份第二天可送达的提案时，她知道组织使用的是联邦快递，因此不必向她的老板询问使用哪家快递。若秘书需要询问老板使用哪家快递，决策权上移，管理变得耗时，则说明公司管理不当。

关于战略的决策不属于这个类别。

2. 非程序化决策

非程序化决策是一种需要决策和创造性解决方案的新情况。这种类型的决策没有预先设定的规则，本章将重点讨论非程序化决策。

战略决策就属于这个类别。

确定是否有必要做出决定

正如德鲁克所说，"什么都不做的决定仍然是一个决定"。他建议决策者首先要问的问题是"有必要做这个决定吗？"[17] 若做出不必要的决定，则会浪费管理层和组织的资源；若非必要而做出的决定有可能使其他决定变得无效，而且会在组织内造成潜在的混乱。

战略思考和战略管理过程需要做出一些决定，即使这个决定是不改变当下起效的战略（决定不做什么）。

来自古希腊医学的规则 [18]

德鲁克用古希腊医学的比喻来确定决定是否有必要做。他问"是否需要手术"可能有以下几种情况。

① **病情会自行痊愈或稳定吗？** 德鲁克说："可定期观察和检查，但不做手术。"

在这种情况下，病人可能会自我治愈或保持稳定，病人没有风险、危险或巨大的痛苦。在这样的情况下进行手术是一个不必要的决定。人们可能会抱怨组织实施的一项新政策；但是，当他们习惯了这项政策后，抱怨最终会减少，因此，可能没有必要再次决定改变政策。

此前德鲁克观察到，若战略不当，组织便无法自行恢复，但我们认为这一点不适用于战略决策。

② **病情是退行性的还是有生命危险的？** 如果病情是退行性的或有生命危险的，而且你可以有所行动，德鲁克主张，"你要尽快做，尽管有风险，但这是一个必要的决定。"

如果高管等了这么久才进行战略思考，那么他们此前就没有对环境、客户、竞争等进行监控。

③ **介于两者之间的问题？** 根据德鲁克的说法，这可能是最大的一个类别。在这种情况下，外科医生必须权衡机会与风险（生命与死亡）。这也是他或她必须做出决定的地方。

④ **反复出现的危机？** 德鲁克说，这一点在古希腊医学的规则中被遗漏了，应该进行补充。人们必须解决反复出现的危机，且一旦解决了就不应该再发生。马克斯·韦伯建议为反复出现的危机（问题）制定政策，他在 20 世纪初所著的著作到现在仍然适用。

最有可能的是，企业的战略出了问题，也许是三个关键假设（德鲁克的企业理论）之间的匹配度不高。改变高级管理层也可能是一个必要的战略决策。

德鲁克建议采取行动或不采取行动（"不采取行动的决定仍然是一个决定。"），但不要采取一半的行动。德鲁克举例说，外科医生做手术时只切除了一半的扁桃体，那么病人没有被治愈，只是变得更糟。对德鲁克的意思有一个更好的诠释，那就是一个已经做出但没有实施的决定。杰克·韦尔奇在这一点上支持德鲁克的观点。"然而40年后，当我退休时，我最大的遗憾之一是我在许多场合没有足够快地采取行动。当我问自己，有多少次我应该暂缓做出决定，同时相对于有多少次我希望自己能更快地做出那个动作？我不可避免地发现，几乎每次都是后者胜出。"[19]（**战略决策太重要了，不能不行动。**）

对问题进行分类：一般的和独特的事件

德鲁克将问题分为一般事件和独特事件。[20]

① **一般事件**　可以用标准的规则和原则来应对。如前所述，它可以被认为是一个程序化决策，并通过政策和程序手册解决。

这一般不适用于战略决策。

② **对组织来说独特的事件 / 对行业来说常见的事件**　总体上是一般事件，但对该组织来说是独特的。必须对独特事件进行单独处理。执行者不能为未预见的独特事件制定规则。例如，德鲁克举例说，一个组织收到了与其他公司合并的提议。如果以前没有人找过它，这对组织来说是独特的，但在行业内可能很常见，特别是正在整合中的行业。

这通常需要做出战略决策。

③ **真正独特的事件**　真正独特的事件是相当罕见的。一方面，德鲁克认为，几乎每个问题都已经被别人解决了。因此，有效的决策者应该仔细斟酌问题，以确定它是一般的还是真正独特的。9·11事件和SARS对中国旅游业的影响都可以被认为是真正独特的事件。另一方面，由于类似的事件（偷袭珍珠港、瘟疫、小儿麻痹症）曾经发生过，因此这些事件并不独特，只不过这一代的高管和管理者还没处

理过。最后，德鲁克评论说，那些看似独特的事件，实际上可能是一个新的一般事件首次出现。

虽然这些分类很有趣，但可能落入"那又怎样"的范畴，因为决策者仍然需要解决一个问题，或者需要做出一个战略决策，无论它是一般的还是独特的事件。

选择问题

影响决策的其他方面因素涉及高管如何选择待决策的问题。这些问题可能包括可见的问题和加大支持的概念，或者如德鲁克所描述的"喂饱了问题，饿死了机会"。

（1）通常选择可见的问题

决策者（高管）希望自己看起来有能力并能处理好问题，因此，比较容易识别可见和高调的问题。决策者从而会选择那些别人看得见的问题，以证明他们正在解决这些问题，在做他们的工作。决策者也会倾向于选择符合自身利益的问题，而不是那些符合组织整体利益的问题。这里的问题是，当管理层将时间投入到可见的问题上时，那些不太明显但可能更严重的问题，特别是战略决策，就会被忽略或忽视。

（2）加大支持：哺育昨天

另一个决策问题是他们倾向于继续为一个失败的行动方案投入资源，即加大支持的问题。这与德鲁克的"喂饱了问题，饿死了机会"的概念非常相似。在这里，当事实表明之前的决定是错误的时候，管理者仍然继续对之前的决定投入资源——尽管有负面的信息，但还是对之前的决定加大投入，或者说是把好钱扔到坏钱上。[21]

加大支持的原因　加大支持的原因包括以下因素。

1）基本上，管理者认为他或她对以前做出的决定在当下的失败负有责任。

2）经理继续投入资源以证明第一次的决定是正确的。

3）管理者不愿意因改变行动方案（即终止为失败投入资源）而显得不一致。

4）管理者不能区分坚持并得到回报的情况和坚持但得不到回报的情况。有一种倾向是相信"如果第一次不成功，就再试一次"的说法。

高管必须意识到这对他们的战略思考和战略决策的潜在影响。为一个失败的产品线或战略投入更多的资源（"我们需要给它时间来发挥作用"）陷入了"加大支持"的陷阱。

德鲁克的决策过程步骤

在确定了是否有必要做出决定并对问题进行分类后，德鲁克的第二个决策要素是界定问题。

界定问题，而不是问题的症状

德鲁克强调了界定问题的重要性：很多时候，人们治疗的是问题的症状而不是真正的问题。我们应该花费很大的努力来确定什么是真正的问题。德鲁克认为，若界定了正确问题后得到了错误的答案，这是可以纠正的，但若界定了错误问题，即使得到正确答案仍会造成损害。[22]

举例来说，一个组织可能出现了专业员工（知识工作者）的高离职率。一方面，管理层可能觉得问题出在薪酬制度上，它在市场上没有竞争力，于是要求人力资源部门的经理开发新的薪酬制度。另一方面，真正的问题可能是管理层本身和它在对组织的知识工作者方面的领导做法，或者是缺乏职业机会的问题。

指引以及要问的关键问题

德鲁克提供了一些指引和关键问题，以便界定真正的问题。这些问题包括根据可观察到的事件来验证问题是否得到了界定。决策者应该问："这到底是怎么回事？""这和什么相关？"和"这种情况的关键是什么？"

在这里，德鲁克的解决问题和战略决策可能得到了融合。举个例子，回到他的企业假设理论，问题可能被界定为战略是错误的。

决定的规范：建立边界条件

德鲁克的第三个决策要素涉及为决策建立边界条件。[23] 边界条件的简单解释是建立决策的目标和目的，它们必须能对决策的效果进行衡量。德鲁克认为，为确定决策所要实现的目标，需要提出以下关键问题：

- 这个决定必须达到什么目的？
- 该决定必须达到的目标是什么？
- 该决定要实现的最低目标是什么？
- 该决定必须满足哪些条件？

这些规范可以很容易地转移到战略思考和战略决策中，尽管它们最初是由德鲁克提出用于解决问题的。

什么是正确的

决策者在这里需要记住的关键问题包括：

- 正确的事情和可接受的事情之间的区别；
- 预料到最终需要妥协；
- 没有事先表明你愿意妥协的态度。

德鲁克认为，"有效的决策者做正确的事情，而不是做可以接受的事情——他们不问什么是可以接受的。"[24] 决策者还必须愿意最终对正在做出的决定做出妥协，以克服不同支持者的潜在阻力。这涉及谈判，而且决策者不要提前告知他人他愿意这样做。一旦确定你愿意谈判，更多受决策影响的人也会希望进行谈判，并可能导致对预期的决策做出妥协（马变成骆驼）。

"做正确的事相对比可接受的事"适用于战略思考和战略决策；然而，对企业的愿景和战略做出妥协可能不符合组织的最佳利益。此外，向什么妥协，向谁妥协？通用汽车在其关闭许多美国工厂的战略决策中是否有妥协？

将决定转化为行动

德鲁克的另一句名言是。"为了确保决策得到执行，决策者必须提出更多问题。"[25]

谁必须知道这个决定？ 告知那些会受到决策影响的人是很重要的（参考第10章第3部分"规划和管理复杂的组织变革"，其中讨论了如何利用参与和投入策略，让那些会受到变革/决策影响的人参与到规划过程中）。通过让这些人参与决策过程，决策的实施将有更高的成功概率，因为那些参与决策过程的人将有一种主人翁精神和投入感。这比仅仅发送一份关于已经做出的决定的备忘录要好。

必须采取什么行动，由谁来做

这主要是制订行动计划，说明必须做什么，什么时候做，以及谁将负责执行该决定。

1. 必须是什么样的行动，才能让必须做的人去做

行动计划还应该包含负责执行计划的人可能需要的支持和资源；他们是否需要额外的资金、人员、特殊的知识和技能；与其他部门协调信息和行动，等等。

2. 反馈信息

决策者需要在决定和行动计划中建立反馈系统。

- 如何以及何时对解决问题的进展程度进行评估？

- 需要哪些信息，以及何时需要这些信息来评估进展的程度？

- 不要仅仅依靠报告；重要的是走出去，观察正在发生的行动。

这些评论大多也适用于战略思考、战略决策和战略规划。

德鲁克的其他决策准则

除了德鲁克所描述的决策要素外，他还提供了其他准则以提高决策效率。其中包括"关注观点而非事实""培养分歧""让别人接受决定"和"强制参与"。

1. 关注观点而非事实

德鲁克认为，人们必须从"观点"而不是"事实"开始。[26] 他的理由是，一方面，人们倾向于寻找支持他们已经达成结论的事实。另一方面，可以通过观点测试并最终探索使观点站得住脚的必要事实。

也许这里最重要的德鲁克概念是，通过征求意见，它能产生备选方案以供考虑。阿尔文·托夫勒（Alvin Toffler）等在《财富的革命》（*Revolutionary Wealth*）（2006）[27] 中提到一个关于"真相过滤器"和人们的信念来源于什么的有趣讨论，这与德鲁克在这里提倡的观点有关。另外，是否可以像德鲁克所说的那样，一开始就忽略事实呢？举个例子，水污染是一个严重的问题。事实是：从 2005 年 11 月中起，就有 130 多起水污染事故（工业废物排入河流，污染了许多城市的水源）。[28] 在处理这个问题时，决策者是否应该忽视这些事实，而去寻求诸如"我认为我们有水污染问题"的意见？要填补这个德鲁克空白，本章后面在"开放系统流程中的步骤"将介绍一个叫作"暂停判断"的概念。

2. 培养分歧

德鲁克认为，"决策的'第一准则'是，除非有分歧，否则不做决定。"[29] 他认为，分歧可以让人们考虑其他选择，提供不同的观点，并激发想象力和新的想法。然后，决策者需要探讨为什么其他人有这些分歧。玛丽·帕克·福莱特（Mary

Parker Follett）是管理理论的早期著述者，她对建设性冲突的讨论也许影响了德鲁克在这里的想法。[30]

对于参与团体问题分析和决策的人来说，形成分歧并不总是容易的。20 世纪70 年代初，加州大学伯克利分校的欧文·贾尼斯（Iving L. Janis）提出"群体思维"的概念最能说明问题。贾尼斯描述了团体成员如何为了维护团体的凝聚力而隐瞒异议或不同的观点（自我审查），这可能会导致糟糕的决定。[31] 我也不同意德鲁克把培养分歧作为第一准则这个观点。决策者的第一项工作是定义"真正的问题"，之后可能会出现因团体为解决问题而产生的与各种选择有关的分歧。

3. 让别人接受决定

德鲁克的另一条准则是关于如何让他人接受决定。在这里，他引用了日本模式，即建立对决策的共识或向组织预先推销决策。他用了两个决策模式来扩展他的观点，即西方——短－长模式和东方——长－短模式。

1）西方——短－长模式。这个模式表明，在西方国家，特别是在美国，决策的过程是相对快速的，或在很短的时间内完成的。另外，在许多情况下，那些受决策影响的人被排除在决策过程之外，因此可能不理解或抵制该决策。因此，必须花费大量时间向组织"推销"该决定，并推迟其实施。

2）东方——长－短模式。这个模式是德鲁克所描述的日本模式的特点，他在职业生涯中花了大量时间为日本公司提供咨询。在日本，人们首先花费大量时间来定义问题，然后使决策形成共识或预先进行推销。[32] 一旦这种共识形成，并且组织接受了实际的决定，其执行时间就会比西方模式短得多。这与第 10 章中描述的参与和投入策略相似。

4. 强制参与

最后，德鲁克提到了强制参与，或者指让那些将负责执行决定或可能破坏决定的人参与决策讨论。

高管应该让那些能够为战略思考和战略决策过程提供有用信息的人参与进来。然而，最终的决定权在首席执行官手中。

关于决策概念填补德鲁克空白

在这一章中，我有必要引用其他古典学派和行为学派的著述，以支持德鲁克的许多观点，说明其原因。德鲁克没有讨论团体与个人决策的优缺点，而在这方面有大量的研究和文献资料。我们有必要对德鲁克关于决策的观点进行调整，这些观点更多的是关于解决问题，而不是战略决策。

本章最后我加入了一个详细的团体问题分析和决策流程，它能提供一个在战略思考和战略决策期间可以遵循的流程，以补充德鲁克关于决策概念的讨论。

团体决策：一种开放系统方法

团体决策过程是一个开放系统方法，是为了填补德鲁克在决策方面的不足而开发的。我借鉴了古典学派和行为学派的观点，试图为德鲁克的方法提供更清晰的解释，并为管理者提供一个更简洁、更容易操作的工具，以便他们在领导团体问题分析和决策讨论时使用。关于团体决策的文献非常多，我就不对研究进行冗长的阐述了。这些研究表明，与个人相比，团体可以达成更高质量的决策，尽管它可能比个人决策花费的时间更长。[33] 然而，其重点是团体有一个可遵循的流程，这将在下文中描述。我还指出了德鲁克的观察和要素在这个过程中的作用。最后，我建议开放系统方法可适用于战略思考、计划和决策会议。

开放系统方法

开放系统可以描述为从外部环境接受输入（如煤炭等原材料），对其进行转化（制造产品即电力），并向外部环境提供输出（销售和交付产品即能源）的组织。产出也可能是有益的或有害的，如燃煤电厂的二氧化碳排放便是有害的。很少有组织可以被视为封闭系统，即外部环境对其没有影响的系统，所以我们将关注开放系统。这个转化过程对问题分析和决策有帮助，因为它可以让决策者从流程或价值链的角度看待组织，类似于六西格玛（古典学派）所采取的方法。

（1）组织的子系统

在开放系统理论中，一个组织是由若干个子系统组成的。其中包括使命、愿景和价值观子系统，管理子系统，人力、社会和文化子系统，结构子系统，以及技术子系统。[34] 开放系统问题分析和决策方法对所有这些子系统进行研究，以确定"真正的问题"是什么，并评估某一特定决策对组织的各个子系统可能产生的影响。通过对"过程"的描述，这一点将变得更加清晰。下面简要介绍这些子系统，表 12-1 也对此进行了阐述。

表 12-1　开放系统理论的要素构性

组织子系统	任务环境	总体环境
使命、愿景和价值观	客户	法律和法规
管理	供应商	自然资源
人力、社会和文化	竞争者	经济、政治和社会
结构	技术	文化、价值、信仰
技术		环境气候

1）使命、愿景和价值观子系统。 这个子系统描述了组织发展的目的。德鲁克

会问，"我们的企业是什么"、组织对未来的愿景、"我们的企业应该是什么"，以及组织内共享的价值观和信念。

2）**管理子系统**。组织管理层（高管、管理层、主管等）的管理实践和领导风格。

3）**人力、文化和社会子系统**。组织中的人，他们的知识、技能、价值观和信仰，以及他们对组织文化的综合贡献。

4）**结构子系统**。这个子系统有两个方面。一个是关于组织结构图上所描述的上下级关系。另一个和决策有关，即组织中的决策是在哪里做出的，以及组织是否对其外部环境有所应对。

5）**技术子系统**。用于执行工作、生产信息等的技术。

（2）任务和总体的外部环境

在开放系统理论中，组织与之互动的外部环境由任务环境和总体环境组成。

1）**任务环境**。任务环境包括组织的客户、供应商和竞争者，或者与组织关系最密切的人，他们与组织的互动最频繁。此外，还包括可能影响该行业的技术变化。

2）**总体环境**。这是组织运营的环境，包括法律和监管因素、自然资源、经济（宏观和微观）、社会（包括人口学、教育、文化、价值和信仰）以及气候。

开放系统问题分析和决策方法在分析问题时考虑了所有这些要素。有些可能适用，有些情况可能不适用，但它提供了一个全面的检查清单和路线图以供遵循。

（3）开放系统流程中的步骤

开放系统问题分析和决策方法包括 12 个步骤，如表 12-2 所示。每个步骤还包括一个关键问题的检查清单，这些问题应与该要素相关。

表 12-2 流程中的各步骤

1. 确定战略	7. 确定备选方案
2. 战略分析阶段（问题或战略评估）	8. 评估备选方案
3. 会议开场及主持（开会和制定行为规则）	9. 做出决定
4. 收集信息	10. 行动规划
5. 影响分析	11. 评价和控制
6. 界定问题	12. 结束会议

1）确定战略。对问题或问题症状的早期识别。决策者应提出的关键问题包括：

- 我们的目标或目的是什么？
- 识别业绩差距，即我们的目标和目的与实际结果之间的差异；
- 这个差距是否重要（类似于德鲁克的"有必要做出决定吗？"）？

2）问题或战略评估。如果决策者认为有必要做出决定，则应提出以下关键问题：

- 是否需要采取紧急行动（将人们从燃烧的建筑物中救出，然后找出火灾的起因）？
- 有必要召开小组会议分析问题吗？决策者是否足够了解"真正的问题"的信息以做出决定，或者其他人的意见是否有用？
- 谁值得询问？他们拥有与情况有关的信息、知识和专长（德鲁克的"数据收集"）吗？
- 哪些人可能会受到决定的影响，他们是否有能力抵制（德鲁克的"必要妥协"）？
- 还有谁拥有批准该决定的权力、权威和影响力？他们应该被邀请吗？
- 会议合适的时间和地点是什么？

3）开会和制定行为规则。当所有会议参与者都到齐后，决策者应制定会议的行为规则。一旦组织熟悉了这一流程，在今后的问题分析和决策会议上，可以通过简单提醒就能使大家遵循。

① **会议开场**

- 说明目标和业绩差距（"我们本季度的销售目标是 5000 万美元，我们达到了 3000 万美元，差距是 2000 万美元"）；

- 说明会议的目标（"找出造成业绩差距的原因并加以纠正"）；

- 处理问题，而不是处理人（"我们在这里不是为了指责造成差距的人们"）。

② **陈述行为规则和主持会议**　行为规则可以分发给所有会议参与者，并由主持人迅速回顾一遍。

- 每个人都应该认真听；

- 不要在同一时间说话，避免窃窃细语；

- 找出"真正的问题"（德鲁克的"问题是什么？"）；

- 探索各备选方案；

- 暂停判断。在所有人发表完意见之前，不要评估替代方案。如果团体否定个体意见，比如认为他不切实际，这将挫败其他成员贡献想法的积极性，限制创造力。

4）**收集信息（德鲁克的一般或独特的事件）**。收集与问题或业绩差距有关的信息。在此，应根据问题的复杂性，对组织子系统以及组织的任务环境和总体环境进行探讨。以下是在探索每个子系统和环境要素时可能提出的问题的简要清单。

① **使命和愿景子系统的关键问题**

- **任务**。这是个对的行业吗？（注：我们还开发了一个行业吸引力评估工具来帮助回答这个问题，可以在附录中找到。）

- **经修改的使命**。哪些变化应该让我们重新思考使命？

- **愿景**。我们对未来的愿景是否合适？我们的企业应该是什么？

- **战略**。我们的战略是有效的还是需要修改？

本章末尾还附有其他战略管理问题，在战略思考和规划时可以参考使用。

② 管理子系统的关键问题

- 管理风格和实践是否是造成这个问题的原因之一？

- 还有哪些管理或监督行为可能是造成这个问题的原因之一？

- 管理层知道该做什么吗？

- 我们的信息流是怎样的？信息是否能及时到达它该去的地方，以便采取行动？

- 其中涉及哪些系统、程序和政策？它们是合适的吗？还是说它们是业绩的障碍？

③ 人力子系统的关键问题

- 人们是否有能力（知识和技能）来有效地执行？

- 人们是否理解他们应该做什么（角色明确性）？

- 人们是否经常收到关于他们表现的反馈？

- 人们是否有执行的意愿？对他们的表现有什么奖励制度和后果（积极、中立、消极）？

- 人们会因为没有行动而得到奖励吗？

④ 结构子系统的关键问题

- 工作是如何组织的？

- 工作条件和工厂布局是什么？

- 人们是否拥有对结果的权威和责任？

- 关于工作的决定是在哪里做出的？它们应该在哪里做出？

- 我们是否应该以不同的方式进行组织？

⑤ **技术子系统的关键问题**

- 我们的技术有问题吗？

- 我们是否有合适的设备、原材料和用品？

- 设备是否正常运行？我们是否在维护它？

- 关于设备使用的系统和程序是否是正确和已知的？

- 我们最近在技术或工作方式上是否有任何改变？

- 是否有更好的技术可用？

⑥ **外部任务环境的关键问题**

- **客户和供应商**。他们是否造成了问题？

- **竞争者**。竞争者是否在做任何对公司有影响的事情，且可能会导致问题的发生？

- **社会 / 政治因素**。哪些社会 / 政治因素对组织产生了影响？

- **技术**。技术方面是否发生了任何变化且对组织有影响？

⑦ **外部总体环境的关键问题**

- **法律 / 监管**。是否有任何现行或待定的政令或法规会影响当前情况？

- **自然资源**。这是否是造成当前的情况（油价上涨）的原因之一？

- **气候条件**。气候条件的任何变化是否会对组织产生影响？注意：这与全球变暖没有关系。制造过程中的温度波动可能会影响容差，等等。

- **经济**。宏观和微观经济的哪些变化可能会对组织产生影响？

- **文化**。文化在问题的形成（国外业务）方面是否有影响？

- **教育水平和人口状况**。教育系统和人口状况对这个问题有什么影响？

- **政治 / 社会**。目前的政治制度和社会环境对该问题是否产生任何影响？

- **技术**。技术的变化是否对该问题产生了影响？

5）影响分析。对组织的子系统和外部环境进行了评估之后，下一步便是影响分析。换句话说，某子系统的变化是否对另一子系统产生了不利影响？例如，新技术（技术子系统）已经应用到了产品的生产中；但是，员工并没有进行恰当的培训，不知道如何使用该技术（人力子系统）的程序。这里要问的一个关键问题是，是否有单个或多个子系统影响到另一个（多个）子系统？找出其影响和关系。

6）界定问题。开放系统方法前五个步骤的目标是帮助团队界定"真正的问题"（德鲁克的界定问题），而不是问题的症状。让我们回到第一个例子，即知识型员工的高离职率。对组织子系统进行评估后，我们可能会发现：①组织的技术不是最新的或最先进的，而知识型员工特别是信息技术员工会转向掌握最新技术的组织，以进一步发展自己；②组织缺乏职业规划体系，因此知识型员工在组织中看到的晋升和发展机会有限。在陈述"真正的问题"时，其结论应该包括：

- **目标**。我们要实现什么？
- **障碍**。在实现目标的道路上，有什么障碍需要清除？

7）确定备选方案。一旦界定了真正的问题，接下来的流程就是考虑哪些备选方案可以解决这个问题。在这里，领导小组进行问题分析讨论的决策者需要制定一些其他规则。

- **限制说明**。说明有哪些可能的备选方案因为某些限制不能考虑。在我们的例子中，由于预算和资本有限，该组织不能更新所有的技术；
- **要求提供备选方案**。决策者现在让小组提出备选方案。决策者应避免先说出自己的想法，因为如果他或她处于权威或权力地位，可能会使小组产生偏见或限制小组成员提出其他选择；
- **暂停判断**。在看板上列出备选方案，但此时不要评估它们的优劣。在所有小组成员都表达完观点和建议之前，暂停判断。如果在有些人还没提出意见之前就批评一个方案，可能导致一些人为免遭打击而不愿意提出自己的意见。

8）**评估备选方案**。小组提出了所有的备选方案之后，应该提出以下问题对每个方案进行评估。

- 这个备选方案将如何帮助解决问题和实现目标？
- 这个备选方案将怎样不起作用？
- 这个备选方案可能会在未来引发哪些问题？
- 这个备选方案对其他子系统会有什么影响？

9）**做出决定**。接下来是做出决定，选择符合标准的备选方案（德鲁克的"做出正确的决定"）。另一个考虑因素是，如果决策的性质超出了决策者的权限，需要上级批准，那么要确保那些有权力、权威和影响力的人支持该决策。

① **不能达成决定**　不是所有的问题都能在一次会议上解决。小组可能把问题留待下次解决。暂停会议并重新安排另一个时间开会，再重新探讨这个问题。也许还需要更多的研究（针对事实而非意见）。

② **修改目标**　本季度 5000 万美元的销售目标是否切合实际？如果不切合实际，也许解决这个问题和"业绩差距"的办法就是修改目标。

10）**行动规划**。德鲁克的一句名言在此最为适用。

没有实施的计划就不是计划……而只是一个良好的意向。[35]

在行动计划中，决策者需要明确以下内容，以便每个人都能理解计划，以及他们在计划执行中要扮演的角色。

- 你将做什么，何时做？
- 其他人会做什么，什么时候做？
- 他们是否有相应的资源来做你希望他们做的事情（知识、技能、信息、预算等）？
- 可能需要与组织中的其他部门进行哪些支持和协调？

- 将建立什么控制和反馈系统来评估进展的程度（德鲁克的反馈）？
- 在休会前，让每个人重复他们在计划中的角色，以确认他们能理解计划；
- 安排评估进展的时间，以及确定何时再次会议。

11）评价和控制。 为监控进展而建立的评价和控制系统应提供及时的反馈和信息。关键在于在事情发生时掌握情况。决策者需要问的关键问题如下：

- 是否正取得进展？
- 必须采取什么纠正措施？
- 该计划是否应予以修订？

12）结束会议。 一旦所有与会者理解了行动计划，决策者应感谢他们的参与，并宣布会议结束。会议结束后，应准备好会议记录和行动计划，并分发给所有与会者和可能受该决定影响的其他人。

小结

本章试图对德鲁克关于决策的观点进行调整，这些观点最初侧重于解决问题，本章将它们应用于战略思考和战略决策。本章涵盖了一些决策理论的概念，以强化德鲁克对该主题的观点。本章有一个关键要点，那就是即使在战略决策的背景下，也需要界定**"真正的问题"**。很多时候，问题的症状被混淆为真正的问题，而通过治标永远无法纠正问题。参与战略思考和战略决策的高管应该认识到有很多问题可能导致决策失误，如加大支持、趋同思维和其他。本章还涵盖了开放系统问题分析和决策方法，这为实施德鲁克的决策观点提供了一个更清晰的路径和工具。

战略决策清单——战略管理的相关问题

以下是确定战略时需要考虑的一些问题，有些在上文中已经介绍过。

一、德鲁克的 3 个关键问题

1）我们的企业是什么？

2）我们的企业将是什么？

3）我们的企业应该是什么？

（1）德鲁克的企业假设理论

- 其业务是什么？

- 其目标是什么？

- 其客户是什么？

- 其客户看中什么？会为什么买单？

- 我们对市场的假设是什么？

- 市场是否仍是我们所认为的那样？

- 我们的分销渠道是什么？它们为什么买单？

- 潜在客户。他们为什么不从我们这里购买？他们愿意为什么买单？对他们而言价值是什么？

（2）德鲁克的核心能力假设

- 我们擅长什么？

- 为了获取和保持我们在市场上的领导地位，我们所依赖的能力和知识是什么？

- 哪些事情我们知道如何比竞争对手做得更好，而且更省力？

- 我们在哪些方面是真正卓越的，而在哪些方面我们必须是卓越的？

（3）德鲁克对使命的假设

- 我们的使命是什么？

- 它必须是什么？

- 我们要达到什么结果？

- 我们如何衡量它们，或者至少是衡量其价值？

（4）德鲁克关于使命的附加问题

- 客户的需求。我们满足的是什么？

- 客户群体。谁正在被满足？

- 使用的技术、执行的功能和独特的能力（核心能力）：如何满足客户的需求？

- 企业的使命是什么？

- 该使命是否适合目前的环境，或者是否需要重新定义？

二、德鲁克的"我们的企业将是什么"

（1）市场潜力和市场趋势

- 假设市场结构或技术没有发生根本变化，可以预期我们的业务市场在 5 年或 10 年内会有多大？

- 决定这一发展的因素将是什么？

- 环境中已经或正在发生哪些变化，会对我们目前的客户、产品和服务以及行业产生影响？

（2）市场结构的变化

由于经济发展、时尚或品位的变化或竞争的影响，市场结构会发生什么变化？

（3）创新

哪些创新会改变客户的需求、创造新的需求、消灭旧的需求、创造满足需求的新方法、改变价值观念，或使客户有可能获得更大的价值满足？

（4）消费者

消费者有哪些需求没有被今天提供的产品或服务充分满足？

三、德鲁克的"我们的企业应该是什么"

· 可以观察到环境中的哪些变化对企业的特点、使命和宗旨有影响？

· 可以发现或创造哪些机会，让企业成为一个不同的企业从而实现企业的目的和使命？

· 如何将这些预期纳入企业的理论，纳入目标、战略和工作任务中？

（1）德鲁克的战略愿景

· 它是否描绘了一个组织未来的战略路线，并确定了 3 ～ 5 年内的业务构成？

· 它是否界定了要开展的业务活动？

· 它是否界定了企业的未来市场地位？

· 它是否界定了其未来的客户焦点？

· 它是否界定了企业想要成为什么样的组织？

（2）未来的愿景

我们的企业应该是什么？

（3）德鲁克的"有计划地放弃"的概念（产品和业务单元）

· 它们是否还能生存？

· 它们是否有可能生存下去？

· 它们是否仍然为客户提供价值？

· 它们明天还可能这样吗？

- 它们是否仍然符合人口和市场、技术和经济的现实情况？
- 如果不是，我们如何才能最好地放弃它们，或至少停止倾注进一步的资源和努力？

（4）人口老龄化

- 老年人数量的稳定增长是否会继续提供市场机会，会持续多久？
- 他们（发达国家）的收入是否能保持高位还是会下降？
- 他们会不会像以前那样继续无所顾忌地消费？
- 他们会不会仍然想要"年轻化"，并进行相应的消费？

（5）行业分析

- 我们应该从事这个行业还是其他行业？
- 该行业是否在增长，是否稳定，是否在下降？
- 其他人进入或离开这个行业有多容易或多难？
- 假如之前了解现在的情况，我们还会这么做吗？

（6）外部环境评估

在以下领域正在或将要发生什么变化：客户和潜在客户（需求变化）、竞争对手（竞争分析）、技术、供应商、政策法规、人口和社会变化等？

（7）创新机会和潜在风险评估

- 根据外部环境评估，组织应该优先考虑和利用哪些创新机会？
- 组织应该认识到哪些风险或威胁，并试图将其降至最低？

（8）内部评估（核心竞争力和能力）

- 我们是否有资源（能力）去竞争？
- 还需要哪些资源，何时需要？

- 我们在关键竞争领域有哪些需要解决的弱点？

- 我们有哪些优势（核心能力）是应该利用的？

- 确立长期目标（3~5 年）。

- 为了实现我们的愿景，现在需要确立哪些长期目标？

（9）战略选择和决策

- 什么是能让我们完成目标和实现愿景的最佳竞争战略？

- 要考虑哪些竞争战略？

（10）战略规划

- 我们将如何记录我们达到目标的路径（战略规划）？

- 我们需要什么资源，如何组织？

- 谁来做这件事？

（11）计划的实施和领导变革

- 本组织可能需要进行哪些变革？

- 谁将计划、领导和实施组织变革？

- 我们是否实现了我们的目标？

- 当我们需要决策时，我们是否获取了正确的信息？

（12）战略的考验

- 该组织实现了其最初的目标；

- 组织经历了快速的增长（在相对较短的时间内，其规模增加了一倍或两倍）；

- 意外的成功或失败（自己的或竞争者的）；

- 公司的销售增长速度较快、较慢或与整个市场的增长速度差不多，从而导致市场份额上升、下降或稳定；

- 该公司正在以有吸引力的速度获得新客户，并保留现有客户；

- 公司的利润率是增加还是减少，其利润率与竞争对手公司的利润率相比如何？

- 公司的净利润、投资回报率和经济附加值的趋势，以及这些与行业内其他公司的相同趋势的比较；

- 公司的整体财务实力和信用评级正在改善或正在下降；

- 公司可以证明在单位成本、缺陷率、废品率、员工积极性和士气、缺货和客户延期订单的数量、降低库存天数等内部绩效指标方面有持续改进；

- 根据公司的股价和股东价值（相对于行业内其他公司的市值增加）的趋势，股东如何看待公司？

- 公司在客户眼中的形象和声誉；

- 该公司是否被认为在技术、产品创新、电子商务、产品质量、从订货到交货的短周期、价格最优、将新开发的产品迅速推向市场，或其他买方选择品牌所依据的相关因素方面处于领先地位。

（13）评估某项战略可行性的准则

- 该战略是否关注环境（根据彼得·雷亚和哈罗德·科兹纳的观点，战略的目的是帮助组织应对环境的机会/威胁）[36]？

- 该战略是否创造或维持了竞争优势（公司是否以竞争对手难以比拟的方式为客户提供服务，与波特的观点相似）？

- 该战略是否与组织能力/制约因素相匹配（战略与组织及其文化和人才之间需要匹配）？

- 该战略是否保持了战略灵活性（该战略通过保持灵活性有助于管理一些

风险，与德鲁克的"我们的企业将是什么"有关）？

• 该战略是否集中在基本的战略问题上（有能力解决战略思考中提出的战略问题）？

• 该战略是否考虑到财务资源和限制因素的分析结果（资金的来源和使用：向股东分红还是再投资于研发）？

• 该战略是否允许管理层进行系统性思考？

（14）战略目标：另一种观点

• 赢得更多的市场份额；

• 在产品质量或客户服务或产品创新方面超过竞争对手；

• 实现比竞争对手更低的总体成本；

• 提高公司在客户中的声誉；

• 在国际市场上赢得更强的立足点；

• 行使技术领导权；

• 获得可持续的竞争优势；

• 捕捉有吸引力的增长机会。

（15）制定战略

• 是专注于单一业务还是建立一个多元化的业务集团（德鲁克的战略之一）？

• 是满足广大客户的需求，还是专注于某个特定的市场细分（德鲁克的集中度）？

• 是发展宽泛的还是狭窄的产品线（德鲁克的专业化和多元化）？

• 是追求基于低成本或产品优势的竞争优势，还是追求基于独特组织能力（德鲁克的知识能力）的竞争优势？

- 如何应对不断变化的买方偏好？

- 试图覆盖多大的地理市场？

- 如何对新出现的市场和竞争情况做出应对？

- 如何使企业长期发展？

（16）其他营销分析问题

- 谁在购买？

- 他是在哪里购买的？

- 购买这个东西是为了什么？

- 潜在客户是谁？他为什么不买我们的产品？

- 客户同时购买了什么？

- 客户的总支出（包含可支配收入或可自由支配的时间）中，有多大比例用于该产品，以及该比例是在上升还是在下降？

- 客户和潜在客户都从别人那里购买什么？他们从中得到的什么满足是我们的产品所不能提供的？

- 什么产品或服务能实现真正重要的客户满足，包括我们正在提供的和可能提供的产品或服务？

- 如果没有我们的产品或服务，客户可以通过什么东西达到目的？这与替代产品更相关（汽油价格高企迫使人们购买小型汽车而不是 SUV，或者更多地使用公共交通等）；

- 谁不是我们的竞争对手，为什么？还有谁可能进入该行业并成为我们的竞争对手？

- 我们不与谁竞争（可能能确定我们行业以外的机会）？

注释

[1] 1976 年秋季，德鲁克在克莱蒙特研究生院博士课程上发表的评论。

[2] Peter F. Drucker, *Management*：*Tasks*，*Responsibilities*，*Practices*（New York：Harper and Row Publishers, Inc., 1973）, 125.

[3] Rudy A. Champa, *Strategic Thinking and Boardroom Debate*（Mission Viejo, CA, Critical Thinkers Press, 2001）, 11.

[4] Peter Rea, Ph.D., Harold Kerzner, Ph.D., *Strategic Planning*：*A Practical Guide*（New York：John Wiley & Sons, Inc., 1997）, 59-60.

[5] Arthur A. Thompson, Jr., A.J. Strickland III, *Strategic Management*：*Concepts & Cases*. 13th ed.（New York：McGraw-Hill Companies, Inc., 2003）, 10.

[6] Robert W.Swaim, Ph.D., "The Drucker Files：Is a Decision Necessary? Parts I& II." *Business Beijing*（July & August 2003）.

[7] Peter F. Drucker, "The Elements of Decision Making." *Corpedia 8104*. On line program（2001）.

[8] Peter F. Drucker, *The Effective Executive*（New York：Harper&Row, 1967）, 136-137.

[9] 同上，122-123。

[10] 同上，143。

[11] Fremont E. Kast , James E. Rosenzweig, *Organization and Management*：*A Systems and Contingency Approach*（New York：McGraw-Hill Companies, Inc.1979）, 368-370.

[12] 同上，368。

[13] 同上，370。

[14] Stephen R. Robbins, *Organizational Behavior*, 8th ed.（Upper Saddle River, NJ：Prentice-Hall, Inc., 1998）, 111-112.

[15] 同上，111。

[16] Herbert A. Simon, "Administrative Decision Making." In：*Management Classics*（Santa Monica, CA：Goodyear Publishing Company, 1977）.

[17] Peter F. Drucker, *The Effective Executive*（New York：Harper & Row, 1967）, 155.

[18] Peter F. Drucker, "The Elements of Decision Making." *Corpedia 8104*. On line program（2001）.

[19] Jack Welch, *Jack*：*Straight from the Gut*（New York：Warner Books, Inc., 2001）, 398.

[20] Peter F. Drucker, *The Essential Drucker*（New York：Harper Collins Publishers, Inc., 2001）, 241-260.

[21] Stephen R. Robbins, *Organizational Behavior*, 8th ed.（Upper Saddle River, NJ：Prentice-Hall, Inc., 1998）, 112-113.

[22] Peter F.Drucker, "The Elements of Decision Making." *Corpedia 8104*. On line program.

[23] Peter F. Drucker, *The Essential Drucker*（New York：Harper Collins Publishers, Inc., 2001）,

245-247.

[24] 同上，247-249。

[25] 1978 年 9 月，德鲁克在克莱蒙特研究生院博士课程上发表的评论。

[26] Peter F. Drucker, *The Essential Drucker*（New York : HarperCollins Publishers, Inc., 2001）, 251-254.

[27] Alvin & Heidi Toffler, *Revolutionary Wealth*（New York : Alfred A. Knopf, 2006）.

[28] "China Seas One Water Pollution Accident in 2-3 Days", *Xinhua News Agency*（September, 2006）.

[29] Peter F. Drucker, *The Essential Drucker*（New York : Harper Collins Publishers, Inc., 2001）, 254-256.

[30] Mary Parker Follett, *Management as a Profession*（New York : McGraw-Hill Book Company, 1927）.

[31] Iving L. Janis, *Victims of Group Think*（Boston : Houghton Mifflin, 1972）.

[32] Peter F. Drucker, *Management : Tasks, Responsibilities, Practices*（New York : Harper& Row 1973）, 466-470.

[33] Stephen R.Robbins, *Organizational Behavior*, 8th ed.（Upper Saddle River, NJ : Prentice-Hall, Inc., 1998）, 267.

[34] Fremont E. Kast , James E.Rosenzweig, *Organization and Management : A Systems and Contingency Approach*（New York : McGraw-Hill, Inc., 1979）, 107-120.

[35] 1978 年 9 月，德鲁克在克莱蒙特研究生院的博士班上发表的评论。

[36] Peter Rea, Hardd Kerzner, *Strategic Planning : A Practical Guide*（New York : John Wiley & Sons, Inc., 1977）. 59-60.

附录 战略管理应用工具

这里列出了一些战略管理应用工具，以使读者将德鲁克的概念迁移到他们的组织中，并填补我们之前提及的一些德鲁克空白。有些工具是专门开发出来的，有些则是由其他著述者提供的，如波士顿咨询公司（BCG）的战略矩阵和通用电气战略规划模型。本附录中的工具及说明如下：

（1）行业和市场工具

这些工具被用来回答德鲁克建议的一些问题，如**我们是否应该从事这一行业？我们的企业将是什么？客户是谁，在哪里？市场上正在发生什么趋势？**

1）行业吸引力评估工具（见附表1）。

2）"我们的企业将是什么"评估表（见附表2）。

3）市场增长矩阵（见附表3）。

4）业务市场细分评估（见附表4）。

（2）内部能力和竞争性评估

这些工具涉及德鲁克企业理论的内部（核心竞争力）假设、任务假设以及竞争。

1）战略竞争能力（SCC）评估（见附表5）。

2）竞争优势指数（见附表6、附表7）。

3）"有计划地放弃"评估（见附表8）。

4）价值观和使命评估（企业理论）（见附表9）。

（3）战略和营销

这些工具是对波士顿咨询公司和通用电气公司的战略的概述。德鲁克战略MBA课程对战略进行了更为全面的讨论。

1）波士顿咨询公司（BCG）战略矩阵和评估（见附表10、附表11）。

2）通用电气战略规划模型：实用指南（见附表12）。

3）规划渠道结构矩阵——需求挖掘任务（见附表13）。

1. 行业吸引力评估工具[1]

说明

1）查看以下每个元素，并在"行业吸引力评估工具"（见附表1）中圈出相应的分数，以完成评估。

2）将分数加起来，并参考评估工具下方的分数说明，确定你目前的行业吸引力。对于你的公司正在考虑进入的行业，也要完成这项评估。

附表1　行业吸引力评估工具

元素	高	中等	低
市场规模	大规模市场（5分）	中等规模市场（7分）	小规模市场（10分）
市场增长速度	快速增长（10分）	几乎不增长（5分）	正在衰退（0分）
竞争者的数量	许多竞争者（0分）	竞争者的数量适中（5分）	竞争者少（10分）
竞争强度	强竞争（0分）	适度竞争（5分）	弱到无竞争（10分）
行业产能	过剩（0分）	产能＝需求（5分）	需求大于产能（10分）
行业盈利能力	高利润（10分）	中等利润（5分）	微利到无利（0分）
进入难度	难于进入（10分）	进入成本适中（5分）	容易进入行业（0分）

（续）

元素	高	中等	低
退出壁垒	退出成本高（0分）	适度的退出成本（5分）	退出成本低（10分）
产品类型	昂贵的（10分）	有差异的（5分）	普通商品（0分）
替代品的威胁	威胁很大（0分）	威胁中等（5分）	几乎没有威胁（10分）
行业的技术变化	快速变化（0分）	变化适中（5分）	很少或没有变化（10分）
资本投资要求	需要高额资本投资（10分）	需要中等资本投资（5分）	需要少量资本投资（0分）
行业整合活动	很活跃（0分）	适中（5分）	几乎没有活动（10分）
规模经济	需要大型规模经济（0分）	需要中等规模经济（5分）	需要小型规模经济（10分）
产品创新	快速创新（0分）	中等创新（5分）	低创新（10分）
供应商影响	高影响（0分）	中度影响（5分）	几乎没有影响（10分）
有负面影响的政策法规	高度监管（0分）	中度监管（5分）	少量法规（10分）
具有积极影响的政策法规	高度监管（10分）	中度监管（5分）	少量法规（0分）
客户的权力	相当大的权力（0分）	中等权力（5分）	几乎没有权力（10分）
每一栏的总分			
总分			

分数说明

行业吸引力得分将从5分到190分不等。吸引力分数的说明如下：

1）分数为151至190分。该行业吸引力非常高。如果你身处其中，请大力投资以获得领先地位。如果你不在其中，你可能会发现，如果不对已经在该行业的公司进行收购，将很难进入该行业，但如果有切实可行的方法可以进入该行业，应双管齐下。

2）分数为 121 至 150 分。这个行业很有吸引力。如果你在其中，请巩固你的地位，并获取或保持市场领导地位。如果没有，且如果它与你的现有业务密切相关，而且你有专业技术或者该行业可以与你的现有业务分担成本，就考虑进入。

3）分数为 91 至 120 分。该行业既没有吸引人的地方，又没有让人排斥的地方。竞争地位是关键。

4）分数为 61 至 90 分。该行业不是很有吸引力，但对于细分市场的领导者和经营非常好的企业来说，如果是私营企业，还是有可能获取合理的回报或生存下去的。

5）分数为 31 至 60 分。这是个没有吸引力的行业。如果你不是市场的领导者，就把企业卖掉，或者通过多元化战略进入一个你有经验的行业。

6）分数为 5 至 30 分。一个非常没有吸引力的行业，应该试图脱离这个行业，快速放弃。如果你仍然在盈利，或者有人蠢到要买你的企业，那就卖掉。

2."我们的企业将是什么"评估表

说明

1）根据对"我们的企业将是什么"有影响的四个因素（将对行业和贵公司产生影响的事情，已经或正在发生，且可能会改变你的使命）的测评，完成对贵公司的评估（见附表 2）。

2）试图确定该因素将在短期内对贵公司产生什么影响。

附表 2 "我们的企业将是什么"评估表

因素	已经或正在发生什么	对贵公司的潜在短期影响
市场潜力 增长的趋势和影响它的因素		
市场趋势 市场趋势的变化		

（续）

因素	已经或正在发生什么	对贵公司的潜在短期影响
市场结构的变化 • 经济发展情况 • 时尚的变化 • 品位的变化 • 竞争者的行动		
创新 • 改变客户的需求 • 创造新的需求 • 消灭旧的方式 • 创造满足需求的新方式 • 改变价值观念 • 提供更大的价值		
消费者 现在没有得到满足的需要		

3. 市场增长矩阵

说明

1）**现在的情况。** 提供目前正在快速增长、增长缓慢或稳定以及正在衰落的行业的例子。

2）**未来情况。** 提供在未来 3～5 年将快速增长、增长缓慢或将稳定，或将衰落的行业的例子（见附表 3）。

附表 3　市场增长矩阵

市场增长	现在	未来 3～5 年
快速增长的行业		
增长缓慢或稳定的行业		
衰落的行业		

4. 业务市场细分评估：主要的细分市场变量[2]

说明

1）回顾以下可能适用于贵公司的每个变量（见附表 4）。

2）就如何细分业务市场的问题与组织中的其他人展开讨论并得出结论。

附表 4　业务市场细分评估

细分市场的变量	贵公司
人口统计学	
1.行业。应该为哪些行业服务？	
2.公司规模。我们应该为什么规模的公司服务？	
3.地点。我们应该为哪些地理区域服务？	
运营变量	
4.技术。我们应该关注哪些客户技术？	
5.客户或潜在客户的状态。我们应该服务重度客户、中度客户、轻度客户，还是非客户？	
6.客户能力。我们应该为需要很多还是很少服务的客户提供服务？	
采购方式	
7.采购职能组织。我们应该为有着高度集中的还是分散化的采购部门的公司提供服务？	
8.权力结构。我们应该服务那些工程、财务、营销等职能部门占主导地位的公司吗？	
9.现有关系的性质。我们应该服务那些与我们有牢固关系的公司，还是去寻求最理想的公司？	
10.总体采购政策。我们应该服务偏好租赁、服务合同、系统采购还是密封式招标的公司？	
11.采购标准。我们应该服务于追求质量、服务还是价格的公司？	
形势因素	
12.迫切性。我们是否应该为那些需要快速和临时交付服务的公司提供服务？	
13.具体应用。我们是否应该把重点放在产品的某些应用上，而不是所有的应用上？	
14.订单的规模。我们应该专注于大订单还是小订单？	
个人特征	
15.买方与卖方的相似性。我们是否应该为那些人员和价值观与我们相似的公司服务？	
16.对风险的态度。我们应该为承担风险还是回避风险的客户提供服务？	
17.忠诚度。我们是否应该为那些对其供应商表现出高度忠诚的客户提供服务？	

5. 战略竞争能力（SCC）评估 [3]

说明

1）在附表 5 中第一栏列出在你的行业中竞争所需的战略竞争能力（产品质量、服务、有竞争力的价格、库存可得性、交货、信贷条件、分销渠道、有经验和有知识的销售人员，等等）。首先列出**最重要的**战略竞争能力。

2）竞争性比较。在接下来的三栏中，将你的战略竞争能力与主要竞争对手的战略竞争能力进行比较。填写从 1 到 10 的数字（1 表示与竞争对手相比非常差，10 表示比竞争对手强得多）。

3）行动。在最后一栏中填写，在比你的竞争对手强得多的地方，贵公司应该采取什么行动来利用战略竞争能力，在比你的竞争对手弱得多的地方应该采取什么行动。

附表 5　战略竞争能力（SCC）评估

战略竞争能力	竞争者	竞争者	竞争者	需采取的行动：利用这一优势或用以改进战略竞争能力

6. 竞争优势指数：贵公司与主要竞争者的对比 [4]

第 1 部分说明

1）为你在市场上的若干或一个主要竞争对手完成竞争优势指数计算（见附表 6）。

2）为每个**因素**在市场上的**相对重要性**分配一个"权重"（如产品质量—50%；服务质量—30% 等），每个主要类别的相对重要性（权重）总和为 100%。

3）在 0（比竞争对手差得多）、3（与竞争对手相当）到 6（比竞争对手好得多）的范围内对每个因素进行打分。

4）将相对重要性百分比乘以对应的因素得分，将结果记录在"因素得分"一栏。忽略数字之后的百分比（如 50% 权重 ×5 分 =250）。

5）将所有因素得分相加，记录在类别优势总分中。

附表 6　竞争优势指数计算——矩阵 I

竞争优势因素	相对重要性（%）	差得多			对等	好得多			因素得分
		0	1	2	3	4	5	6	
差异化优势 • 产品质量 • 服务质量 • 品牌形象 • 相对价格 **差异化优势总分**	100%								
成本优势 • 单位 / 可变成本 • 交易成本 • 营销费用 • 运营 / 管理费用 **成本优势总分**	100%								
营销优势 • 市场份额 • 品牌知名度 • 分销 / 渠道 • 销售覆盖率和销售队伍 **营销优势总分**	100%								

第 2 部分说明

1）对于附表 7 所列的三大竞争优势来源（成本—0.40，差异化—0.40，营销—0.20），按其在市场中的相对重要性分配一个"权重"。权重应以百分比表示（0.40、0.20 等），所有主要来源的权重加起来为 1.0。

2）输入你在矩阵 I 中每个类别的优势总分（记在"因素得分"栏）。

3）将相对权重乘以因素得分，然后将结果输入到"总分"栏中。（0.40 成本优势权重 × 300 因素得分 = 120 总分）

4）用总分除以每个类别的最高分，并在最后一栏中输入最高因素百分比。（120 成本优势总分 /240 最高分 = 50%）

附表 7　竞争优势指数——矩阵 I 的评分

竞争优势来源	相对权重	因素得分	总分	最高分	最高因素百分比
成本优势				240	%
差异化优势				240	%
营销优势				120	%
共计	1.00			600	%

评估和讨论问题

1）竞争优势（70% 或以上的最高因素百分比）

① 讨论一下你认为贵公司在哪些方面有竞争优势？优势和原因各是什么。

② 贵公司如何在市场上利用这一优势作为其营销战略的一部分？

2）竞争劣势（40% 或以下的最高因素百分比）

① 贵公司在哪个方面处于最不利的竞争地位？

② 如果这一方面很重要（相对权重），应该如何纠正？

7. "有计划地放弃"评估

说明

选择一个贵公司目前提供的产品或服务，完成下面的评估（见附表8），以确定这些产品或服务是否应放弃。

附表 8　"有计划地放弃"评估

产品 / 服务	评估
在右栏中列出产品 / 服务	产品 / 服务
该产品 / 服务占公司总销售额的百分比是多少？（在右栏中列出）	占总收入的百分比
该产品 / 服务占公司总毛利的百分比是多少？（在右栏中列出）	占总毛利的百分比
产品 / 服务是否还能生存？ 它们是否有可能继续保持生存？	
它们是否仍然为客户提供价值？ 它们是否在未来仍很有可能提供价值？如果是，会持续多长时间？	
它们是否仍然符合当下的人口、市场、技术和经济情况？	
如果该产品 / 服务不可生存，公司如何才能最好地放弃它们？	
公司如何才能停止在这个产品 / 服务上倾注更多的资源和努力？	
如果放弃该产品 / 服务，将用什么来替代？	
需要多长时间才能将替代品推向市场？	

8. 价值观和使命评估

企业理论：使命

彼得·德鲁克提出了企业理论的概念，它由下面三个主要因素组成：

1）使命。

2）关于环境的假设。

3）企业的核心能力。

通过这一工具你将可以评估你的组织的价值观和使命。

对问题进行打分

对于每一个问题给出 0 到 10 之间的偶数分值，如下所示。

0—极差： 几乎完全缺乏这一概念。它的缺失或错误做法可能对企业造成重大问题或风险。

2—很差： 存在严重的不平衡。其内在的问题或错失的机会可能导致重大损失。

4—一般。 这种平庸或缺乏审视／专注的状态将导致企业陷入困境，与一些竞争对手相比处于弱势地位，是错失机会的重要根源。

6—超过一般。 分数开始变得可以接受了。这是一个需要评估的方面，可以审查一下并改进评估。

8—很好： 重点很明确，他们认识到如果时间充裕或企业渴望完美则可以改进它。

10—优秀。 这个分数适用于那些已经达成了非常具体的东西，并使公司具有竞争优势或实现了目标的情况。

根据你对你的组织的评估，给以下每项陈述打分。然后将分数相加，得出你的组织的价值观和使命评估（见附表 9）。

价值观和使命调查表

1. 在我们组织中，企业文化将不同团队凝聚在一起，这种文化产生于明确的价值观，这些价值观不仅仅是由高层管理者宣扬的，还是每天都在实践的。

得分： _____

2. 高级管理层在把行动和组织的价值观保持一致方面是最合乎逻辑的。换句话说，嘴上说应该做什么的和实际做什么之间是完全一致的。

得分： _____

3. 组织的使命是面向外部、面向客户、面向市场的，我们不能错误地将使命面向我们已知该如何做或我们的偏好上面。

得分： _____

4. 组织使命清楚地定义了企业的宗旨，毫不含糊，并以简单、清晰和直接的方式写了下来，以便组织的所有成员能够充分理解。

得分： _____

5. 组织使命聚焦于单一宗旨上，尽管实际上它涵盖了一大系列的任务。

得分： _____

6. 组织使命聚焦于为客户或消费者提供价值，而不是集中在经济利益上。获得成果唯一可行的方式是为客户提供价值，而不是像有些人认为的那样，反其道而行之。

得分： _____

7. 组织使命虽然清楚地说明了我们的宗旨，但却为未来必要的创新或外部环境的变化保留了大门。

得分：_____

8.在目前的变化形势下，我们**每年**都会对使命进行评估。每3年或5年评估一次太危险了。剧变的事件几乎都会快速影响所有的行业和国家（或地区）。

得分：_____

9.组织使命是可**操作**的，但也有足够可以发挥梦想的地方来激励人们去实现梦想。

得分：_____

10.本组织的政策和目标与使命一致，且实际上是受其启发而制定的。

得分：_____

11.组织使命非常**具有独创性**，并包含了与任何竞争者所能建立的使命高度**差异化**的内容。在所有行业中，许多企业都生产和销售类似的产品，但却以非常不同的方式和手段进行。如果一个企业百分之百地模仿其竞争对手的努力，其进步的可能性是非常小的。

得分：_____

12.组织的领导者获得其团队对实现使命的支持。

得分：_____

所有问题的总分：_____

附表 9　价值观和使命评估

总分	评估
94–120	良好至优秀
74–92	中等以上至良好
50–72	平均水平至高于平均水平
26–48	低于平均水平至平均水平
12–24	很差至低于平均水平
0–10	极差

根据你的价值观和使命总分，回答以下问题。

1. 我们是否需要对我们的价值观和使命进行任何调整？在哪些方面？

_____

_____

2. 我们应该如何进行改善？

_____

_____

3. 我们应该在哪些方面有所行动？

_____

_____

9. 波士顿咨询公司（BCG）战略矩阵和评估 [5]

说明

在下面列出贵公司要评估的产品（至少两种产品或服务）。

产品一：

_____

产品二：

_____

产品三：

_____

根据下面 BCG 战略矩阵的产品分类，指出该产品属于哪一类别（明星、现金牛、问题业务、瘦狗，见附表 10 的产品分类）。

回顾 BCG 战略矩阵为该产品分类所推荐的战略，并将其与贵公司正在实施或应该实施的战略进行比较（见附表 11）。

附表 10　BCG 战略矩阵的产品分类 [6]

BCG 产品分类	特征	我们的产品
明星	1. 高增长和持久的竞争优势 2. 高质量并且是公司使命的核心 3. 市场领导者 4. 良好的增长潜力 5. 有利可图 6. 需要大量投资才能促进增长	
现金牛	1. 增长潜力有限，但具有持久的竞争优势 2. 有利可图的产品 3. 产生的现金多于维持市场份额的需要	
问题业务	1. 有成长潜力或持久性竞争优势 2. 要么质量不高，要么对公司的使命而言不重要 3. 有增长潜力 4. 利润率低下 5. 需要大量投资	
瘦狗	1. 增长潜力有限，缺乏竞争优势 2. 有限的质量，产品不是公司使命的核心 3. 以成本劣势经营 4. 以合理的成本促进增长的选择有限 5. 所在市场没有增长	

附表 11　对应战略

产品分类	BCG 战略	我们公司的战略（当下的或应当的）
明星	1. 保持市场主导地位 2. 为改进流程投入资源 3. 保持价格领先 4. 用多余的现金投资于企业的其他部分（创新）	
现金牛	1. 保护市场份额 2. 将收益再投资于产品开发（创新）	
问题业务	1. 大力投资以提高市场占有率 2. 通过收购提高市场占有率 3. 剥离、收割或放弃 4. 专注于细分市场并培养一个竞争优势	
瘦狗	1. 专注于可以占主导地位的市场 2. 收割—削减所有支持，从而在产品剩余的生命周期内产生现金 3. 剥离—出售 4. 从产品系列中删除（放弃）	

10. 通用电气战略规划模型：实用指南 [7]（见附表 12）

附表 12　通用电气战略规划模型

市场吸引力		保护市场地位	通过投资培养优势	有选择地培养优势
	高	• 通过投资以最大可消化速率实现增长 • 将精力集中在保持优势上	• 对领导地位构成挑战 • 有选择地培养优势 • 加强短板	• 围绕有限的优势进行专业化生产 • 寻求克服弱点的方法 • 如果缺乏可持续增长的迹象，则退出
		有选择地培养优势	选择性 / 收益管理	有限扩张或收割
	中	• 大力投资于有吸引力的市场细分 • 建立反竞争的能力 • 通过提高生产率来突出盈利能力	• 保护现有的项目 • 将投资集中在盈利能力好且风险相对较低的领域	• 寻找没有高风险的扩张方式；另外，尽量减少投资，使运营合理化
		保护和重新聚焦	收益管理	剥离
	低	• 为当前的收益进行管理 • 专注于有吸引力的细分市场 • 捍卫优势	• 保护在最有利可图的细分市场的地位 • 升级产品线 • 最小化投资	• 在能使现金价值最大化的时候出售 • 削减固定成本，同时避免投资
		高	中等	低
			竞争地位	

11. 规划渠道结构[8]

说明

回顾下面矩阵中的营销渠道和方法，确定贵公司应该使用哪些渠道和方法来完成需求挖掘任务（潜在客户开发、销售资格审查、售前等）。

规划渠道结构矩阵

说明

评估附表 13 中的营销渠道和方法，确定贵公司应该使用哪些渠道和方法来完成需求挖掘任务（潜在客户开发、销售资格审查、售前服务等），并用 1、2、3 等数字按每项需求挖掘任务的重要性排序。

附表 13　需求挖掘任务

营销渠道和方法	潜在客户开发	销售资格审查	售前服务	履行交易管理	售后服务	大客户管理
互联网						
全国客户管理						
直销						
电话营销						
直邮						
零售店						
批发商						
经销商和增值转销商						
广告						

资料来源：采用并修改自菲利普·科特勒的《营销管理》，第 11 版，（2003）第 525 页。原文见罗兰·T. 莫里亚蒂和乌苏拉·莫兰的《混合营销系统》（*Marketing Hybrid Marketing Systems*），《哈佛商业评论》（1990 年 11-12 月），第 150 页。

注释

——○ ///

[1] 采用并修改自理查德·科赫（Richard Koch），*The Financial Times Guide to Strategy*，2nd ed.（London：Pearson Education Limited，2000），50-51.

[2] 采用并修改自菲利普·科特勒（Philip Kotler），*Marketing Management*，11th ed.（Upper Saddle River，NJ：Pearson Education，Inc.，2003），296；原版本见 Thomas V. Bonoma and Benson P. Shapiro，*Segmenting the Industrial Market*（Lexington，MA：Lexington Books，1983）.

[3] 同上。

[4] 采用并修改自罗杰·J. 贝斯特（Roger J. Best），*Market-Based Management*，3rd ed.（Upper Saddle River，NJ：Pearson Education Inc.，2004），278.

[5] 采用并修改自彼得·雷亚博士（Peter Rea，Ph.D）和哈罗德·科兹纳博士（Harold Kerzner. Ph.D.），*Strategic Planning：A Practical Guide*（New York：John Wiley & Sons，Inc.，1997），18.

[6] 采用并修改自彼得·雷亚博士（Peter Rea，Ph.D）和哈罗德·科兹纳博士（Harold Kerzner. Ph.D.），*Strategic Planning：A Practical Guide*（New York：John Wiley & Sons，Inc.，1997），18.

[7] 改编自彼得·雷亚博士（Peter Rea，Ph.D）和哈罗德·科兹纳博士（Harold Kerzner. Ph.D.），*Strategic Planning：A Practical Guide*（New York：John Wiley & Sons，Inc.，1997），20.

[8] 采用并修改自菲利普·科特勒（Philip Kotler），*Marketing Management*，11th ed.（Upper Saddle River，NJ：Pearson Education，Inc.，2003），525；原版本见罗兰·T.莫里亚蒂（Rowland T. Moriarty）和乌苏拉·莫兰（Ursula Moran），"Marketing Hybrid Marketing Systems，"*Harvard Business Review*（November - December 1990），150.

参 考 文 献

[1]   "132 Million People Access Web in China." Beijing : *China Internet Information Center*, December 29, 2006.

[2]   "The 2003 Slate 60 — The 60 Largest American Charitable Contributions of the Year." *Chronicle of Philanthropy*, February 16, 2004.

[3]   Adizes, Ph.D., Ichak. *Managing Corporate Lifecycles*. Paramus, NJ : Prentice Hall, 1999.

[4]   "Aging Population a Major Problem." *China Daily*, March 12, 2007.

[5]   "Aging Population Test Social Security." *China Daily*, December 13, 2006.

[6]   "AmCham White Paper : Trade Gap Not the Full Picture." *China Daily*, April 27, 2007.

[7]   " Baby Boom." *China Daily*, May 8, 2006.

[8]   "Beijing Police Launch Virtual Web Patrol." *On Line World MSNBC*, June 28, 2007.

[9]   Bennis, Warren G. *Changing Organizations*. New York : McGraw - Hill, 1966.

[10]   ——. "Drucker : A Personal Reflection." *New Management* 2, no. 3 (Winter 1985).

[11]   ——, Robert Chin, Kenneth E.Corey. *The Planning of Change*, 3rd ed. New York : Holt, Rinehart, and Winston, 1976.

[12]   ——, Burt Nanus. *Leaders : Strategies for Taking Charge*. New York : Harper and Row, 1985.

[13]   Best, Roger J. *Market - Based Management*. 3rd ed. Upper Saddle River, NJ : Prentice Hall, 2004.

[14]   Booz, Allen & Hamilton. *New Products Management for the 1980s*. New York : Booz, Allen & Hamilton, 1982.

[15]   Bork, David. *Family Business*, *Risky Business*. New York : AMACOM, 1986.

[16]   Buchanan, Patrick J. "America in 2050 : Another Country." *WorldNetDaily*, March 24, 2004.

[17]   ——, "Changing America : The United States Population to Double." *Los Angeles Times*, May 20, 2003.

[18]   ——, *Day of Reckoning*. New York : St. Martin's Press, 2007.

[19]   Burke, W. Warner. *Organization Development : Principles and Practices*. Boston : Little Brown and Company, 1982.

[20]   Champa, Rudy A. *Strategic Thinking and Boardroom Debate*. Mission Viejo, CA : Critical Thinker Press, 2001.

[21]   Chandler, Jr., Alfred D. *Strategy and Structure*.Cambridge : M.I.T.Press, 1962.

[22]   "Changing America : The United States Population to Double." *Los Angeles Times*, May 20, 2003.

[23] Chen Ming- Jer. *Inside Chinese Business*. Boston : Harvard Business School Press, 2001.

[24] "China's Demographic Dividend to End in 2010." *World Bank*. March 5, 2007.

[25] "China Discloses Giant Bank Fraud." *Washington Post*. June 27, 2006.

[26] "China to Take Decade to be No. 2 Internet Market in Revenues." *Google - Forbes.com*.March 17, 2006.

[27] "China Leading Censor of Net Study Finds." *Tech News & Reviews*, *MSNBC. com*. April 14, 2005.

[28] Christensen, Clayton M. *Innovation and the Creative Manager*. New York : Irwin/McGraw - Hill, 1999.

[29] ——, Scott D.Anthony. "What Should Sony Do Next?" *Forbes.com*, August 1, 2007.

[30] ——, Kim Peterson. "Sony Screws Up Again With New PS3." *MSN Money*, October 18, 2007.

[31] Clarkson, William. "Drucker : Closing the Theory/Practice Gap." *New Management* 2, no 3 (Winter 1985).

[32] Collins, James C., Jerry I., Porras. *Built to Last : Successful Habits of Visionary Companies*. New York : HarperCollins Publishers, Inc., 1994.

[33] Collins, James C., Jerry I. , Porras . *Good to Great : Why Some Companies Make the Leap and Others Don't*. New York : HarperCollins, 2001.

[34] Davis, R. C. *The Fundamentals of Top Management*. New York : Harper & Row, 1951.

[35] Donald, Harvey F., Donald R. Brown. *An Experiential Approach to Organization Development*. 2nd ed.Englewood Cliffs, NJ : Prentice-Hall, Inc. 1982 .

[36] Drucker , Peter F. *The Age of Discontinuity*. London : William Heinemann, 1969 .

[37] ——. *Concept of the Corporation*. New York : John Daley, 1946 .

[38] ——. *The Daily Drucker*. New York : HarperCollins, 2004.

[39] ——. "Driving Change." *Corpedia Education E - Learning Module 8116* (2003).

[40] ——. "Drucker on Drucker." *New Management* 2 , no. 3 (Winter 1985).

[41] ——. *The Effective Executive*. New York : Harper and Row, 1967.

[42] ——. *The Effective Executive in Action*. New York : HarperCollins, 2006.

[43] ——. "The Elements of Decision Making." *Corpedia 8104*. On-line program (2001).

[44] ——. *The Essential Drucker*. New York : HarperCollins, 2001.

[45] ——. "The Five Deadly Business Sins." MTS Video No. 3, Ahead of Change Series. London : MTS Publishers, 1999.

[46] ——. "The Five Deadly Business Sins," *Corpedia Education E - Learning Module 8108* (2001).

[47] ——. *The Frontiers of Management*. New York : Truman Talley, 1986.

[48] ——. *Innovation and Entrepreneurship*. New York : Harper & Row, New York, 1985.

[49]　——. *Management Challenges for the 21st Century*. New York：HarperCollins，1999.

[50]　——. "Management and Leadership Today and Tomorrow，Part II，" Video 4-1.London：MTS Publishers，Ltd.，MTS 1996.

[51]　——. "Management Power for Executive Success." MTS Video 1. London：MTS Publishers，1999.

[52]　——. *Management：Tasks，Responsibilities，Practices*. New York：Harper & Row，1973.

[53]　——. *Managing for Results*. New York：Harper & Row，1964.

[54]　——. *Managing in a Time of Great Change*. New York：Truman Talley，1995.

[55]　——. *Managing in the Next Society*. New York：Truman Talley，2002.

[56]　——. *Managing in Turbulent Times*. New York：Harper & Row，1980.

[57]　——. *Managing the Non - Profi t Organization*. New York：HarperCollins，1990.

[58]　——. *The New Realities*. New York：Harper and Row，1989.

[59]　——. "The Next Society." *The Economist*，November 3，2001.

[60]　——. *Peter Drucker on the Profession of Management*. Boston：Harvard Business School Press，1998.

[61]　——. *The Practice of Management*. New York：Harper & Row，1954.

[62]　——. "Rules for Strategic Alliances." *Corpedia On Line Program 8106*（2001）.

[63]　——. "The Successful Acquisition." *Corpedia Education E-Learning Module 8106*（2001）.

[64]　——. "The Theory of the Business." *Harvard Business Review*（September. October 1994）.

[65]　——. "You on Me." *New Management* 2，no. 3（Winter 1985）.

[66]　——，Peter Senge. "Leading in a Time of Change." *MTS Video*（1999）.

[67]　Edersheim，Elizabeth Haas. *The Definitive Drucker*. New York：McGraw - Hill，2007.

[68]　"Edward Jones." Boston：*Harvard Business School*，9-700-009，Rev.June 15，2000.

[69]　Filley，Alan C.，Robert J.House，Steven Kerr. *Managerial Process and Organizational Behavior*. 2nd ed. Glenview，IL：Scott，Foresman，1976.

[70]　"Firing CEOs Reaches Record High." *Bloomberg News*，September 27，2006.

[71]　Flaherty，John E. *Peter Drucker：Shaping the Managerial Mind*. San Francisco：Jossey Bass，1999.

[72]　Follett，Mary Parker. *Management as a Profession*. New York：McGraw-Hill，1927.

[73]　——，Henry C.Metcalf，L. Urwick（eds.）. *Dynamic Administration*. New York：Harper and Row Publishers，Inc. 1941.

[74]　French，Wendell L.，Cecil H.Bell，Jr. *Organization Development*，2nd ed.Englewood Cliffs，NJ.：Prentice - Hall，1978.

[75]　Fritz，Mark. "Cash Incentives Aren't Enough to Lift Fertility." *Wall Street Journal*，August 17，2006.

[76]　Geus，Arie de. *The Living Company*. Boston：Harvard Business School Press，1997.

[77] Graham, Pauline. *Mary Parker Follett, Prophet of Management.* Boston : Harvard Business School Press, 1996.

[78] "Half of China to Live in Cities by 2010." *China Daily*, November 7, 2006.

[79] Hall, E. "A Conversation with Peter F.Drucker." *Psychology Today*, December 1982.

[80] Harvey, Donald F., Donald R.Brown. *An Experiential Approach to Organization Development.* Englewood Cliffs, NJ : Prentice - Hall, Inc.1982.

[81] Herper, Matthew. "The Generic Onslaught." *Forbes.com*, July 7, 2006.

[82] Herper, Matthew. "Threat of Substitute Products Real." *Forbes.com*, July 7, 2006.

[83] Hill, Charles W. L. *Competing in the Global Marketplace.* New York : McGraw - Hill, 2003.

[84] Janis, Irving L. "Group Think." *Psychology Today*, November 1971.

[85] ———. *Victims of Group Think.* Boston : Houghton Mifflin, 1972.

[86] "Japan Elderly Population Ratio Now World's Highest." *China Daily & Reuters*, June 30, 2006.

[87] Jay, Antony. *Management and Machiavelli.* New York : Holt, Rinehart and Winston, 1968.

[88] Kanter, Rosabeth Moss. "Drucker : The Unsolved Puzzle." *New Management* 2, no.3 (Winter 1988).

[89] Kast, Fremont E., James E., Rosenzweig. *Organization and Management, A Systems and Contingency Approach.* New York : McGraw-Hill, 1979.

[90] Kast, Fremont E., James E.Rosenzweig "General Systems Theory : Applications for Organization and Management." *Academy of Management Journal* (December 1972).

[91] Kepner, Charles H., Benjamin B.Tregoe. *A Systematic Approach to Problem Solving and Decision Making.* New York : McGraw - Hill, 1965.

[92] "Kevin Rollins Stepping Down at Dell." *MSNBC.com*, February 20, 2007.

[93] Kim, Chan W., Renee Mauborgne. *Blue Ocean Strategy : How to Create Uncontested Market Space and Make the Competition Irrelevant.* Boston : Harvard Business Publishing Corporation, 2005.

[94] Koch, Richard. *The Financial Times Guide to Strategy.* 2nd ed.London : Pearson Education Limited, 2000.

[95] Kotler, Philip. *Marketing Management.* 11th ed. Upper Saddle River, NJ : Pearson Education, Inc., 2003.

[96] Levitt, Theodore. "Marketing Myopia." *Harvard Business Review* (1960); repr. HBR Classic (September – October 1975).

[97] Lim, Paul J. "Putting Your House in Order." *U.S. News and World Report*, December 10, 2001.

[98] "The Man Who Invented Management." *Business Week*, November 28, 2005.

[99] Marks, Michael. *Working at Cross-Purposes : How Distributors and Manufacturers Can Manage Conflict Successfully.* Washington, DC : National Association of Wholesale-Distributors,

Distribution Research and Education Foundation, 2006.

[100] "Matching Dell." Harvard Business School Reprint 799 - 158, June 6, 1999.

[101] "Migration and the Changing Face of Europe." *MSNBC. com.*, June 18, 2007.

[102] Mintzberg, Henry. *The Nature of Managerial Work*. New York : Harper and Row, 1973.

[103] ——. "Crafting Strategy." *Harvard Business Review* 65, no.4 (July–August 1987).

[104] ——, Bruce Ahlstrand, Joseph Josepel, *Strategy Safari : A Guided Tour Through the Wilds of Strategic Management*. New York : Free Press, 1998.

[105] ——, J.A. Waters. "Of Strategies, Deliberate and Emergent." *Strategic Management Journal* 6 (1985).

[106] Moyer, Liz. "A Record Year for Deals." *Forbes.com*, December 21, 2007.

[107] ——. "Cost of the Crunch." *Forbes.com*, November 16, 2007.

[108] Nieman, Christoph. "U.S. Businesses for Sale." *New Yorker*, November 20, 2007.

[109] "Only Child Parents Encouraged to Have 2nd Baby." *China Daily*, September 29, 2006 .

[110] "Only Child Parents Encouraged to Have Two Kids." *China Daily*, November 10, 2006.

[111] Toole, James O. "Peter Drucker : Father of the New Management." *New Management* 2, no 3 (Winter 1985).

[112] Packard, Vance. *The Hidden Persuaders*. New York : David McKay, 1957.

[113] Pascale, Richard T. *Managing on the Edge*. New York : Simon & Schuster, 1990.

[114] Penn, Mark J. "Trendsurfing : The Critical 1%." *MSN.Com.*, August 28, 2007.

[115] Peters, Thomas J. "The Other Half of the Message." *New Management* 2, no.3 (Winter 1985)。

[116] ——, Robert H.Waterman. *In Search of Excellence : Lessons from America's Best - Run Companies*. New York : Warner Books, 1982.

[117] "Population to Peak at 1.5 Billion in 2030s." *China Daily*, June 23, 2006.

[118] Porter, Michael E. *Competitive Advantage : Creating and Sustaining Superior Performance*. New York : Free Press, 1985.

[119] ——.*Competitive Strategy : Techniques for Analyzing Industries and Competitors*. New York : Free Press, 1980.

[120] ——. *Michael E. Porter on Competition*. Boston : Harvard Business School Publishing, 1979.

[121] —— . "What Is Strategy ?" *Harvard Business Review*, November-December 1996.

[122] Pritchett, Price. *After the Merger : Managing the Shockwaves*. New York : Dow Jones-Irwin, 1985.

[123] Rea, Peter, Ph.D., Harold Kerzner , Ph. D. *Strategic Planning : A Practical Guide*. New York : John Wiley, 1997.

[124] Robbins, Stephen R. *Organizational Theory : Structure, Design, and Applications*. 2nd ed. Englewood Cliffs, NJ : Prentice - Hall, Inc., 1987.

[125] ——, *Organizational Behavior*. 8th ed. Upper Saddle River, NJ : Prentice-Hall, 1998.

[126] Scarborough, Norman M., Thomas W.Zimmerer. *Effective Small Business Management*. 7th ed. Upper Saddle River, NJ : Pearson Education, 2003.

[127] Schneiderman, R. M. "Xerox Turns to Burns for Growth." *Forbes.com*, April 4, 2006.

[128] "Shanghai Addresses Aging Issue." *China Daily*, June 25, 2006.

[129] Simon , Herbert A. "Administrative Decision Making." *Public Administration Review*（March 1965）.

[130] Slywotzky, Adrian, Richard Wise. *How to Grow When Markets Don't*. New York : Warner Books, Inc., 2003.

[131] "Strong Deal Growth in China." *Price waterhouse Coopers*, December 18, 2007.

[132] Swaim, Ph.D., Robert W. "The Drucker Files : Drucker on the Next Society and China.Part I." *Business Beijing Magazine*, November 2003.

[133] ——. "The Drucker Files : Innovation and Entrepreneurship. Parts I, II &III. *Business Beijing Magazine*, January, February, and March 2003.

[134] ——. "The Drucker Files : Is a Decision Necessary? Parts I & II." *Business Beijing Magazine*, July and August 2003.

[135] ——. "The Drucker Files : Why Your Organization Needs to Be a Change Leader, Parts I & II." *Business Beijing Magazine*, May & June 2002.

[136] ——. "The Drucker Files : Strategy and the Purpose of a Business. Parts I & II." *Business Beijing Magazine*, October and November 2002.

[137] ——. "The Drucker Files : The Five Deadly Business Sins." *Business Beijing Magazine*, December 2002.

[138] Swift, Mike. "Latinos Projected to be Ethnic Majority by 2042." *Contra Costa Times*, July 10, 2007.

[139] Thompson Jr., Arthur A., A.J. Strickland III. *Strategic Management : Concepts and Cases*. 13th ed. New York : McGraw Hill Irvin, 2003.

[140] Toffler, Alvin & Heidi. *Revolutionary Wealth*. New York : Knopf, 2006.

[141] "UK Pension Age May Be Raised to 69." *China Daily*, December 1, 2005.

[142] "U.S. Population Growth." *National Audubon Society*, 2006.

[143] Vogt, Richard J. "Forecasting as a Management Tool." *Michigan Business Review*（January 1970）.

[144] Welch, Jack. *Jack, Straight From the Gut*. New York : Warner Books, Inc., 2001.

[145] "White Paper : American Business - Trade Gap Not the Full Picture." *American Chamber of Commerce — China* 2007.

[146] "Working - Age Population Set to Decline." *China Daily*, September 1, 2006.

[147] "The World's 50 Most Innovative Companies." *Business Week*, April 18, 2008.

[148] "Zero Population Growth." *Beijing Review*, July 31, 2003.